O.-J. RICHARD

L'ILE-D'YEU

D'AUTREFOIS

ET

L'ILE-D'YEU

D'AUJOURD'HUI

> Je ne vise icy qu'à descouvrir moy mesme qui seray, par adventure, aultre demain, si nouvel apprentissage me change. Je n'ay point l'auctorité d'estre creu, ny ne le désire, me sentant trop mal instruict pour instruire aultruy.
>
> (Montaigne, Liv. I, Chap. XXV.)

NIORT

L. CLOUZOT

LIBRAIRE-ÉDITEUR

22, *Rue des Halles*, 22

DÉPOSÉ : TOUS DROITS RÉSERVÉS

1884

L'ILE-D'YEU

D'AUTREFOIS

ET

L'ILE-D'YEU

D'AUJOURD'HUI

OUVRAGES DU MÊME AUTEUR

Miscellanées, *Poésies.* Rochefort, Thèze, 1867, in-8°.

Catalogue *des Lichens des Deux-Sèvres.* Niort, Clouzot, 1877, in-8°.

De la culture, au point de vue ornemental des plantes indigènes *de la Vendée et des départements voisins.* La Roche-sur-Yon, Gasté, 1881, in-8°.

Poésies. La Roche-sur-Yon, Gasté, 1882, in-8°.

Œdipe, *Drame en trois actes et en vers.* La Roche-sur-Yon, Gasté, 1883, in-8°.

Etude sur les Substratums des Lichens *[Extrait des actes de la Société Linnéenne de Bordeaux].* Niort, Clouzot, 1883, in-8°.

Le Roman de l'Islande, *Poème en six chants.* Niort, Clouzot, 1883, in-8°.

La Vierge en Islande, *Sonnets.* La Roche-sur-Yon, V° Ivonnet, 1883, in-8°.

Poésies. La Roche-sur-Yon, Gasté, 1883, in-8°.

La synthèse Bryo-lichénique *[Extrait du Journal le Naturaliste].* Paris, 1883, in-18.

L'ILE-D'YEU

D'AUTREFOIS

ET

L'ILE-D'YEU

D'AUJOURD'HUI

PAR

O.-J. RICHARD

> Je ne vise icy qu'à descouvrir moy mesme
> qui seray, par adventure, aultre demain, si
> nouvel apprentissage me change. Je n'ay point
> l'auctorité d'estre creu, ny ne le désire, me
> sentant trop mal instruict pour instruire
> aultruy.
>
> (Montaigne, Liv. I, Chap. XXV.)

LA ROCHE-SUR-YON	NIORT
Vve L. GASTÉ	L. CLOUZOT
IMPRIMEUR	LIBRAIRE-ÉDITEUR
3, Place de la Préfecture, 3	22, Rue des Halles, 22

DÉPOSÉ : TOUS DROITS RÉSERVÉS

1883

Extrait de l'*Annuaire de la Société d'Émulation de la Vendée.*
30e année, 1883.

A Monsieur AUGER,

Juge de Paix de l'Ile-d'Yeu

Permettez-moi, cher Monsieur et ami, de vous dédier ce livre consacré à l'étude d'un pays que vous aimez tant, et auquel vous êtes attaché par les liens les plus anciens et les plus chers. Parler de l'Ile-d'Yeu sans vous nommer serait une injustice, car vous vous êtes toujours préoccupé de son histoire, et votre nom se trouve déjà dans la plupart des ouvrages qui ont abordé ce difficile sujet. Mais nul, je crois, n'a été aidé comme je l'ai été par vous. Non seulement vous avez mis à ma disposition tout ce que vous saviez, tout ce que vous aviez recueilli de notes et de documents, mais encore vous avez eu l'extrême obligeance de répondre à mes incessantes demandes de renseignements, avec une aménité qui ne s'est jamais lassée et avec une précision qui sera, je l'espère, le principal mérite de mon œuvre. Je vous devais ce témoignage public de ma gratitude et aussi de la haute estime et de la sincère affection que je professe pour vous.

La Roche-sur-Yon, le 31 juillet 1883.

O.-J. RICHARD.

AVANT-PROPOS.

En 1878, j'avais fait une courte excursion à l'Ile-d'Yeu, et j'avais été tellement frappé des beautés pittoresques de ce coin de terre perdu dans les brumes de l'Océan, que j'avais résolu d'y revenir, pour y séjourner plus longtemps et l'étudier plus à mon aise. Pendant l'été de 1881, j'y suis, en effet, revenu et je m'y suis attardé près d'un mois, parcourant l'île dans tous les sens, voyant beaucoup et admirant plus encore. Mon fils, qui m'accompagnait dans mes courses, a pris des croquis des sites les plus remarquables. Puis, rentré chez moi, j'ai voulu mettre en ordre mes notes, mes impressions et mes souvenirs. Mais je me suis aperçu que mon bagage était bien léger et que je n'avais vu l'Ile-d'Yeu, pour ainsi dire, qu'à la surface Ce qu'elle est aujourd'hui, je le savais à peu près ; mais ce qu'elle était autrefois, je l'ignorais. J'ai été pris, alors, de ce désir imprudent de pénétrer les ténèbres de l'histoire, de demander aux siècles éloignés leurs secrets, de retracer, à travers les âges, l'existence mystérieuse de cette énergique population et de cette parcelle du sol de la patrie.

Certes, les documents ne m'ont pas manqué et la bibliographie de l'Ile-d'Yeu exigerait déjà une assez longue nomenclature. Beaucoup de chercheurs ont fouillé cette mine malheureusement bien pauvre et se sont un peu répétés les uns les autres. Je ne ferai point mieux que mes devanciers ; mais il m'a semblé qu'il ne serait pas inutile de coordonner tous ces travaux isolés, toutes ces notices éparses et d'en former un tout homogène et suivi, montrant les lacunes que des recherches plus heureuses parviendront, peut-être, à combler un jour.

J'ai donc été amené naturellement à diviser mon travail en deux parties. Dans la première, je dirai ce que l'on sait de l'histoire de l'île; dans la seconde, je m'occuperai principalement de sa topographie, de ses sites, de sa physionomie actuelle.

DONNÉES HISTORIQUES

SUR

L'ILE-D'YEU

CHAPITRE Ier

Etymologie du nom de l'Ile-d'Yeu (¹).

La plus ancienne dénomination de l'Ile-d'Yeu est *insula Oia*. Nous la trouvons dans le récit du moine Baudemont, qui a écrit la vie de St Amand (²), et dans celui du moine Ermentar ou Ermentaire (*Ermentarius*), qui a raconté les premières incursions des Normands sur nos côtes de la Vendée (³). L'un écrivait vers la fin du VIIe siècle (⁴), l'autre en 863. M. Simonneau, ancien instituteur à l'Ile-d'Yeu, a dit, dans un article publié par le *Journal de Luçon*, le 26 octobre 1872, que Strabon avait désigné notre île sous le nom d'*Ogia*. Le célèbre géographe grec, Strabon, né vers l'an 66 avant J.-C , mort vers l'an 24 après J.-C., ne parle des Gaules et notamment de l'Aquitaine que dans son quatrième livre, aux chapitres II et IV.

(¹) Nous avons adopté, dans cet ouvrage, l'orthographe de l'*Ile-d'Yeu* parce que c'est, aujourd'hui, le nom officiel de cette île. C'est ainsi qu'on l'écrit dans tous les actes publics.

(²) Collect. de Dom Bouquet, III, p. 532.

(³) Collect. de Dom Bouquet, VI, p. 307.

(⁴) Annales de Louis Dufour de Longuerue, relatées par Dom Bouquet, III, p. 692 :

« *Anno 675. Hoc anno, Sanctus Amandus testamentum suum condidit in Monasterio suo Elnonensi ubi eligit suam sepulturam hoc testamento, quod jubente ipso Amando, scripsit Baudemondus, anno 2° regni domini nostri Theodorici gloriosi regis sub die quinta kalendas Maii. Annus regni Theodorici ibidem notatur quia Monasterium Elnonense situm est in Parochia Tornacensi* (Tournai) *quæ semper Neustrasiasi regni pars fuit.* »

Il y est bien question, comme nous le verrons plus tard, de la Loire et d'une île située à l'embouchure de ce fleuve, mais cette île mystérieuse n'est désignée par aucun nom.

Les documents locaux les plus anciens disent *Oya*, dont on faisait alors, en latin, *Oia*. Ce nom primitif *Oya* (¹) serait d'origine celtique et se serait transformé plus tard en *Oys;* ou bien encore le mot celtique primitif aurait été *Oga* (²) et non *Oya;* et *Oga* aurait pu aussi bien devenir *Oia* et *Oys*. La racine *Og* a, paraît-il, dans le sanscrit (³), d'où le celtique est dérivé, le sens de *jeune* et par extension, sans doute, le sens de *petit*. Weddell (⁴) attribue également au nom de l'île une origine celtique.

Dans l'acte de fondation de l'Abbaye de la Blanche à Noirmoutier, daté de 1205, et dont il sera question plus loin, le nom de notre île est écrit : *Insula de Oys* (⁵).

Dans une pièce datée du 11 novembre 1425, publiée et commentée par M. Marchegay (⁶), on lit : Isle de *Eoys*, que l'auteur considère comme la traduction exacte de l'ancien nom latin *insula Oia*.

Dans une autre pièce datant aussi du xvᵉ siècle, et concernant Béatrix de Clisson, femme d'Alain VIII, vicomte

---

(¹) De la Fontenelle de Vaudoré, *Notice sur l'Ile-Dieu*, Poitiers, Saurin, 1837, p. 5.

(²) L'abbé Baudry. *Annuaire de la Soc. d'Émul.* 1ʳᵉ série, X, p. 244.

(³) Ibid. *loc. cit.;* et abbé du Tressay, *Quelques mots sur l'Ile-d'Yeu,* Luçon, Cochard-Tremblay, 1869, in-32, p. 9.

(⁴) Weddell, *Excurs. lichénal. dans l'Ile-d'Yeu,* Cherbourg, Bedel-fontaine et Syffert, 1875, in-8º, Préface, note 2.

(⁵) Le Père Arcère, *Hist. de la Rochelle,* La Rochelle, Desbordes, 1756, in-4º, I, p. 69.

(⁶) *Ann. de la Soc. d'Emul.*, 1ʳᵉ série, XIV, p. 239.

de Rohan, l'Ile-d'Yeu est désignée sous le nom de *Isle-d'Oix* ([1]).

M. de Sourdeval fait dériver les mots Ile-d'Yeu de *insula de Oys* ([2]).

M. de Sainte-Hermine ([3]) paraît croire que le mot *Oys* vient du grec et veut dire : *mouton*, à cause des excellents moutons que nourrit encore aujourd'hui l'Ile-d'Yeu, et d'où on aurait fait, par corruption : *Yeu*. M. François Piet ([4]) a épousé la même opinion ; mais l'abbé Baudry ([5]) repousse, avec raison, une semblable interprétation. Rien, en effet, n'établit qu'à une époque aussi reculée et qui se perd dans la période gauloise, les moutons fussent déjà en haute réputation dans l'île ; et puis, dans tous les cas, comment, avant la conquête des Gaules par les Romains, un nom grec aurait-il pu être imposé à notre île ?

D'autres ont supposé que l'Ile-d'Yeu, ou plutôt l'Ile-Dieu, venait de *Insula Dei*, parce que l'église principale, située au Bourg, était dédiée au Sauveur. La Fontenelle de Vaudoré ([6]) n'est pas éloigné de cette interprétation. M. de Sainte-Hermine ([7]) et M. de Montbail ([8]) semblent également se ranger à cet avis. M. de Sainte-Hermine attribue même l'origine de ce nom au collège de Druides qui aurait existé, prétend-il, dans l'île.

([1]) M. de Sourdeval, *La Garnache, Beauvoir-sur-Mer et le Perrier*, Nantes, Gueraud, 1854, in-8°, p. 16.

([2]) *Ann. de la Soc. d'Émul.*, 1re série, XIV, p. 288.

([3]) M. de Sainte-Hermine, l'*Ile-Dieu*, Nantes, Mellinet, 1847, in-8°, p. 5.

([4]) M. François Piet, *Étymologie du nom de l'Ile-d'Yeu*, page 184, d'après La Fontenelle, *loc. cit.*, p. 1, note 1.

([5]) *Ann. de la Soc. d'Émul.*, 1re série, X, p. 244.

([6]) La Fontenelle, *l. c.* — ([7]) De Sainte-Hermine, *l. c.* — ([8]) De Montbail, *Notes et Croquis sur la Vendée*, p. 162.

Il ne faut pas, du reste, confondre le nom de l'Ile-Dieu, donné à notre île, avec l'Ile-Dieu, ancien nom de l'îlot du Pilier (*). En effet, comme l'ont établi La Fontenelle et l'abbé Baudry (1), et après eux M. le docteur Viaud-Grand-Marais (2), l'Ile-Dieu, *Insula Dei* est bien le nom véritable de l'îlot du Pilier, habité par les moines Bernardins (3), de 1172 à 1205, époque à laquelle Pierre de la Garnache fonda pour eux l'abbaye de la Blanche, dans l'île de Noirmoutier, sous le nom de Notre-Dame-de-l'Ile-Dieu, *de Insula Dei*. Et, d'ailleurs, l'abbaye de la Blanche conserva, pendant quelque temps, ce nom de Monastère de l'Ile-Dieu (4). Le

(*) L'îlot du Pilier, situé à environ cinq kilomètres à l'Ouest de l'île de Noirmoutier, est une petite île d'une longueur de 600 mètres, sur 100 mètres de largeur moyenne, environ Sa superficie est de six hectares. Elle est formée d'un solide massif granitique recouvert d'une faible couche de terre végétale, et, d'après la tradition, elle aurait, autrefois, fait partie de l'île de Noirmoutier. On aurait même trouvé, sur les hauts fonds qui séparent l'île de l'îlot, et à une assez grande distance des côtes, des assises de briques liées par du ciment. Dans tous les cas, au commencement du xiie siècle, les deux îles, paraît-il, étaient reliées l'une à l'autre par une digue.

Au xiiie siècle, une abbaye de Bernardins, appelée l'*Abbaye de l'Ile-Dieu*, existait dans l'îlot du Pilier. Elle fut transférée dans l'île de Noirmoutier (appelée alors *Héro*), sans doute par suite de la destruction de la digue. On lit dans l'acte de fondation de la nouvelle abbaye, dédiée à Notre-Dame de la Blanche :

Ego Petrus Garnapia Deo et abbatiœ insulœ Dei Cest. Ord. quam in insula de Piliers primo fundatam, propter difficultatem loci in Hero insula, divina inspirante gratia, transtuli, dono et concedo, etc.

Le fort circulaire, qui se trouve à une extrémité de l'îlot, a été bâti sous Louis XIV. Il est entouré d'un fossé de 200 mètres de circonférence et de 10 mètres de largeur. Un phare de grande dimension s'élève à l'autre extrémité de l'îlot, à côté de l'ancien phare abandonné. (Cavoleau, *Statistique de la Vendée, annoté par de la Fontenelle,* p. 204.)

(1) L'abbé Baudry, *l. c.* — (2) *Excurs. à l'Ile-d'Yeu,* p. 1. — (3) Cavoleau, *Statist. de la Vendée,* p. 204. — (4) De Montbail, *l. c.,* p. 160.

nom de *Blanche* lui fut attribué à cause du costume des moines de Citeaux, qui est blanc, et ce nom se trouve mentionné dans une bulle du pape Grégoire IX, du 8 août 1236, qui met l'abbaye sous la protection du Saint-Siège et confirme toutes les donations faites ou à faire ([1]).

Pierre Garcie (Garcie Ferrande) écrit l'*Islle-Dieulx* ([2]).

Dans le Pouillé de la Métropole de Bordeaux on dit : *Isle-d'Oye.*

Dans le Pouillé du diocèse de Luçon, publié en 1860, par l'abbé Aillery (p. 20), on trouve successivement les appellations ci-après :

De Hoyes; — Prioratus *de Oyes;* — cure de l'Isle *d'Oye;* Ecclesia *de Hoys* (d'après le Pouillé latin du XVIIIᵉ siècle); — Prioratus de Insula *de Oys;* — *de Heoys* (d'après le Pouillé latin du XVIIIᵉ siècle); — *Oia* (d'après une bulle du pape Calixte, en 1119); – *Oia* (d'après Baudemont, *Vie de St Amand*); — Insula *de Oys*, *Oias* (d'après les titres de l'abbaye de la Blanche); — Insula *Ojas, Oys, Oia, Oias* (d'après l'*Hist. de St Cyprien*); — Cure de Saint-Sauveur de l'*Ile-Dieu* (d'après le Pouillé extrait de Dom Fonteneau.

Abraham Ortelius, dans son *Théâtre du Monde*, édition de 1602, p. 17, l'appelle : *Isle de Dieu.*

En 1755, l'abbé Joussemet, curé de Saint-Sauveur, écrivait *Isle d'Ieu*. C'est également cette orthographe qui est adoptée par M. Benjamin Fillon dans sa notice sur la lettre du curé Joussemet ([3]).

([1]) De Montbail, *l. c.*

([2]) *Le Grand Routtier, Pillotage et Ancrage de la mer*, Poitiers, Anguilbert de Marnef, 1520.

([3]) Mémoire sur l'ancienne configuration du littoral Bas-Poitevin et sur ses habitants, adressé en 1755 au Père Arcère, par Charles-Louis Joussemet, curé de l'Isle-d'Ieu, annoté par M. Benjamin Fillon, in-8°, Niort, Clouzot, 1876.

Le Père Arcère, dans son *Histoire de La Rochelle* (I, p. 68), écrit l'*Isle d'Yeu* et dit qu'autrefois cette île s'appelait *Oia* ou *Augia*. Il ajoute qu'un ancien bréviaire de Bourges lui attribuait le nom de *Agnavi insula*.

Dans les pièces relatives aux ventes de biens nationaux à l'Ile-d'Yeu en 1791, le nom de cette île est écrit tantôt l'*Isle-Dieu*, tantôt l'*Isle-dieu*, tantôt, enfin, en un seul mot, *Lisledieu*.

De la Fontenelle de Vaudoré, de Sainte-Hermine et de la Pylaire écrivent : Ile-Dieu.

Le nom officiel de l'île est aujourd'hui : Ile-d'Yeu. On a proposé de faire dériver ce nom des *Yeuses* ou chênes verts qui auraient constitué tout ou partie de l'ancienne forêt de l'île. Cette opinion a été combattue, avec raison, selon nous, par le docteur Viaud-Grand-Marais ([1]). J'ajouterai que, d'après Littré, le mot français actuel *Yeuse* vient du latin *ilex*, qui signifie houx, les feuilles du chêne vert (*Quercus Ilex*) étant, en effet, piquantes et persistantes comme celles du houx. Or, si le mot *Yeuse* vient de *Ilex*, ce n'est pas de là que proviennent *Ogia*, *Oia*, *Oys*, c'est-à-dire les noms les plus anciens, dont l'existence est certaine et qui sont la seule source où l'on doive chercher l'origine du nom actuel : *Yeu*. Les chênes verts n'ont donc absolument rien à faire dans cette question d'étymologie.

Je crois qu'il faut repousser, également, l'opinion de Bouillet ([2]), qui semble attribuer l'origine de *Insula Ogia* à Hésus. En effet, le nom de Hésus, qui était celui du Dieu des combats chez les Gaulois, ne me paraît pas avoir la moindre analogie avec le mot *Ogia ;* et, d'un autre côté,

([1]) Excurs. à l'Ile-d'Yeu, *loc. cit.*
([2]) Dictionn. d'Hist. et de Géogr., au mot *Dieu.*

aucune induction historique ne rattache l'idée de Hésus aux origines de l'Ile-d'Yeu.

Enfin, je ne crois pas non plus qu'on puisse faire dériver le nom de notre île des noms *Insula Obceorum, Oborum* ou *Avorum* cités par La Fontenelle et attribués à une île aquitanique, par l'anonyme de Ravenne et Papyre Masson.

Dans l'état actuel de la question, il me semble difficile de se prononcer sur l'étymologie des mots *Oia* ou *Oys* qui sont les appellations les plus anciennes que l'on connaisse. Mais si nous ne pouvons préciser d'une façon absolue le sens primitif de ce mot, nous n'avons, je crois, que peu d'efforts à faire pour trouver l'origine du nom actuel. Nous avons suivi ses transformations diverses à travers le Moyen-Age et les temps modernes, et s'il est vrai que l'Ile-d'Yeu d'aujourd'hui s'appelait, autrefois, *Insula de Oia*, ensuite *Ogia* ou *Oga*, *Ile d'Oys* ou *d'Eoys*, *Ile d'Oye* et enfin *Ile Dieu*, il faut nécessairement que pour une raison quelconque, soit contraction, soit corruption de langage, tous ces mots soient dérivés les uns des autres, et il est inutile de chercher ailleurs des analogies, quand elles résultent si bien du simple rapprochement des mots.

CHAPITRE II

Époque préhistorique.

Cette époque est caractérisée, à l'Ile-d'Yeu, par d'assez nombreux monuments dont quelques-uns sont encore debout.

Les Menhirs, Cromlechs, Dolmens, Pierres-Levées, Allées-couvertes, Tumuli et autres monuments mégalithiques que l'on rencontre non seulement en France, mais dans beaucoup d'autres contrées, ont été considérés, long-temps, comme appartenant à l'époque celtique ou à l'époque gauloise et au culte druidique. C'est une erreur aujourd'hui démontrée par des études plus récentes et par de nombreuses découvertes, à la suite des fouilles opérées dans les lieux les plus divers, notamment en France, en Angleterre et en Danemark. Ces monuments, en effet, remontent assez haut dans le nord de l'Europe. D'après une savante théorie développée par M. Louis Figuier (¹), ils appartiendraient à l'époque préhistorique, désignée sous le nom d'*Age de la Pierre Polie* et qui aurait suivi immédiatement le grand cataclysme du dé-luge. M Alexandre Bertrand, conservateur du musée de Saint - Germain, leur assigne une date approximative moins éloignée et qui devrait être placée entre dix ou douze siècles avant notre ère, par conséquent avant l'ar-rivée des Celtes sur notre territoire (²). M. Henri Mar-tin (³) accepte également cette date mais rectifie l'opinion de M. Alexandre Bertrand en ce qui concerne le sens qu'il convient de donner au mot Celte. « Les Celtes pos-térieurs à ces monuments, dit-il, sont ces Gaulois du Danube qui ont pris Rome, qui ont envahi la Macédoine et l'Asie-Mineure et qui sont les mêmes que les Gaulois belges du Nord, les Volkes du Midi. Mais ces Celtes-là avaient trouvé, en Gaule, d'autres Celtes plus anciens qu'eux. Ils y avaient trouvé le Druidisme organisé par les Bretons, branche celtique qui les avait précédés en Occident. Mais les Bretons eux-mêmes, que je crois, d'après des indices donnés par les anciens, parvenus en

---

(¹) *L'Homme Primitif*, pages 263 et suiv

(²) *Magas. Pittor.*, 1883, p. 36.

(³) *Ibid.*, p. 142.

Occident huit ou neuf siècles avant notre ère, avaient rencontré, sur le continent et dans les îles d'Albion et d'Eirrin, une autre couche bien plus ancienne encore des Celtes, desquels descendent les Irlandais et les Écossais. C'est à ces Celtes primitifs que je pense devoir attribuer les grands monuments mégalithiques. »

L'opinion de l'illustre auteur de l'*Histoire de France* ne concorde pas avec l'opinion des archéologues cités par M. Louis Figuier, qui font remonter jusqu'au déluge la construction de ces mystérieux monuments. M. Henri Martin ajoute même : « Il n'y a aucune apparence qu'il ait existé en Occident, avant les Celtes primitifs, une population assez organisée pour pouvoir ériger de vastes monuments comme ceux de Carnac, de Locmariaker ou d'Aburi. Ni les Ibères ni les Ligures n'avaient une constitution sociale qui se prêtât à ces immenses œuvres collectives. »

Contentons-nous donc de cette antiquité, déjà fort respectable, de dix ou douze siècles avant notre ère. Mais un fait sur lequel, maintenant, tout le monde paraît à peu près d'accord, c'est que les Dolmens et les Allées-Couvertes étaient des tombeaux et non des autels destinés à des sacrifices (¹).

Un archéologue Suédois, M. Nilsson, a même émis l'opinion que les Allées-Couvertes seraient d'anciennes habitations transformées en tombeaux à la mort de leurs propriétaires. On fait remarquer, à ce sujet, que les habitations d'hiver de certaines populations de l'extrême Nord ressembleraient beaucoup aux Allées-Couvertes. Telles sont celles des Sibériens et des Esquimaux, qui se composent d'une table ovale ou circulaire un peu enfoncée

(¹) M Alexandre Bertrand, *loc. cit.*

dans le sol et complètement recouverte de terre (¹).
M. Lubbock (²), qui adopte cette opinion, pense qu'on a
souvent pu prendre des habitations semblables pour des
Tumuli, d'autant plus, ajoute-t-il, que quelques-uns de
ces monticules, quoique renfermant des cendres, des
poteries, des instruments, n'ont fourni aucun vestige
d'ossements humains.

Il ne faudrait pas croire non plus que ces monuments
se rattachent au culte druidique, car ils sont antérieurs,
pour la plupart, à l'introduction du druidisme en Gaule.

On en compte en France plus de 2,500, répartis inéga-
lement entre 66 départements. Ce sont les départements
de l'Ouest qui en contiennent le plus : le Morbihan 300 ;
le Finistère 150 ; les Côtes-du-Nord 110 ; la Vendée 100 ;
la Vienne 95. Au centre, en allant vers le Midi : le Lot 300 ;
l'Aveyron 400 ; le Gard 150 ; l'Hérault 100. Les départements du Midi sont très pauvres en monuments de ce
genre. Les départements de l'Est n'en offrent pas de
traces (³).

M. Savary, chef de bataillon du génie, qui a publié,
en 1837, une brochure intitulée *Histoire de l'Ile-d'Yeu*,
a envisagé cette histoire surtout au point de vue géologique. Il suppose que l'Ile-d'Yeu faisait, autrefois, partie du
continent et qu'elle en a été séparée par la violence des
courants qui règnent le long des côtes. A l'appui de cette
thèse assez aventurée, il invoque la direction des Pierres-
Debout, qui, situées sur les hauteurs, dans l'arrondissement des Sables-d'Olonne, devaient indiquer les lignes
des côtes anciennes. « La ligne de ces monuments, dit-il,
« part de Rosnay, près la rivière de l'Yon, atteint un

(¹) Louis Figuier, l'*Homme primitif*, p. 273.

(²) *L'Homme avant l'histoire*, Paris, in-8°, 1862.

(³) M. Alexandre Bertrand, *loc. cit.*

« point très voisin d'Avrillé, traverse cette localité, puis
« les Sables et se retrouve près de Challans. » De même,
plusieurs Pierres-Levées de l'Ile-d'Yeu se trouveraient
sur les hauteurs, notamment celle qui occupait l'emplacement actuel du fort construit en 1858. Selon M. Savary,
ces pierres seraient la preuve de la jonction de l'Ile-d'Yeu
au continent, parce qu'elles indiquaient la ligne des côtes
avant le cataclysme qui a amené la séparation. J'avoue ne
rien comprendre à cet argument. Mais l'auteur va plus
loin encore. Il voit dans les Pierres-Debout et les Pierres-
Levées des signaux pour les navires des habitants de cette
époque. « Ces pierres, dit-il, étaient leurs phares. » Des
navires et des phares pour les habitants de la France onze
ou douze cents ans avant Jésus-Christ, c'est une concep-
tion hardie. Il est vrai que M. Savary, comme tant d'autres, du reste, ne les considère que comme des autels
druidiques, c'est-à-dire des monuments beaucoup plus
récents qu'ils ne le sont en réalité. Mais la navigation des
côtes de France n'était pas beaucoup plus avancée à
l'époque des Druides qu'à celles des monuments mégalithiques. Dans tous les cas, quand on sait qu'ils sont très
répandus dans l'intérieur des terres et même fort loin de
la mer, puisqu'on en a trouvé dans nos départements du
centre et même en Allemagne, il est manifeste qu'ils
avaient partout la même destination et que leur proximité
de l'Océan n'implique en aucune façon l'idée de phare ou
de signal maritime quelconque.

La direction incertaine des lignes de monuments mégalithiques n'apporte aucun éclaircissement dans la question de l'ancienne configuration des côtes. Les progrès de
la géologie pourront, peut-être, un jour, résoudre ce problème. Certes il n'est pas impossible que l'Ile-d'Yeu ait
fait, autrefois, partie du continent. « Il y en a mesme, dit
Joussemet (p. 4), qui croient que les isles du Pilier, de
Noirmoutier, d'Ieu, de Ré et d'Oleron ont été séparées de

la terre ferme par l'effort de la mer et des courants à une époque qui se perd dans la nuit des siècles ; mais il y a doute à cet égard. » De même, dit-il, « des isle : ont été soudées au continent. Pour peu que l'envahissement continue encore un temps, celles de Noirmoutier, d'Ieu et de Ré s'uniront à la terre ferme, tout comme ont fait Bouin, Monts, Orouet, Saint Hilaire-de-Rié et autres en Luçon et Aunis. »

Sans doute tout est possible en fait de transformations géologiques. Les côtes se modifient incessamment sous l'action de l'Océan. Sous l'influence d'autres causes, certaines côtes s'abaissent, tandis que d'autres se relèvent. Certaines roches primitives, comme les quartz et les granites, s'émiettent peu à peu pour former les sables des dunes ; le sable, à son tour, s'agglutine dans certaines conditions spéciales, pour former des bancs de grès plus ou moins durs et compacts, qui, sous l'effort des vagues se pulvérisent de nouveau. Tout, dans la nature, est mobile et changeant ; tout se défait pour se refaire ; tout naît et meurt pour renaître et revivre, prendre des formes nouvelles, en changer et les reprendre ensuite, sans que rien s'arrête ou se repose dans ce vaste cycle des transformations de l'univers. Mais dans ces réflexions métaphysiques, qui peut-être n'étaient point étrangères à l'esprit distingué du curé Joussemet, nous ne trouvons pas l'ombre d'une preuve en faveur de la théorie que devait soutenir plus tard M. Savary, sur la jonction de l'Ile-d'Yeu avec le continent.

La tradition de Pont-d'Yeu, qui sera racontée plus loin ([1]), semblerait établir que la réunion de l'Ile-d'Yeu au continent appartiendrait à l'époque géologique actuelle.

([1]) Voir au chapitre des Monastères.

On désigne par le Pont-d'Yeu ou Pont-Saint-Martin, une chaîne de rochers plats situés entre l'ancienne île de Monts et l'Ile-d'Yeu et qui s'avancent dans la mer perpendiculairement au continent à plus de deux kilomètres. Ils ne se découvrent qu'au moment des basses eaux [1].

Les théories de M. Savary ne me semblent donc admissibles à aucun point de vue ; mais je ne pouvais me dispenser de parler de son travail, car il tient une place assez importante dans la bibliographie de l'Ile-d'Yeu.

Les différents monuments préhistoriques de l'île n'ont été indiqués jusqu'à présent que d'une façon incomplète ou erronée ; leur nomenclature est incertaine et pleine de confusion. Joussemet en cite quatre [2], La Fontenelle en énumère quinze, d'après de la Pylaie [3]; l'abbé Bau-

[1] *Ann. de la Soc. d'Émul.*, 1re série, XIVᴮ, p. 83, article de M. Gallet.

[2] Joussemet, *loc. cit.*, p. 16, les attribue, comme on l'a fait si longtemps, aux Druides gaulois : 1º La Roche-aux-Petits-Fadets, ou Maison de la Gournaize ; 2º « la Pierre-Levée qui était en face du Château-Gaillard, au-dessus du port ; » 3º la Pierre Saint-Martin ; 4º l'Aiguille du Chiron-Ragon. « La tradition, dit-il, raconte que toutes ces pierres ont été mises debout par des nains bretons qui ont apporté à l'Isle-d'Ieu l'espèce de petits chevaux qui s'y voit. » Sur les quatre pierres mentionnées par lui, les trois dernières ne sont que « d'autres autels de même origine qui ne sont plus en place. »

[3] La Fontenelle, *Notice sur l'Ile-Dieu*, p. 5. Voici ces noms :

1º La Pierre-Planche-à-Pierre ; — 2º la Roche-aux-Petits-Fradets ;— 3º la Pierre du Tonnerre ; — 4º les Pierres-de-Tabernaude ; — 5º la Roche-Vire-Trois-Tours ; — 6º le Chiron-de-la-Chaudière ; — 7º les Roches-du-Grand-Fougeroux ; — 8º le Chiron-du-Grand-Rochefort ; — 9º le Tronneriau-de-la-Grande-Marie ; — 10º la Pierre-de-Saint-Martin ; — 11º la Grand-Mère-à-Jean-Chiron ; — 12º la Roche-de-Kerdifouaine ; — 13º la Roche-du-Moulin-de-la-Meule ; — 14º la Roche-aux-Fras ; — 15º la Pierre-de-Bon-Conseil. (D'après de la Pylaie. *Congrès scientifique de France, tenu à Poitiers* en 1834.)

dry ([1]) et l'abbé du Tressay ([2]) en mentionnent chacun neuf. Je vais m'efforcer, dans la liste ci-après, de rétablir les faits dans leur réalité.

La plupart de ces monuments étaient situés dans la partie nord, où se trouvait la forêt dont il sera parlé plus loin ([3]). Plusieurs pierres qui gisent naturellement sur le sol ont reçu des dénominations plus ou moins fantaisistes, mais n'offrent aucun caractère préhistorique ; d'autres sont d'une origine douteuse. Je les ai classées en trois catégories, d'après les probabilités de leur authenticité.

§ 1er. — PIERRES OFFRANT UN CARACTÈRE DE CONSTRUCTION PRÉHISTORIQUE.

1. — La Planche-à-Puare.

Désignée aussi sous le nom de Dolmen de l'Anse-des-Broches.

Le mot *Puare* ou *Piare*, en patois, signifie *Pierre.* — Située au nord-ouest de l'Anse-des-Broches, à douze

---

([1]) *Ann. de la Soc. d'Émul.*, 1re série, X, p. 244 : 1° la Pierre-Levée (remplacée par le fort) ; — 2° le Dolmen du Nord ; — 3° le Menhir du Sud, au bord de la mer (5 m. de haut, 2 m. de large, 1 m. d'épaisseur) et qui, paraît-il, se met en danse au moment de la messe de minuit ; — 4° la Pierre-de-la-Pointe-Gauthier ; — 5° la Pierre-de-la-Tranche ; — 6° la Pierre-de-la-Meule ; — 7° la Pierre-de-Gilberge ; plus deux autres dont il n'indique pas les noms.

([2]) *Quelques mots sur l'Ile-d'Yeu*, p. 10 et 11 : 1° la Pierre-Levée ; — 2° la Pierre-Branlante de la Meule ; — 3° la Pierre-Debout de la vallée de la Meule ; — 4° le Tumulus entre la Meule et Ker-Bossy ; — 5° le Tumulus auprès de la croix de Jubilé de 1852 ; — 6° Enceinte druidique dans le pré des Noues ; — 7° Cercle celtique des Tabernaudes ; — 8° le Chiron-des-Petits-Fadets ; — 9° l'Allée Couverte, appelée la Planche-à-Puare.

([3]) Voir au chapitre des Monastères, p.   .

mètres du rivage. C'est un dolmen en assez mauvais état. Les pierres de support et celles de recouvrement, le tout formant croix, sont maintenant au niveau du sol. Des pierres debout se voyaient encore, en 1859, à trois des extrémit s de la croix, au nord-est, au midi et au nord-ouest, fermant ainsi l'extrémité de chaque bras. Au sud, au contraire, on ne rencontre aucun vestige de pierres à l'extrémité du quatrième bras. C'est de ce côté que se trouve l'entrée. Celle-ci a 1^{m}40 de hauteur, 0^{m}40 de haut d'un côté et 0^{m}60 de l'autre. Le monument, au-dessus de l'entrée, a une longueur de 6 mètres ; chaque bras a une longueur de 2 mètres. La surface supérieure est composée de six pierres ; mais les deux situées au nord-est paraissent n'en avoir fait qu'une autrefois La pierre principale du milieu mesure une étendue de 3 mètres. Elles sont élevées de 0^{m}20 à 0^{m}40 au-dessus du sol. On pouvait, autrefois, pénétrer par l'entrée qui est, maintenant, en partie obstruée par les sables. Cependant on distingue encore très bien les pierres de support.

2. — La Roche-aux-Petits-Fadets.

Appelée ainsi par Joussemet ([1]). On la désignait encore sous le nom de la Maison-de-la-Gournaise. Elle a conservé ces deux noms. L'abbé Baudry ([2]) l'appelle le Dolmen du Nord.

Les mots *Fadets* ou *Fradets*, employés par les habitants de l'Ile-d'Yeu, sont évidemment une corruption du mot *Farfadet* (du latin *fada*, fée, en italien *farfalla*).

La *Roche-aux-Petits-Fadets* est aussi un dolmen en assez mauvais état, composé, selon l'expression de M. le doc-

(1) Joussemet, p. 16. — (2) Voir la note 1 de la page précédente.

teur Viaud-Grand-Marais (¹), d'une pierre principale et d'une rallonge. Elle est située sur un point culminant (comme la plupart des autres Pierres de l'ile), près de la Pointe-de-la-Gournaise, à 200 mètres, environ, du rivage. La pierre principale s'élève à une hauteur d'un mètre au-dessus du sol. A l'intérieur, entre les pierres de support, la longueur est de 2m10, la largeur de 2m80. La pierre de recouvrement a 4m30 de long et 1m60 de large, au milieu. Sur le côté nord-ouest du monument, on remarque encore d'autres pierres dressées qui devaient supporter soit d'autres pierres de recouvrement, soit l'extrémité actuellement brisée de celle qui existe encore.

Joussemet, qui avait mesuré la *Roche-aux-Petits-Fadets*, lui avait trouvé 14 pieds de long sur 7 pieds 1/2 de large : « Neuf pierres debout la soutenaient, dit-il (²), mais une partie a été cassée par la foudre et couchée d'un costé par terre. Un cerne d'autres pierres, à demi-caché dans le sol, l'environne. Elle était, autrefois, sur la lisière d'une forêt qui s'étendait sur presque toute l'isle. »

C'était aussi, *autrefois,* le rendez-vous des loups-garous et des sorciers.

3. — Les Tabernaudes.

On donne le nom de *Tabernaudes* à deux monticules séparés l'un de l'autre par un espace de 70 à 80 mètres, situés sur le versant du coteau au bas duquel se trouve le marais des Broches et où coule le ruisseau appelé le Cours-des-Broches.

Le plus petit monticule, mesurant 7 mètres de diamètre,

(¹) *Excurs. à l'Ile-d'Yeu,* p. 53.

(²) Joussemet, *loc. cit.*

est le plus élevé. On y voit encore deux pierres dressées, hautes d'un mètre environ, les autres sont plus ou moins indistinctes. Le plus grand a 14 mètres de diamètre ; il est entouré de sept pierres dressées, ayant à peu près les mêmes dimensions, et hautes de 0m20 à 0m50. Les autres pierres, qui devaient former un cercle autour de celles-ci, ont été détruites ou sont enfouies dans le sol.

L'origine du mot *Tabernaudes* est inconnue ; peut-être vient-il de *tabernaculum* (¹). Ce groupe forme un des angles d'un triangle de 400 à 500 mètres de côté et dont les deux autres angles sont occupés par les Dolmens de la *Planche-à-Puare* et de la *Roche-aux-Petits-Fadets*. M. l'abbé Simonneau (²) considère les *Tabernaudes* comme ayant une authenticité historique aussi certaine que ces deux Dolmens.

4. — La Petite - Foule.

On l'appelle aussi, dans le patois du pays, le *Trenneriau* ou le *Trenneria de la Petite-Foule*. C'était un Tumulus avec passage couvert. Il est situé au point culminant du nord de l'île. Il a été bouleversé lors de la construction d'un phare provisoire, en 1828, et du grand phare, en 1829. Il ne reste plus qu'une partie du Tumulus primitif avec quelques pierres éparses et brisées.

5. — Les trois Tumuli de Ker-Chauvet.

Découverts, il y a une quinzaine d'années, dans un terrain inculte situé à l'est du grand phare, dans la direction

(¹) Notes de M. Auger.
(²) Notes manuscrites sur l'Ile-d'Yeu.

de la Grande-Marthe ou Marie, près du chemin vicinal nº 2. Le propriétaire du terrain y aurait découvert quelques objets qui n'ont pas été conservés.

Ces Tumuli ne paraissent désignés par aucun nom spécial et cela provient, sans doute, de ce que leur découverte est récente, car, à l'Ile-d'Yeu, les moindres pierres offrent des dénominations plus ou moins fixes.

6. — La Pierre-Levée.

Se trouvait sur l'emplacement où on a construit le fort, en 1858. Différentes Pierres debout existaient aussi sur cet emplacement, à 500 mètres environ au sud-ouest de Port-Joinville. Ces Pierres ont été décrites par de la Pylaie. Elles n'avaient rien de remarquable. Il n'y avait là, du reste, aucun Dolmen. Toutes les pierres étaient dressées debout, le long du chemin, peu élevées au-dessus du sol, ayant plutôt l'air de lignes de démarcation de propriétés que de véritables constructions préhistoriques. Cependant elles sont citées par l'abbé Joussemet sous le nom de *Pierres-Levées du Château-Gaillard*. L'abbé Baudry et l'abbé du Tressay les comprennent également dans leur nomenclature ; La Fontenelle, seul, n'en parle pas.

M. Auger possède une hache dite celtique, c'est-à-dire en pierre polie, trouvée, en 1858, sur l'ancien emplacement de la Pierre-Levée.

7. — La Pierre-de-Gatine.

Située près de la croix de Jubilé, sur la ligne qui, partant de la citadelle, vient aboutir à Ker-Bossy. Dolmen en mauvais état ; quelques pierres sont encore debout ; d'autres sont renversées. Deux autres Tumuli, sans désignation spéciale, se trouvent à une faible distance. De l'un, il ne reste presque rien, et l'autre n'offre que quelques vestiges : un petit cercle de pierres et, à l'entour, quelques pierres semblant former une seconde enceinte concentrique à la première. Celui-ci, situé plus à l'est, paraît bien avoir un caractère préhistorique.

8. — Le Tumulus de la Guet.

Sur la route de Ker-Bossy, aux Chauvitellières. Il y a plusieurs années, alors qu'on défrichait l'emplacement où se trouvait ce Tumulus, M. Auger avait remarqué des pierres plates, debout, rangées parallèlement, de manière à permettre le passage d'un homme.

9. — La Pierre-de-Tonnerre.

Située près de l'Anse-des-Sots, Sauts ou Sous, au-dessus de l'Anse-des-Vieilles (Joussemet écrivait : les Vieils), à 1,500 mètres environ du village de la Croix. Orientée du nord au sud. Hauteur 1ᵐ20 ; largeur 2 mètres ; épaisseur, au sud 0ᵐ25, au nord 0ᵐ40. La face tournée du côté nord-est est parfaitement unie ; celle qui regarde le sud-ouest est rugueuse, un peu bombée. Pas d'enceinte, mais un bourrelet de 10 mètres de rayon. C'est le point le plus élevé de cette partie de la côte, d'où l'on domine les Corbeaux, le Bourg et la Meule. D'après un sieur Stanislas Taraud, vieillard habitant le village de la Croix, des maçons auraient débité, il y a environ cinquante ans, quelques pierres, autour de la pierre principale, pour la construction d'une maison à Port-Joinville.

C'est évidemment cette pierre que l'abbé Baudry a désignée sous le nom de *Menhir du Sud,* au bord de la mer.

Mais il a commis une erreur en lui attribuant 5 mètres de haut. Vue de tout le parcours de la route du Bourg au village de la Croix, elle n'aurait pu être réduite sans qu'on s'en aperçut.

10. — L'enceinte de la Pierre-Levée du Sud.

Entre le village de la Croix et la Pointe-des-Corbeaux, sur la limite des dunes de sable, à un kilomètre environ au sud-est du village de la Croix. L'Enceinte de la Pierre-Levée du Sud a une forme ovale ; c'est une sorte d'ellipse dont le grand diamètre mesure environ 40 mètres et le petit 30 mètres Autour, se trouvent des pierres dressées à une petite distance les unes des autres et rangées symétriquement. Au centre, s'élève un rocher pointu ; à côté, on voit un tertre qui n'est surmonté par aucune pierre mais qui pourrait cependant en contenir. Cette enceinte ressemble aux autres constructions analogues de l'île. On l'appelle dans le pays : *La Pierre-Levée.*

Une sorte de hache ou plutôt une scie en pierre polie a été trouvée, en 1880, à la pointe nord de l'île, par un sieur Friou, gardien du sémaphore. La pierre en paraît brute et ne semble avoir subi aucun travail, si ce n'est sur ses deux arêtes où on a pratiqué des entailles en forme de dents de scie. La partie convexe présente une arête très prononcée au milieu, donnant à la partie supérieure de la pierre la forme d'un triangle allongé. La partie inférieure et concave est unie, mais présente une dépression dans son milieu. C'est un silex très bien conservé, à arêtes très tranchantes. Sa substance est la même que celle de la petite hache possédée par M. Auger et trouvée lors des fouilles faites sur l'emplacement de la citadelle. Sa lon-

gueur est de 20 centimètres; sa largeur, au gros bout,
45 millim.; au petit bout, 35; son épaisseur, au gros bout,
4 millim.; vers le milieu, 12; au betit bout, 9.

L'usage des scies n'était pas ignoré de nos ancêtres, à
l'époque de la *Pierre-Polie*. Le musée de Saint-Germain
possède des instruments de ce genre provenant du Danemark; les uns sont courbes et les autres droits. Ils devaient, sans doute, être fixés dans un manche par le côté
convexe, car les traces de ce manche s'y voient encore.
Ces instruments ont dû servir soit à râcler les peaux, soit
à couper le bois (1).

§ 2. — PIERRES DONT L'ORIGINE PRÉHISTORIQUE EST DOUTEUSE.

1. — Le Grand-Fougeroux.

Ce nom est celui d'un tennement voisin. Les pierres de
ce groupe sont situées au nord-est des Turpailles, entre le
grand phare et la mer, à peu près à égale distance entre
ces deux points et formant, avec eux, une ligne droite.
Elles consistent en de gros blocs émergeant de terre et
sans caractères bien précis. L'une d'elles, cependant, a
attiré l'attention de M. Auger. Elle ne repose pas immédiatement sur le sol, mais bien sur d'autres blocs de moindres
dimensions. Elle a 1^m60 de haut sur 1^m25 de large. On
aperçoit, à côté, une sorte de tumulus ou tertre, peut-être
artificiel, et quelques vestiges d'enceinte. Un peu plus loin
se trouve un rocher désigné, également, sous le nom de
Grand-Fougeroux, haut de 1^m35 sur 12 mètres de long,
mais qui ne paraît être autre chose qu'un rocher naturel.

(1) Louis Figuier, l'*Homme primitif*, p. 222.

Lés traditions locales ne nous apprennent rien sur ce groupe de pierres. La Fontenelle le fait figurer dans sa liste des Pierres *druidiques* de l'île. Il est vrai qu'il n'a jamais visité l'Ile-d'Yeu.

2. — La Chaudière.

Située au nord, auprès du Grand-Rochefort. Ce sont des blocs de pierres presque toutes arrondies au sommet. Ce groupe, signalé par La Fontenelle, d'après de la Pylaie, a pu offrir, autrefois, quelques caractères préhistoriques, mais, aujourd'hui, il paraît dénué de tout intérêt. Je ne connais, non plus, aucune légende sur son compte.

3. — L'Aiguille du Chiron-Ragou.

Située à l'extrémité sud du vallon de Saint-Hilaire, sur une ligne qui relierait le village de Ker-Borny au fort de Pierre-Levée, à 60 ou 70 mètres du chemin vicinal n° 1 qui conduit au But. Cette pierre remarquable offre la forme d'une pyramide triangulaire. Deux de ses faces sont presque unies; la troisième est bombée; les arêtes sont encore vives et la pointe est très aiguë. Hauteur, à l'ouest, 1m70; à l'est, 1m40. Largeur à la base, 1m60 sur 1m50; au milieu, 1m15. On voit, autour de ce monolithe, une sorte d'enceinte formée par des petites pierres. Peut-être sont-ce là des vestiges d'une construction préhistorique. Joussemet ([1]) le croyait et il nous apprend qu'elle avait été « débitée » une quarantaine d'années avant l'époque où il écrivait (c'est-à-dire avant 1755) pour faire les marches dé l'église de Saint-Sauveur. De son temps, la tradition

([1]) Joussemet, p. 16.

racontait que toutes ces pierres avaient été mises debout par des nains bretons.

Il est à remarquer, du reste, que Joussemet ne cite que trois Pierres *druidiques* : la Roche-aux-Petits-Fadets, la Pierre-Levée, l'Aiguille-du-Chiron-Ragon.

De la Pylaie, de La Fontenelle, l'abbé du Tressay ne parlent point de cette dernière.

4. — Le Tumulus de la Meule.

Situé dans un terrain inculte appartenant à M. Billet. N'a pas encore été fouillé complètement. Une pierre dressée émerge à 30 ou 40 centimètres.

5. — La Roche-aux-Fras.

Située à 200 mètres, environ, du village de la Meule, près du chemin vicinal, un peu à gauche, sur un petit monticule inculte. Cette pierre offre une surface plate ; elle est séparée du sol par une autre pierre un peu moins grande sur laquelle elle repose. Elle est inclinée du côté du nord. Ses dimensions sont : longeur 2^{m}20 ; largeur 2 m. ; épaisseur 0^{m}40. Sa face supérieure est creusée, en plusieurs endroits, de petites fossettes ayant 2 ou 3 centimètres de profondeur sur 3 ou 4 centimètres de large. Ces trous, dit la légende, ont été faits par le trépied brûlant sur lequel Satan venait s'asseoir, tous les samedis, en compagnie de ses adeptes. Il faut bien croire qu'il en était ainsi, car, un soir, un pauvre marin bossu, revenant de la pêche par une nuit d'orage, aurait aperçu le Diable qui, perché sur la Roche-aux-Fras, présidait un concert donné par des Diables de seconde catégorie. Le concert paraissait assez peu recréatif et le refrain se terminait par les noms de deux jours de la semaine. Intrigué par cette musique infernale, mais fort peu rassuré cependant, notre bossu se cacha derrière un rocher. Bientôt il se sentit charmé et comme magnétisé par cette harmonie étrange ; il répéta malgré lui le refrain, d'abord tout bas, puis assez haut pour être entendu. Grand émoi dans la gent diabolique. On découvre la retraite de l'intru, on le conduit tout tremblant aux pieds du chef d'orchestre ; il croit sa dernière heure arrivée. Pas du tout ; il a affaire à un bon Diable qui, le prenant pour un des siens, lui passe la main sur le dos et le délivre de sa bosse. Enchanté de son aventure, notre homme en fait part à un de ses amis, bossu comme lui. Ce dernier, dans l'espoir d'obtenir une cure aussi miraculeuse, se rend, le samedi suivant, à la Roche-aux-Fras ; se cache comme avait fait son camarade et mêle sa voix enthousiaste au refrain de la bande maudite. Amené aussitôt aux pieds du maître, il se prosterne humblement, en attendant sa récompense. Hélas ! il chantait faux, et le Diable était trop dilettante pour lui pardonner. Il sent la main crochue de Satan qui, au lieu de s'arrêter sur son dos, lui touche légèrement la poitrine. Horreur ! une seconde bosse lui pousse en avant, pour faire équilibre à la première ! L'histoire ne dit pas s'il revint à la Roche-aux-Fras, pour se faire opérer une seconde fois.

Et maintenant, s'il fallait tirer une morale de cette fable innocente, peut-être y trouverait-on une vague réminiscence d'anciennes cérémonies payennes, accomplies sur ces pierres étranges par les prêtres de la religion druidique et renouvelées plus tard par les sorciers.

Le mot *Fras* est peut-être une corruption du mot Fadets ou Farfadets.

6. — Le Grand-Bec.

Appelée aussi l'*Enceinte du Pré-des-Noues* ou le *Chiron-des-Noues*. Située à égale distance entre la Meule et

Ker-Virou. Citée par l'abbé du Tressay (p. 10) comme pourvue d'une enceinte, avec fossé d'écoulement. Les lieux ne présentent plus cette disposition, car on a défriché une partie du terrain du côté de l'ouest ; cependant, du côté du nord, on voit encore un petit bourrelet de terre et quelques petites pierres dressées, mais sans ordre. Cette pierre a l'apparence d'un Menhir à moitié renversé. Voici ses dimensions : longueur 3 mètres ; largeur de la base (surface supérieure), 3^m10 ; largeur du milieu, 2 mètres ; projection du sommet sur le sol, 1^m30 ; si, de la perpendiculaire abaissée du sommet sur le sol, on tire une ligne, au niveau du sol, jusqu'à la base, on trouve une distance de 2^m20.

7. — Les Pierres du Moulin-de-la-Meule.

Elles étaient situées au sud du *Grand-Bec,* dans la direction de la *Pierre-Branlante,* à égale distance à peu près de l'une et de l'autre. Ces pierres ont été détruites pour servir à différentes constructions. Aujourd'hui, il n'en reste plus trace. Le point culminant du plateau où elles devaient être placées est maintenant cultivé. Elles sont citées par La Fontenelle, d'après de la Pylaie, sous le nom de Roches du Moulin-de-la-Meule, et, par l'abbé Baudry, sous celui de Pierres du Moulin-de-la-Meule. Je n'ai pu me procurer aucun renseignement sur la forme et même sur l'existence de ces pierres, signalées pourtant par ces trois savants archéologues. Je ne pense pas, non plus, qu'ils aient voulu parler de deux rochers qui se trouvent à 100 mètres environ dans la direction du sud, sur la pente du coteau, au milieu d'un champ cultivé. Ils sont à 5 ou 6 mètres l'un de l'autre ; ils ont une forme arrondie de 1 mètre à 1^m50 de diamètre. L'un d'eux se compose de deux pierres superposées. Mais ils paraissent parfaitement naturels et il est bien probable que de la Pylaie ne s'y serait pas trompé.

8. — Le Menhir de la Combe-Pissot.

Ce monolithe, d'une hauteur de 1ᵐ50, est actuellement renversé. Il a été décrit par M. Simonneau (¹) sous le nom de *Pierre-Branlante*, et comme il le place dans « la petite vallée de la Combe de Pissot, » il ne saurait être question ici de la véritable *Pierre-Branlante*, située non loin de là, sur un coteau. Du reste, les formes ne sont pas les mêmes. L'un était une Pierre-Debout, l'autre est une pierre de forme grossièrement ellipsoïde, reposant sur un de ses côtés. M. Simonneau nous dit que cette pierre oscillait au seul contact du doigt, sans jamais perdre son centre de gravité. Mais M. Auger est convaincu que c'est là une erreur et que cette pierre n'a jamais été *branlante*. Rien n'indique même, d'une façon positive, qu'elle ait été posée ainsi par la main des hommes, malgré « ses pans à pic » qui paraissent à M. Simonneau un argument suffisant pour établir son authenticité *druidique* Tous les traités de géologie nous montrent de nombreux exemples de pierres dressées et sculptées par la main du temps, et même oscillant parfois sur leur base par suite de la désagrégation des arêtes qui leur donnaient primitivement une assiette plus large et plus fixe. Le fait d'être placée dans une vallée n'est pas, non plus, un argument en faveur de son origine soi-disant *druidique*, car, en général, ce n'est point là qu'il faut chercher ces sortes de monuments. M. Viaud-Grand-Marais (²) raconte que les garçons du

(¹) *Journal de Luçon*, 23 septembre 1876.
(²) *Excurs. à l'Ile-d'Yeu*, p. 30.

village voisin l'ont renversée, à l'aide de leviers, dans l'espérance d'y trouver un trésor. Elle n'est pas signalée par La Fontenelle. Je ne sais si c'est d'elle ou de la précédente qu'a voulu parler l'abbé Baudry, sous le nom de *Pierre-de-la-Meule*. Enfin, M. l'abbé Simonneau, dans ses notes manuscrites, la considère comme douteuse.

9. — La Roche de la Pointe-de-la-Tranche.

Nommée, dans le pays, la *Jusette*. Située au fond de l'Anse-des-Fontaines, sur un monticule fort élevé, elle forme, avec le Menhir du Sud, ou Pierre-de-Tonnerre et la Pierre du Trenneriau-des-Landes, un triangle presque isocèle qui marque les trois points les plus élevés de cette partie de l'ile.

La Roche-de-la-Tranche est un groupe de roches granitiques plates posées debout et se touchant intimement. Elle s'élève au nord-est de l'Anse-des-Fontaines, à cent mètres environ de la Pointe-de-la-Tranche. Elle se compose de trois parties principales d'inégale hauteur. La plus élevée se trouve en face de l'Anse-des-Fontaines ; elle est haute de 1^m85. Vue du côté de la mer, elle offre une surface triangulaire dont la base a 2^m40 de large. Le bloc total a une forme allongée ; son épaisseur est de 2 mètres. Outre ces trois pierres unies en un seul bloc, on en voit, à côté, une quatrième qui s'est évidemment détachée du groupe principal. La plus élevée de celles qui sont encore debout suivra probablement le sort de celle-ci.

La Roche-de-la-Tranche n'est indiquée que par l'abbé Baudry, qui la nomme la Pierre-de-la-Tranche. Elle n'a aucun caractère préhistorique, à mes yeux du moins.

10. — La Pierre du Trenneriau-des-Landes.

Formant, comme nous l'avons dit au nᵒ précédent, un triangle avec le Menhir du Sud ou Pierre-de-Tonnerre, et la Roche-de-la-Tranche, cette pierre est située à égale distance du Bourg et de la Pierre-Branlante et sur la même ligne que ces deux points. Elle a presque la forme d'un Menhir renversé. Sa hauteur, hors du sol, est de 0ᵐ80 ; elle a 1ᵐ40 de longueur sur 0ᵐ70 d'épaisseur. Elle semble avoir quelques-uns des caractères de la Pierre-de-Tonnerre, moins les dimensions ; elle est orientée, comme celle-ci, de l'est à l'ouest. Le lieu où elle est située est un des plus élevés de l'île, car, de ce point, on distingue parfaitement les toits des maisons de la Meule, le Bourg, la Pierre-de-Tonnerre, la Pierre-de-la-Tranche.

Je dois signaler, en outre, à la fin de ce paragraphe, une autre pierre qui ne paraît avoir reçu aucune dénomination spéciale, mais qui, selon M. Auger, paraît offrir quelques caractères préhistoriques. Elle est située sur un emplacement herbeux et très plan, sur une ligne qui partirait du grand phare pour aboutir au Vieux-Château : à 1,000 à 1,200 mètres du phare, à 7 à 800 mètres du château, à 900 mètres du village de la Cadouère, à 500 mètres de la côte. Cette pierre est légèrement inclinée du côté du nord-ouest ; elle a presque la forme d'un Menhir ; elle a 2ᵐ80 de haut sur 1ᵐ25 de large et 1 mètre d'épaisseur.

§ 3. — PIERRES N'OFFRANT AUCUN CARACTÈRE DE CONSTRUCTIONS PRÉHISTORIQUES.

1. — Les Roches-de-Kerdifouaine.

Situées à la partie nord de l'île. Ce sont des blocs informes où l'on ne trouve rien qui rappelle un monument préhistorique. Ces pierres sont néanmoins signalées par La Fontenelle d'après de la Pylaie. Peut-être, cependant, y a-t-il eu confusion entre cette pierre, les Fadets et les Tabernaules ; car le tennement de Kerdifouaine confine à ces deux dolmens. Le mot *Ker*, employé comme préfixe, pourrait aussi faire supposer que ce lieu aurait été habité.

2. — La Pierre Vire-Trois-Tours.

Située entre le sémaphore et le château Maugarni, dans un lieu inculte, auprès de la côte. Sa forme rappelle grossièrement un champignon colossal; l'un des côtés du chapeau est plus en saillie que l'autre et coupé en biseau. On peut facilement s'y mettre à l'abri du soleil et de la pluie. La forme singulière de cette pierre, assise sur un banc de roches granitiques, parait plutôt due à un phénomène géologique qu'à la main des premiers habitants de l'île qui ne connaissaient point l'art de tailler les gros blocs dont ils se servaient pour leurs grossières constructions. Elle est cependant citée par La Fontenelle. L'abbé Baudry et l'abbé du Tressay n'en font pas mention.

3. — La Roche-à-Messire.

Aujourd'hui disparue. Était située au sud-ouest du grand phare, sur le bord de la mer, près du château Maugarni. Elle avait la forme d'un pain de sucre. On l'appelait la Pierre-Monseigneur, la Pierre-à-Monsieur, ou encore la Pierre-Pain-de-Sucre.

4. — La Pierre de Bon-Conseil.

On dit aussi la Pierre de Monconseil.

Située dans un bas-fond, un peu au sud de la coulée des prés du château. C'est un bloc incliné vers le sud et paraissant sortir du sol d'une façon naturelle. Cette pierre, qui n'a aucune légende et aucun caractère *druidique*, est cependant citée par La Fontenelle, avec cette orthographe : Bon-Conseil.

5. — La Grande-Marie.

Appelée aussi la Grande-Marthe. Il n'y a là qu'un amas de rochers à peine saillants au-dessus du sol, situés au nord-est du Grand-Rochefort, sur la ligne droite qui joint ce dernier emplacement au village de la Cadouère. Sur la même ligne, un peu plus loin, dans la direction du nord-est, se trouve la Chaudière. C'est sans doute cet amas de rochers de la Grande-Marie ou Grande-Marthe que La Fontenelle a voulu désigner sous les noms de *Trenneriau de la Grande-Marie*, qu'il ne faut pas confondre, du reste, avec le *Trenneriau de la Petite-Foule*. L'étymologie du mot *Trenneriau* m'est inconnue. Mais on nomme ainsi, dans le patois du pays, tout monticule pierreux de faible dimension. Lorsqu'il s'agit d'un espace plus étendu et dépourvu de pierres, on le désigne sous le nom de *parée* (¹).

(¹) Notes de M. Auger.

6. — Le Grand-Rochefort.

Situé dans un terrain inculte, à égale distance du grand phare et du village de la Cadouëre, formant un triangle à l'est avec ces deux points. C'est un gros bloc de pierre émergeant au-dessus du sol, au milieu d'autres blocs. Cité par La Fontenelle sous le nom de *Chiron du Grand-Rochefort*.

7. — La Pierre du Moulin-du-Grand-Chemin.

Située au lieu appelé les Quatre-Chemins. C'est une pierre d'environ un mètre de haut. Sur l'une de ses faces, se voit une croix taillée en creux.

8. — La Pierre de la Petite-Famille.

Située à la pointe de Gilberge, dans un lieu entouré par la mer, à l'époque des grandes marées, par conséquent sur la rive, près des dunes. C'est un grand rocher qui n'a pu être mis en place par la main de l'homme ; mais qui, par suite de quelque phénomène géologique, se trouve placé sur une assez grande quantité de pierres assez petites et toutes de même hauteur. Elle est signalée par l'abbé Baudry sous le nom de Pierre de Gilberge ; La Fontenelle et l'abbé du Tressay n'en parlent pas. L'abbé Baudry signale une autre pierre à la Pointe-Gautier. Mais c'est évidemment une erreur, car il n'y a absolument rien à la Pointe-Gautier. Ces deux Pointes, du reste, étant très voisines, on aura sans doute appliqué indifféremment leurs deux noms à la pierre dont il s'agit et ensuite on aura cru qu'il y avait deux pierres différentes, alors qu'en réalité il n'y en a qu'une seule. Dans tous les cas, elle n'a rien de *druidique*.

9. — La Grand Mère à Jean-Chiron.

Petit monolithe cylindrique non enfoncé dans le sol et actuellement détruit. Il était situé sur un des côtés de la route du Port au Bourg, en face du moulin à vent Il avait 4 ou 5 pieds de haut, sur 3 ou 4 de large. Jadis les enfants s'y rassemblaient et y faisaient des offrandes qui ne leur revenaient pas cher, car elles consistaient en deux petites pierres qu'on ramassait au hasard et qu'on plaçait sur le monolithe en disant : « Grand'mère, voilà du pain et du lard ! » — Est-ce encore là, comme pour la Roche-aux-Fras, une réminiscence dégénérée des anciennes cérémonies païennes? — Cette pierre n'est signalée que par La Fontenelle.

10. — Les Pierres de Saint-Martin.

Situées au sud-ouest du Bourg et non loin de la manutention militaire. Ce sont trois pierres très inclinées vers le sol et offrant quelque ressemblance avec celle du Pré-des-Noues ou Grand-Bec. La tradition ne leur attribue aucune origine *druidique* et les considère seulement comme ayant servi de piédestal à saint Martin pour catéchiser les habitants de l'île.

11. — La Pierre-Branlante de la Taillée.

Située au sommet du coteau de la Taillée. C'est une énorme pierre de forme ellipsoïde couchée sur une de ses faces et offrant une sorte de ressemblance avec un gigantesque poisson. Elle oscille un peu sur sa base lorsqu'on la pousse avec des efforts prolongés. C'est, sans doute, cette pierre que l'abbé du Tressay a voulu désigner comme pierre *druidique* sous le nom de *Pierre-Branlante de la Meule*. C'est, du reste, une pierre remarquable, mais au point de vue géologique seulement.

12. — La Pierre Pain-de-Beurre.

Située à 500 mètres environ à l'ouest de la Pierre-de-Tonnerre et composée de deux rochers naturels dressés à côté l'un de l'autre, mais suffisamment séparés pour qu'on puisse facilement passer entre eux. Deux autres pierres plus petites, et posées comme des bornes, se trouvent à côté, sur une ligne dirigée du nord au sud. Elles ont 50 à 60 centimètres de hauteur. Autour, on ne rencontre point d'enceinte, mais un emplacement assez bien circonscrit comme la Pierre-de-Tonnerre et qui se développe sur un rayon de 10 à 15 mètres. Ce groupe, fort intéressant, n'a cependant été mentionné par personne. Il serait difficile de lui attribuer un caractère de construction préhistorique. Pourtant, il ne serait pas impossible qu'il fut autrefois rattaché à la Pierre-de-Tonnerre. La plus haute des deux pierres du Pain-de-Beurre n'est élevée que de deux mètres au-dessus du sol. Elle est orientée de l'est à l'ouest.

Nous ne quitterons pas la question des Pierres druidiques sans parler de la *Belle-Chambre* ou *Passages des Druides*, signalée par l'abbé du Tressay (p. 11). Il s'agit sans doute là de la grotte naturelle de Ker-Daniau (en pa-

tois Kerdenia) et appelée, aujourd'hui, la Belle-Maison
C'est une grotte maritime creusée par les flots et qui n'a
rien de *druidique*. La mer s'y engouffre et la remplit à
chaque marée ; on ne peut la visiter qu'à marée basse.
Elle a une profondeur de 12^{m}40 ; sa largeur, au fond, est
de 4^{m}60 et, à l'entrée, de 1^{m}10 seulement. Sa hauteur
varie selon que la mer y apporte plus ou moins de sables
et de galets : elle est d'environ 3 mètres. M. Fourage,
sous-patron de douanes à l'Ile-d'Yeu, en a creusé le sable
à un mètre de profondeur sans atteindre le rocher ([1]).

CHAPITRE III

Époque celtique.

Savary croyait que deux peuples différents avaient
occupé l'ile. Il fait résulter cette occupation d'une conquête faite par les Bretons et dont la tradition se serait
transmise d'âge en âge. Il aurait, du reste, paraît-il, trouvé,
dans une vieille procédure, des indications relatives à l'occupation de l'ile par les Bretons.

Cette hypothèse de Savary ne repose ([2]) sur aucun indice qu'on puisse contrôler, et je ne crois pas, par conséquent, qu'il y ait lieu d'en tenir compte.

Quelques auteurs, notamment l'abbé du Tressay (p. 10),
ont pensé que l'Ile-d'Yeu pourrait bien être cette ile que

([1]) Dr Viaud-Grand-Marais, p. 77.

([2]) Cavoleau, *Statist. de la Vendée*, p 212.

Strabon nous représente comme étant placée à l'embouchure de la Loire et dotée d'un collège de Druidesses.
Rien n'est moins certain, mais je comprends que l'imagination des amis de l'Ile-d'Yeu ait pu être séduite par les
attraits d'une pareille légende, car rien n'est plus mystérieux et plus terrible que les rites druidiques et les mœurs
des Druidesses. Les auteurs grecs et latins qui ont parlé
de ces sauvages prêtresses nous les montrent vivant, en
secret, dans des collèges ou sortes de monastères, situés
dans les îles les plus affreuses des mers de l'Armorique et
de la Bretagne.

« Le nautonier qui, durant les nuits d'orage, rase les
« bords escarpés de ces écueils toujours battus par les
« flots en furie, entrevoit, sur la pointe des rocs, tour-
« noyer des flammes rougeâtres, des fantômes aux lon-
« gues chevelures, agitant des torches ardentes dont la
« lueur se confond avec celle de la foudre. Ce sont les
« Druidesses accomplissant leurs rites interdits aux re-
« gards des hommes. Si l'étranger est assez téméraire
« pour tenter d'aborder, on assure qu'aussitôt l'ouragan
« chassera son navire au large et que d'effrayantes appa-
« ritions le poursuivront longtemps sur les eaux (¹). »

Voici, du reste, ce que dit Strabon (²) à ce sujet :

« Dans l'Océan, en face de l'embouchure de la Loire et
« non loin de la côte, il existe, dit-on, une île habitée
« par des femmes de la nation des Namnètes. Ces femmes
« sont des bacchantes ; leur culte consiste dans des ini-
« tiations et des cérémonies étranges par lesquelles elles
« cherchent à se rendre propice le dieu Bacchus Il n'est
« permis à aucun homme de mettre le pied dans l'île. Ce

(¹) Henri Martin, *Hist. de France*, I, p. 63.

(²) Strabon, Livro IV, chap. IV, § 4, trad. par La Porte du Theil,
Paris, Impr. impér., 1809, in-4°.

« sont elles qui traversent la mer, quand elles veulent
« avoir commerce avec les hommes et qui s'en retournent
« ensuite. Elles ont l'habitude de défaire une fois par an,
« en un jour, le toit de leur temple, et de le reconstruire
« le même jour, avant le coucher du soleil, avec les ma-
« tériaux que chacune apporte. Si, par malheur, quel-
« qu'une les laisse tomber, ses compagnes la mettent en
« pièces et promènent ses membres déchirés autour du
« temple, en jetant des cris de joie qui ne finissent qu'avec
« l'accès de leur rage. On ajoute qu'il y en a toujours
« quelqu'une à qui ce malheur arrive. »

Malheureusement, là encore, la lumière nous fait défaut. D'abord, de quelle île Strabon a-t-il voulu parler?
Quelle était la valeur des récits qui lui ont été faits? Cependant, à prendre son texte à la lettre, les mots « nation
des Namnètes » et « embouchure de la Loire » semblent
indiquer assez clairement l'Ile-d'Yeu, Noirmoutier ou le
Pilier, plutôt que Belle-Isle, Houat, Groix, etc., situées
plus au nord. Il est vrai aussi qu'à cette époque reculée,
Noirmoutier n'était peut-être pas encore une île et que le
Pilier faisait peut-être aussi partie de Noirmoutier. L'Ile-
d'Yeu, au contraire, malgré l'opinion de Savary et la
tradition de Pont-d'Yeu a dû, à cause de son éloignement en mer, n'être séparée du continent qu'à une époque
géologique extrêmement reculée. Elle était donc très
probablement une île, au temps de Strabon. De plus, elle
possède et elle a surtout possedé une quantité de monuments mégalithiques vraiment extraordinaire pour sa
faible étendue ; et, si ces constructions primitives pouvaient être attribuées à la race celtique, nous aurions de
sérieuses raisons de croire que cette île fut un centre actif
du culte druidique. Mais, ainsi que je l'ai établi plus haut,
ces monuments sont de beaucoup antérieurs à l'occupation de notre pays par les Celtes. Les Druides ont pu se
servir de ces monuments; ils ne les ont pas construits.

Joussemet penche aussi pour l'Ile-d'Yeu. Voici ce qu'il dit à ce sujet (p. 3) : « Ainsi a disparu une rangée d'îlots placés autrefois entre Noirmoutier et l'embouchure de la Loire, dont celui du Pilier est seul en place. La tradition raconte mesme qu'une de ces isles avait assez d'étendue pour contenir une forêt de chênes où des sorcières avaient leur résidence ; ce qui s'accorde avec le récit que fait Strabon, en son quatrième livre des enchantements pratiqués par des femmes dans une isle de l'embouchure du fleuve de Loire, à moins que ce ne fut celle d'Ieu. »

Il ne nous reste donc que des inductions fort douteuses à tirer du texte même des récits répétés et commentés par Strabon ; et nous n'avons rien qui puisse nous permettre d'affirmer que l'Ile-d'Yeu ait jamais donné asile à ce hideux collège de Druidesses. M. l'abbé du Tressay placerait volontiers leur séjour dans l'îlot du Pilier. Mais, là encore, les indices manquent ; car, s'il est vrai que les Druides aient fait usage des monuments construits avant eux, pour y célébrer leurs rites et y accomplir leurs sanglants sacrifices, il semble qu'ils auraient dû plutôt choisir l'Ile-d'Yeu, où ces monuments abondaient, que le Pilier, où l'on n'en trouve aucune trace.

C'est encore dans Strabon que nous trouvons l'origine de la légende des *Deux Corbeaux*, si répandue dans l'île. Voici comment s'exprime le célèbre géographe grec :

« Artémidore raconte que sur la côte baignée par « l'Océan, il existe un port nommé le *Port des Deux-* « *Corbeaux* ; que les personnes qui ont quelques démêlés « entre elles viennent en ce lieu, placent sur une émi- « nence une planche sur laquelle chacune des deux par- « ties pose séparément des gâteaux ; que les corbeaux y « volent et que des deux portions qui leur sont offertes, « ils mangent l'une et dispersent l'autre, et que la per-

« sonne dont la portion ▮▮▮▮▮▮▮pillée passe pour
« avoir gagné son procès (¹). »

Aut corvi titulos auxiliaris habent! (²).

Ce passage de Strabon paraît bien s'appliquer à l'Ile-
d'Yeu. En effet, non seulement la pointe sud de l'île porte
le nom de *Pointe des Corbeaux* ou des *Deux-Corbeaux*,
mais encore, ainsi que l'ont constaté M. Savary et M. de
Sainte-Hermine, la légende, telle qu'elle est racontée par
Strabon, est restée longtemps fort populaire dans l'île. Les
habitants s'y seraient même montrés tellement attachés,
qu'ils auraient manqué faire un mauvais parti à un Anglais qui se serait permis de tuer un corbeau (³). Le déses-
poir des islais se comprend d'autant mieux que (d'après
la tradition), il n'y a jamais que deux de ces oiseaux dans
l'île, un mâle et un femelle. Ce couple féroce ne permet
point aux autres corbeaux du continent de venir partager
son empire et il ne craint pas d'exiler sa propre progéni-
ture lorsqu'elle peut se passer de ses soins.

Nous trouvons, du reste, dans Joussemet (p. 16), au
sujet de cette légende, une autre version qui nous montre,
à plus d'un siècle de distance, combien cette tradition des
Deux-Corbeaux était vivace dans l'esprit des habitants de
l'île. « Au sud-est, dit-il, l'isle s'allonge en une pointe
qu'on nomme *des Corbeaux*. Cet endroit passe pour être
le rendez-vous des sorciers du pays. Les anciens disent
qu'on y voit, certains jours de l'année, deux corbeaux
blancs; s'ils se dirigent, en s'envolant, vers le sud, c'est
signe que la mer sera belle; si, au contraire, ils montent
vers le nord, il y aura tempête. »

(¹) Strabon, *loc. cit.*
(²) Ovide, *Fastes,* I, *v.* 502.
(³) Sainte-Hermine, p. 9.

Valkenaër, le c██████████ de Strabon, place le Port des Deux-Corbe██████antes (¹). Mais l'analogie de ce récit avec la légende qui s'est maintenue à l'Ile-d'Yeu est trop frappante pour qu'on puisse s'arrêter à l'hypothèse de Valkenaër.

Il y a quelques années, les enfants et les pauvres chantaient encore à l'Ile-d'Yeu *la Gui l'an neu*, en quêtant, à l'époque de Noël ou du premier de l'an. Ce cri traditionnel s'est conservé dans plusieurs provinces de l'Ouest. Dans les Deux-Sèvres, on dit : *la Guillonu*. Avant 1789 on disait, dans le Vendomois : Donnez-nous *le Gui l'an neu*. Quelque soit le mode de prononciation, on reconnaît toujours, dans ces différents sons, le mot *Gui*, désignant cet arbrisseau parasite qui jouait un rôle si important dans la religion des Druides. C'était le gui de chêne, fort rare aujourd'hui, que recherchaient de préférence ces prêtres païens ; la récolte de cette plante, avec une faucille d'or, était entourée de cérémonies et de rites mystérieux. Du reste, le mot Druide signifie chêne, homme chêne, ou homme du chêne. Dans la langue kimrique, Druide se disait : *derwydd, derwyddon*, mot dérivé de : *derw, deru, dero, dair* ou *dear* selon le dialecte, et qui signifie chêne. Le gui s'appelait *gwydd* ou *wydd*, c'est-à-dire plante par excellence. Le mot anglais *weed*, qui se prononce *ouide*, a le même sens. Le mot *derwydd*, composé de *derw*, chêne, et de *wydd*, gui, employé pour désigner les Druides, nous montre l'importance de ces deux végétaux dans la religion des Gaulois. De ces cérémonies antiques, il n'est resté que ce cri absolument dénué de sens pour ceux qui le prononcent et pour la plupart de ceux qui l'entendent. A Blois, les enfants y ajoutaient un symbole, c'était une pomme au bout d'un bâton et sur laquelle ils recevaient des pièces de monnaie, en criant l'*Aguilanlé*.

(¹) Savary, *Hist. de l'Ile-Dieu*, p. 20.

La pomme était un fruit sacré dans la religion des Druides. Selon une autre version, ces mots viendraient des mots bretons *enghin-an-eit*, qui signifient : le blé germe, d'où le cri, en Bretagne, *Equinané*, qui est synonyme d'étrennes.

Mais l'interprétation la plus rationnelle est évidemment celle qui fait dériver tous ces mots de la cérémonie druidique relative à la récolte du gui de chêne et connue sous le nom de sacrifice *du Gui l'an neuf*. Elle était entourée d'une pompe toute particulière, auprès de Chartres, le sixième jour de la lune, qui était, à cette époque, le commencement de l'année (¹).

CHAPITRE IV

Époque gallo - romaine.

M. Jules Piet (²) ne paraît pas éloigné de croire que les Romains ont occupé les îles de Noirmoutier, Bouin et Yeu. Il appuie son opinion sur ce fait que, « dès l'an 416, Honorius, l'un des fils de Théodose, qui avait reçu l'empire d'Occident et qui résidait à Poitiers, avait établi des troupes romaines sur les frontières de l'Aquitaine et de l'Armorique, afin de s'opposer aux incursions du peuple armoricain ; que les points, occupés par ces troupes, prirent le nom de *marches* et furent dotés de privilèges et

(¹) Henri Martin, *Hist. de France*, pages 68 et 72, et Littré, *Diction. de la langue française*, au mot *Gui*.

(²) *Ann. de la Soc. d'Emul. de la Vendée*, 1ʳᵉ série, XII, p. 22.

d'exemptions qui se sont conservés jusqu'à la Révolution française ; que des ordonnances (de Charles VI, 25 octobre 1392, pour Noirmoutier, et 21 juillet 1399, pour l'Ile-d'Yeu ; de Charles VII, 1450, pour l'Ile-d'Yeu ; de Louis XI, 1466, pour l'ile de Bouin) portent que ces privilèges *existaient de tout temps, au moins et tel qu'il n'est mémoire du contraire ;* et qu'enfin elles désignent les trois îles de Noirmoutier, Bouin et Yeu comme faisant partie de ladite *marche commune.* »

Il y a certainement là un indice précieux qu'il ne faut point négliger, mais ce n'est qu'une possibilité ; ce n'est pas même une probabilité.

M. l'abbé du Tressay a vu la preuve de l'occupation romaine dans des découvertes récentes de tuiles à rebord auprès du Bourg. M. l'abbé Simonneau, dans ses notes manuscrites, dit qu'on en aurait trouvé également dans les ruines des monastères de Saint-Hilaire et de Saint-Étienne. Je doute que la présence de tuiles à rebords soit suffisante pour démontrer que l'Ile-d'Yeu a été occupée par les Romains, la date de la fabrication de ces tuiles pouvant appartenir à une époque beaucoup plus rapprochée de nous que celle de la conquête des Gaules. Dans tous les cas, ces vestiges d'un autre âge ne nous apprendraient rien ni sur les hommes ni sur les évènements que nous désirerions tant connaître.

Cependant, Joussemet([1]) raconte que « l'ingénieur Bonnichon, s'étant trouvé à l'*Isle-d'Ieu* vers 1753, aurait eu connaissance de la découverte de médailles romaines de Trajan, d'Adrien et autres empereurs romains, faite par un sieur Pinçon, aux *Vieils,* sur la propriété d'une dame Cadou, « habitante de l'Isle. » Joussemet ayant été rejoindre Bonnichon à Noirmoutier, fit, avec celui-ci, pendant

([1]) Joussemet, p. 6 et 7.

4

quinze jours, un voyage archéologique le long des côtes, de Pornic à Luçon. A Noirmoutier, on leur montra une idole de Diane, trouvée au *Vieil* « ce qui a donné occasion à M. Bonnichon de remarquer que le *Vieil* de Noirmoutier et les *Vieils* de l'Isle-d'Ieu ont été deux endroits habités par les Romains. » Joussemet constate, en outre [1], que des monnaies et bijoux de l'époque romaine ont été trouvés, de son temps, dans des lieux très voisins de l'Ile-d'Yeu : à Arthon, à Soullans, à Rié, à Saint-Gilles, à Olonne, aux Sables, à Saint-Jean-de-Monts.

Joussemet croyait aussi que les Romains avaient fortifié l'île en trois endroits qu'il désigne ainsi : le Chastelier, le Camp, le Château-Gaillard [2].

1. — Le Châtelier.

« Le Chastelier, dit Joussemet, assis vis-à-vis la tour bâtie, il y a six cents ans, par les seigneurs du lieu. » Cette tour est évidemment le château dont les ruines subsistent encore et qu'on aperçoit sur la gauche de la Pointe du Châtelet ou du Châtelier, ce qui est la même chose [3].

Il ne reste, aujourd'hui, du Châtelier, que les débris d'un retranchement dont on voit encore les traces. Ce lieu, d'après les notes manuscrites de M. l'abbé Simonneau, citées par M. l'abbé du Tressay (page 49), aurait été choisi par les seigneurs de l'île pour y établir des jeux militaires. On y élisait, parmi les vainqueurs, un *roi* et un *connétable* dont les privilèges étaient définis et garantis par l'article 27 des pancartes des 7 août 1678 et 16 juillet 1710.

Le mur, dont on aperçoit encore quelques vestiges, aurait, parait-il, fait partie d'une défense élevée par les

---

[1] Joussemet, p. 7. — [2] *Ibid.*, p. 16 et 17.
[3] Notes de M. Auger.

habitants de l'île au ix⁰ siècle pour résister aux incursions des Normands, des Espagnols et des Hollandais, peut-être aussi des Chaumois ou habitants de la Chaume, près des Sables-d'Olonne ; car il existe encore dans l'île une tradition de vieille rancune contre les Chaumois, qui n'auraient pas craint de venir piller l'île à cette époque éloignée. Du reste, ces attaques de la part des habitants de la Chaume, des Sables et même de la Rochelle résultent expressément des termes de l'ordonnance de Henri II (¹).

2. — Le Camp.

Joussemet ne donne que peu de détails sur le lieu fortifié qu'il désigne sous ce nom. Il était placé, dit-il, « sur un rocher détaché présentement de la coste, en islot, au nord-est de celui des Chiens-Poirins. » Ces rochers sont au nombre de deux. Ils sont actuellement désignés sous les noms de Grand-Champ et de Petit-Champ, et sont situés en face du dolmen de la Planche-à-Puare. S'il faut en croire Joussemet, ces rochers auraient donc fait partie du sol de l'île à l'époque de l'occupation romaine. Malheureusement, il ne nous dit pas à quelle source il a puisé ses renseignements. Il nous apprend seulement (²) que, d'après la tradition, « il y avait dans *le Camp* un trésor que les habitants de l'île n'osaient se risquer à enlever, crainte du mauvais sort ; mais des Bretons, qui prendraient le diable par les cornes en vue d'un gain, ont tenté l'aventure et ont été engloutis dans les flots dès que leur navire a pris la mer avec le trésor. »

(¹) Voir le texte de cette ordonnance au chapitre IX.

(²) Joussemet, *loc. cit.*

3. — Le Château-Gaillard.

C'est un plateau pierreux, élevé, englobé aujourd'hui dans le village de la Cadouëre ou Kadouëre. S'il y a eu là, autrefois, un camp romain ; il n'en reste plus de traces aujourd'hui.

Ces trois points : le Châtelier, le Château-Gaillard et les rochers du Grand et du Petit-Champ se trouvaient à peu près sur la même ligne, le Château-Gaillard étant au milieu.

On voit que les données historiques sur l'époque gallo-romaine dans l'Ile-d'Yeu sont bien vagues et qu'il nous est difficile d'en dégager des faits précis nous permettant d'apprécier quelle était la condition des habitants de l'île à cette époque. Cependant, de l'ensemble de ces traditions et de ces vestiges, il est permis de croire que la domination romaine s'est étendue jusqu'à cette partie du sol gaulois. C'est dans ces termes généraux seulement qu'il est permis de résoudre cet antique problème.

Mais j'ai hâte de sortir de ce que l'on pourrait appeler la période légendaire et d'aborder une époque plus féconde : c'est celle de l'introduction du Christianisme dans l'île, où nous aurons, pour nous guider, non plus seulement la tradition mais des documents écrits et des ruines importantes.

CHAPITRE V

Monastères, églises et chapelles.

« Il est resté dans le souvenir du peuple de l'isle d'Ieu, dit Joussemet ([1]), que saint Hilaire et saint Martin ont prêché l'Evangile à ses ancêtres La pierre, qui a été dénommée ([2]) en commémoration du dernier, en est un témoin, d'après le peuple ; mais il n'y a d'autre preuve qu'une tradition respectable. »

Mais, est-ce à saint Martin de Tours ou à saint Martin de Vertou (Loire-Inférieure), que s'applique cette légende? Joussemet tient pour le premier parce qu'il est le plus illustre. M. Edouard Gallet ([3]), au contraire, opinerait plutôt pour le second parce qu'il était le plus rapproché et aussi parce que son souvenir est encore vivant dans l'arrondissement des Sables-d'Olonne. M. Benjamin Fillon, dans sa préface à la lettre du curé Joussemet (pages ix et suiv.), pose la question, mais ne la résout pas. En effet, dans l'état où elle se présente, elle nous paraît tout à fait insoluble. Ni la pierre dite de Saint-Martin, ni la légende du Pont-d'Yeu, si bien racontée par l'abbé Baudry ([4]), ne nous apporteront sur ce point aucun éclaircissement. Le Pont-d'Yeu était tout simplement une construction éphémère consentie par Satan, sous cette condition expresse

([1]) Joussemet, p. 17.
([2]) Voir ci-dessus, p. 40.
([3]) *Ann. de la Soc. d'Émul.*, 1re série, XIVb, p. 85.
([4]) *Ibid.*, 1re série, X, p. 244.

que le premier passager qui oserait s'y aventurer pour se rendre du continent dans l'Ile-d'Yeu, appartiendrait corps et âme à l'Esprit des ténèbres. Saint Martin y lança un malheureux chat dont Satan fut bien forcé de se contenter ; mais il en conçut un tel dépit que, dès le premier chant du coq, il renversa et détruisit le pont de fond en comble.

M. l'abbé Simonneau affirme, dans ses notes manuscrites, que la légende du Pont-d'Yeu est encore populaire dans l'île. Si elle s'applique réellement à saint Martin de Tours, il faudrait reporter au IVe siècle l'introduction du Christianisme à l'Ile-d'Yeu. Ce serait, du reste, à la même époque que saint Hilaire serait venu dans cette île, et la tradition qui réunit ces deux noms l'un à l'autre nous fournirait une probabilité en faveur de la présence, à l'Ile-d'Yeu, du grand évêque de Tours, le célèbre fondateur de l'abbaye de Marmoutiers.

I

Le Monastère de Saint-Hilaire.

Plus tard, un monastère important fut fondé à l'Ile-d'Yeu, sous le vocable de Saint-Hilaire de Poitiers. Cet établissement religieux semble avoir porté primitivement le nom de monastère de Saint-Sauveur d'Oia ([1]), mais l'on ne connaît pas la date exacte de sa fondation. En effet, dit Joussemet, « on ne sait si c'est véritablement saint Martin qui a fondé ce monastère ; mais il est certain qu'il s'est accru tellement avant le VIIe siècle, qu'au temps d'Amand il était renommé tant à cause de ses richesses que du nombre de religieux qui y résidaient.

([1]) Joussemet, p. 18.

C'est, au contraire, à cette époque du VIIe siècle que M. l'abbé du Tressay (¹) place la fondation de cet établissement. « Douze disciples de saint Colomban (²), dit-il, « quittaient l'abbaye de Banchor, en Irlande, pour se « rendre en France ; ils abordèrent à l'Ile-d'Oys et construisirent le monastère auquel ils donnèrent le nom de « Saint-Hilaire-de-Poitiers. » — Cependant, après cette affirmation positive, M. l'abbé du Tressay dit plus loin (³) : « On lit bien, dans les agiographes, que douze moines, « ayant à leur tête saint Colomban, partirent de Banchor, « vers la fin du VIe siècle, et qu'après avoir parcouru la « Bretagne, ils se trouvaient dans les Gaules en 585 ; mais « rien ne prouve qu'ils fussent les douze moines fonda- « teurs du monastère d'Oys. »

Voici donc encore une légende à laquelle il nous faut renoncer. Jusqu'à la fin du VIe siècle ou au commencement du VIIe on ne sait rien de positif ni sur la date de la fondation du monastère, ni sur le nom de ses fondateurs, ni sur le vocable qui lui était attribué.

Mais, à ce moment, la lumière commence à se faire et nous pouvons enfin abandonner le domaine de la tradition pour entrer dans celui de l'histoire.

(¹) Du Tressay, p. 13.

(²) Saint Colomban (*Columbanus*), né en Irlande vers 540, était venu en France prêcher l'Évangile et y fonda l'abbaye de Luxeuil (*Lussovium*) en 590. Il fut persécuté par la vieille reine Brunehaut et par Thierry II, roi de Bourgogne. Mais il était doué d'un esprit fier et hardi et il résista courageusement aux menaces dont il était l'objet. Il finit, cependant, par être chassé de l'abbaye de Luxeuil où il avait établi une Règle qu'on retrouve dans le *Codex Regularum* (Paris, 1663, in-4°). Il se retira alors en Lombardie où il fonda le couvent de Bobbio. Ce fut là qu'il mourut en 615. (*Chronique de Frédégaire,* trad. Guizot, Paris, 1862, in-18, II, p. 193 à 198.)

(³) Du Tressay, p. 16.

En l'année 609, saint Amand ([1]) vint résider dans ce monastère, qui était alors dédié à saint Hilaire, et qui, selon Joussemet, était déjà florissant.

Saint Amand (*Amandus*) était né de Serenus et d'Amantia, en 589, à Herbauges (*Herbadilla*), bourgade importante située à douze ou quinze kilomètres de Nantes, et disparue vers la fin du VIe siècle ou au commencement du VIIe dans les eaux du lac de Grand-Lieu ([2]).

Il appartenait à une famille riche et distinguée. Élevé par des religieux de son pays, il avait montré, de bonne heure, une foi vive et une intelligence remarquable. Il se sentit bientôt entraîné par une vocation irrésistible vers l'apostolat, et, prévoyant les entraves qu'il aurait à vaincre pour s'arracher aux plaisirs du monde, il quitta sa famille pour se réfugier dans le monastère d'Oys. Il avait alors vingt ans.

Les habitants de l'Ile-d'Yeu racontent encore aujourd'hui ([3]), qu'il se jeta dans une frêle nacelle, s'abandonnant au gré des vents et que les vents le conduisirent tout droit au monastère de Saint-Hilaire, en le faisant passer par l'anse du Moulin et le chenal qui *flottait* au pied des murs du monastère. Cette tradition est conforme, du reste,

---

([1]) Dom Bouquet, III, p. 532 ; le Père Arcère, *Hist. de la Rochelle*, I, p. 68.

([2]) La région dont *Ratiatum* était primitivement la capitale a pris le nom de comté d'Herbauges sous la première race de nos rois (Joussemet, p. 15). V. pour la disparition d'Herbauges Elisée Reclus, *Géogr. de la France*, et Dom Bouquet, III. p. 586. « *Eadem vero urbs (Herbauge) terræ hiatu absorpta in magnum conversa est lacum. Ex ipso lacu, veterum ædificiorum rudera etiam nunc ab incolis extrahi feruntur.*

([3]) Notes de l'abbé Simonneau, citées par l'abbé du Tressay, p. 17.

aux données de l'histoire; car, d'après le récit du moine Baudemont :

« *Patriam parentesque relinquens, Òiam insulam, quæ in littore maris Oceani quadraginta distat millibus, felici navigans cursu, tandem Portum Monasterii petiit* (¹). »

Mais la famille du jeune néophite avait fait d'actives recherches et, au bout d'une année, avait fini par découvrir le lieu de sa retraite. Son père vint lui-même dans l'île et fit tous ses efforts pour le ramener avec lui ; il le menaça même de le déshériter. Tout fut inutile ; saint Amand résista respectueusement, mais avec une fermeté inébranlable aux tendres instances et aux menaces de son père. Il se sentait appelé à faire de grandes choses et, comme il le disait alors, « le seul héritage qu'il attendait était « celui de Jésus-Christ (²). »

Sa renommée ne démentit pas, en effet, ces premiers élans de son enthousiasme. Du monastère de Saint-Hilaire il se rendit dans celui de Saint-Martin, à Tours, puis à Bourges où se trouvait alors l'archidiacre Sulpice, qui devait, plus tard, devenir un illustre évêque et un grand saint (³). Plus tard, vers 626, il fut sacré évêque sous le règne de Clothaire II, qui le nomma chorévêque ou évêque régional (⁴), c'est-à-dire sans évêché, sans siège épiscopal. Les chorévêques, à cette époque de barbarie, au milieu des populations encore à moitié païennes, parcouraient le pays, souvent à de grandes distances, prêchaient avec succès l'Évangile et amenaient de nombreuses conversions. Saint Amand, qu'animait une foi ardente, et qui était doué en même temps d'un caractère doux et bienveil-

---

(¹) Dom Bouquet, III, p. 532, résumant le récit de Baudemont.

(²) Du Tressay, p. 17.

(³) Dom Bouquet, III, p. 532.

(⁴) Henri Martin, *Hist. de France,* II, p. 143.

lant (¹), ne faillit pas à sa mission et l'accomplit avec tout le zèle qu'on pouvait attendre de sa vocation si précoce et si sincère. Il fut, du reste, énergiquement secondé dans ses prédications par le Maire d'Austrasie, Peppin, père de sainte Gertrude. Au milieu de ses succès apostoliques, saint Amand s'était vu condamné à l'exil par le roi Dagobert, auquel il avait reproché ses débauches. Mais le roi, qui désirait ardemment un fils, renonça à sa vie de désordres et se réconcilia avec Dieu. Lorsque son enfant fut né, il voulut aussi se réconcilier avec le pieux évêque, injustement envoyé en exil, et lui réserver le baptême de son fils. Saint Amand, qui continuait, hors du royaume, sa mission apostolique (*Verbum Dei Gentibus prædicabat*), fut enfin rencontré, après d'assez longs délais, par les ministres envoyés à sa recherche. Il se soumit et se rendit auprès de Dagobert, qui se trouvait alors à Clichy, près de Paris. Le roi se jeta à ses pieds et lui demanda pardon. L'évêque exilé, se souvenant que l'oubli des injures était une des principales vertus chrétiennes, s'empressa de le relever et lui pardonna de tout son cœur. Dagobert lui demanda alors de baptiser l'héritier du trône et de le considérer comme son fils spirituel. Mais saint Amand, qui ne voulait pas se mêler aux intérêts terrestres, s'éloigna du palais et il fallut encore se remettre à sa recherche. Il céda de nouveau aux sollicitations des ministres et aussi de saint Éloi et de saint Ouen (²), accomplit la cérémonie du baptême et consacra l'enfant sous le nom de Sighebert (³).

(¹) Dom Bouquet, *loc. cit.*

(²) La Fontenelle, p. 6.

(³) Dom Bouquet, III, p. 533. — *La Chronique de Frédégaire* (trad. Guizot, II, p 218 et 219), relatant le baptême de Sighebert, ne parle pas de saint Amand. Sighebert, que Dagobert avait eu d'une jeune fille nommée Ragnetrude, fut plus tard roi d'Austrasie, sous le nom de Sighebert II. Il a été canonisé ; sa fête tombe le 1ᵉʳ février.

A la suite de ces évènements, il fut envoyé dans le Nord de la Gaule où il continua à prêcher l'Évangile. Enfin, il fut élu évêque de Maëstrich, chef-lieu de l'ancien évêché de Tongres et poussa ses incursions jusque chez les Wascons et les Slaves (¹). Il est le fondateur de l'abbaye de Saint-Bavon de Gand. Il mourut en 675, à l'âge de quatre-vingts-six ans, dans le monastère d'Elnon, près de Tournay, après avoir cessé ses fonctions épiscopales depuis déjà quelque temps (²). La fête de saint Amand est marquée, sur le calendrier, au 7 février.

Quelques anciens auteurs ont prétendu que le monastère qui avait reçu les premiers vœux de saint Amand n'était pas situé dans l'Ile-d'Yeu mais dans l'Ile-de-Loix, auprès de l'Ile-de-Ré (Charente-Inférieure).

Le Père Le Cointe (³) pensait que l'île d'Oia, dont parle le moine Baudemont (⁴), devait être l'Ile-de-Loix, soit que Baudemont ait indiqué une distance exagérée, soit qu'il ait calculé cette distance, non à partir du rivage de l'Océan, mais bien d'un port quelconque d'où serait parti saint Amand. Le Père Longueval (⁵) embrasse la même opinion : « Saint Amand, dit-il, quitta la maison paternelle et se retira dans une isle proche La Rochelle. » D'un autre côté, Baillet (⁶) dit que « l'*Oye* est une petite isle de l'Aquitaine où saint Amand se retira vers l'an 609 et qui ne subsiste plus ; qu'on y a établi une paroisse qui s'ap-

(¹) Henri Martin, *loc. cit.*, p. 144.

(²) Dom Bouquet, *loc. cit.* — Voir aussi au chapitre Iᵉʳ, p. 9, le texte latin cité en note (saint Amand dictant son testament, en l'année 675, au moine Baudemont).

(³) *Ann. ecclés. franç.*, II, p. 594, nᵒ 13.

(⁴) Dom Bouquet, *loc. cit.*

(⁵) *Hist. de l'Égl. gall.*, livre IX, p. 485.

(⁶) *Topogr.*, IV, p. 18.

pelle *Loye*, de même nom que l'isle, par corruption de l'article avec le nom. » Dom Mabillon ([1]), qui parle de la retraite de saint Amand dans un monastère, le place dans l'isle d'Oye : *in Oiæ seu Ogiæ insulæ monasterium, cujus nomen haud proditur.*

« Mais, dit le Père Arcère ([2]), M. de Valois revendique le nom d'Oia pour l'Isle-Dieu ou d'Yeu, et, comme il ne prouve pas ce qu'il avance, j'étayerai son opinion d'un détail de preuves qui donneront à cette légère conjecture un air de vérité ([3]). »

En effet, les arguments du Père Arcère me paraissent irréfutables, et voici, sous une forme très abrégée, en quoi ils consistent :

1° Les cinq églises de l'île d'Oia données, entre les années 1031 et 1060, au monastère de Saint-Cyprien de Poitiers ([4]). L'île de Loix, dont le Père Arcère évalue l'étendue à 3,000 toises de long sur 8 à 900 de large, n'a jamais contenu et n'aurait jamais pu contenir cinq églises ;

([1]) Collect. Labbé, II, p. 345

([2]) *Hist. de la Rochelle*, I, p. 69.

([3]) Voici, du reste, ce que dit à ce sujet Dom Bouquet (T. III, p. 56, note *a*) ·

Valesius (in notitia Gall., p. 390) *existimat Ogiam sive Oiam insulam esse Isle d'Ieu, a maritimo Pictonum pago Herbatilico* (Herbauge) *XL millibus plus minusve distantem, jacentem inter insulas Herium seu nigri Monasterii et Divam Separis, ostio proximam* (la Dive aut Isle de la Dive) ; *non vero insulam Aucæ, l'Isle de l'Oye, quæ Radi insulæ* (Ile de Ré) *adjacet, aut potius ejus portio est, in confinio Pictonum et Sanctonum posita, abesque a continente IV solummodo millia ; a pago autem Herbatilico, Amandi patriâ maximo distat intervallo.*

([4]) V. plus loin, à la fin du présent chapitre.

2º La donation de Pierre de la Garnache, au XIIIᵉ siècle (¹), au monastère de l'île de Noirmoutier, et consistant
en vins et redevances à prélever sur la partie défrichée de
la forêt de l'île d'Oys. — Les seigneurs de la Garnache
n'avaient pas l'île de Loix dans leurs domaines. Il ne s'agit
donc encore que de l'Ile-d'Yeu. Du reste, l'île de Loix n'a
jamais eu de forêt;

3º Dans les rôles gascons, on lit (année 1341, p. 10) : *De
insula vocata Oyes, in mari inter Britanniam et Poitou,
concessa Berengario de Calderer.* — L'Ile-d'Yeu, en effet,
appartient au Poitou ; c'est bien à elle que s'applique le
nom d'*Oyes* et non à l'île de Loix qui appartient à la Sain-
tonge et qui n'est pas située entre la Bretagne et le Poitou;

4º Le récit d'Ermentaire (²), moine du monastère de
Saint-Philbert, dans l'île de Noirmoutier, qui écrivait en 836
et qui parle d'une descente de corsaires dans l'île d'*Oia*.
— Après avoir ravagé cette île, les corsaires se seraient
dirigés sur Noirmoutier et auraient été effrayés, à moitié
chemin, par une bande d'oiseaux qu'ils auraient prise, de
loin, pour une armée ennemie. Or, si ces corsaires s'étaient
dirigés de l'île de Loix vers Noirmoutier, comme la distance entre ces deux îles est de vingt-deux lieues, ils
n'auraient pu voir, à moitié chemin, des oiseaux s'abattant sur le rivage opposé;

5º Le moine Hériger (³), dans la *Vie de saint Landoald*,
parlant de la retraite de saint Amand dans l'île d'Oya, la
place à l'occident d'Herbauge : « *Oyamque insulam maris Oceani, ad occidentem positam.* » — L'Ile-d'Yeu, en

---

(¹) V. plus loin, même chapitre (à l'article des bénéfices).

(²) Voir plus loin, p. 70.

(³) Collect. de Dom Bouquet, III, p. 686.

effet, est à l'ouest-quart-sud-ouest d'Herbauge, tandis que l'île de Loix est située au sud;

6° Enfin, l'argument qui semble dominer tous les autres consiste en ce fait, que, à l'époque de saint Amand, c'est-à-dire au commencement du VII° siècle, l'île de Loix n'était pas encore séparée de l'Ile-de-Ré. C'est aussi l'opinion de La Fontenelle (¹) qui, comme Valois et le Père Arcère, conclut pour le séjour de saint Amand à l'Ile-d'Yeu. Ce fait paraît donc maintenant bien démontré et ne sera plus, sans doute, contesté par personne : Oia ou Oys, c'est l'Ile-d'Yeu et non l'île de Loix.

Le monastère de Saint-Hilaire, témoin des premiers vœux de saint Amand, était situé entre les villages de Ker-Borny, la Cadouère et Ker-Pierre-Borny. D'après les pièces déposées à la mairie de l'Ile-d'Yeu, les notes de M. l'abbé Simonneau et celles de M. David, il se composait de deux grands corps de bâtiment allant parallèlement du nord-est au sud-ouest (²). Des constructions s'y étaient ensuite ajoutées ; il y avait une cour intérieure entourée de cloîtres à colonnes de granit. « Un canal, creusé par « les moines, y apportait les eaux de la mer et les « bateaux jusqu'aux portes du monastère. »

Il ne semble guère probable que ce canal « ait été « creusé par les moines. » Joussemet (³) croit que ce port du monastère dont parle Baudemont, l'auteur de la vie de saint Amand, était tout simplement le port Breton, et il est probable que l'excellent curé de l'Isle-d'Ieu, qui ne paraît pas s'être beaucoup préoccupé des antiquités de sa résidence, est également dans l'erreur en ce qui concerne l'origine et la nature de ce canal. Sans parler de

______

(¹) La Fontenelle, page 6, note.

(²) Du Tressay, p. 14 ; voir aussi la note ci-après, p. 65.

(³) Joussemet, p. 18.

la tradition, fort incertaine, qui fit aborder saint Hilaire dans le canal au-dessus duquel on aurait construit le monastère (¹), il paraît assez bien établi qu'en effet les bateaux arrivaient autrefois jusqu'au pied de cette vaste construction (²). L'examen des lieux, vient ici confirmer la tradition. Le ruisseau de Saint-Hilaire, qui est un des plus considérables de l'île, se jette dans l'Anse du Moulin où l'eau est très profonde. Les prairies actuelles, très encaissées entre deux coteaux, ont peut-être remplacé un ancien estuaire navigable. M. Auger, dont il faut reconnaître la grande compétence pour toutes les questions historiques de l'île, croit que ce n'est pas impossible. En effet, vers 1858 ou 1860, à l'époque de la construction du fort, les entrepreneurs s'approvisionnèrent de sable sur la butte qui est située entre ces prairies et la mer. Cette exploitation menaçait de détruire la barrière naturelle qui mettait obstacle à l'envahissement des flots. La municipalité interdit la continuation de ces travaux dangereux. Mais les enlèvements de sable avaient été assez importants pour révéler l'existence d'une digue en pierre, construite, en travers de l'ouverture du vallon, afin de l'isoler de la mer. Cette digue a été évidemment la cause de l'amoncellement de sable qui s'est produit depuis ; car tout le monde sait qu'un obstacle quelconque, placé devant les sables maritimes, produit toujours, et même assez rapidement, une accumulation, une dune artificielle plus ou moins considérable. Les pierres de la partie supérieure de la digue ont disparu ; mais il est probable que des fouilles nouvelles permettraient d'en reconnaître l'importance et les dimensions. Une petite ouverture y a été laissée pour l'écoulement des eaux du ruisseau.

(¹) Notes de M. Auger.

(²) Voir ci-dessus, p. 57, la citation de ce passage de Baudemont. Voir aussi Dr Viaud-Grand-Marais, p. 39, note.

La découverte de cette digue est un fait très important et qui jette un jour tout à fait nouveau sur l'histoire du monastère de Saint-Hilaire. Tout l'honneur de cette découverte, je me hâte de le dire, revient du reste à M. Auger. Il en résulte clairement ceci : c'est qu'on a voulu mettre une barrière aux incursions de la mer dans le vallon de Saint-Hilaire et, si la présence de la mer était devenue gênante, c'est que l'estuaire, dans lequel elle pénétrait, s'était envasé et lentement comblé, de manière à le rendre impropre tout à la fois à la navigation et à la culture. Les eaux stagnantes et les vases nauséabondes, placées ainsi au-dessous des murs du monastère, constituaient un voisinage déplaisant et insalubre. Les moines si laborieux, dont nous allons, tout à l'heure, raconter les travaux, devaient, évidemment, s'efforcer de mettre fin à cet état de choses et ils bâtirent la digue qui, tout en produisant, du côté de la mer, une barrière de sable, favoriserait l'élévation du terrain désormais conquis et réservé à la seule influence des eaux douces et des dépôts de sédiment. Et ce ne serait pas encore une hypothèse bien aventurée de supposer qu'ils ont dû aider aux efforts de la nature, en empruntant, aux flancs des deux coteaux qui enserrent le vallon, les matériaux nécessaires à l'obstruction du lit du chenal et à la surélévation de ce sol rempli de miasmes délétères.

M. l'abbé Simonneau, dans ses notes manuscrites sur l'Ile-d'Yeu, dit même que les moines de Saint-Hilaire avaient creusé ce canal maritime jusqu'au pied de leur monastère. Je ne sais à quelle source il a puisé ce renseignement. Dans tous les cas, je n'ai rien trouvé de semblable dans le récit de Baudemont, cité par Dom Bouquet. Malgré le courage et la persévérance des moines de l'Ile-d'Yeu, c'était peut-être une tâche au-dessus de leurs forces que le creusement d'un canal destiné à porter des embarcations.

Aujourd'hui, le ruisseau de Saint-Hilaire coule de l'ouest à l'est, en longeant tout le coteau, et, au pied du coteau, en traversant les prés qui furent peut-être, autrefois, le canal dont nous venons de parler. Il se jette dans la mer à l'Anse du Moulin, à l'endroit même ou se trouvait la digue.

La chapelle du monastère (¹) avait, paraît-il, 80 pieds de long sur 40 de large, huit fenêtres dans la nef et une au fond du sanctuaire. Une crypte de 5 mètres de longueur

---

(¹) La description ci-après du monastère de Saint-Hilaire a été copiée par M. David sur les notes manuscrites déposées à la mairie de l'Ile-d'Yeu :

Pièce n° 8, sans nom d'auteur, intitulée « Monastère de Saint-Hilaire » *et faisant partie des notes de M. David, d'après les documents existant à la Mairie de l'Ile-d'Yeu.*

« Sauvage et couverte d'une vaste forêt, l'Ile-Dieu, située à cinq lieues des côtes de l'ancien Poitou, offrait, au septième siècle, une profonde retraite à ceux que la ferveur religieuse portait à fuir le monde pour aller pratiquer, dans la solitude, les austérités de la vie monastique. Peu peuplée alors, aucun lieu ne pouvait mieux convenir aux méditations solitaires. De tous côtés, en effet, est l'Océan dont la voix solennelle interrompait seule le silence d'alentour et murmurait comme la voix de l'Eternel. — Les habitants de cette île, descendant des Celtes ou Armoricains, étaient alors tous catholiques. A la parole de saint Hilaire, évêque de Poitiers, ils avaient abandonné le culte des Druides et renversé les autels de Teutatès. Leurs descendants étaient encore dans toute la ferveur de leur foi religieuse, lorsque douze disciples de saint Colomban, illustre religieux de l'abbaye de Banchor, en Irlande, y débarquèrent. Ils se mirent à l'œuvre et, en quelques années, s'éleva un magnifique monastère que ces religieux dédièrent à saint Hilaire, dont le souvenir était encore vivant dans l'île. Dagobert Ier régnait alors sur une partie de la France ; c'était en l'an 630. — Situé sur un plateau élevé, auprès duquel est bâti le village de Ker-Pierre-Borny, ce monastère, comme tous ceux de cette époque, était entouré de murailles. Il se composait, au rapport d'un vieux chroniqueur, de deux grands corps de bâtiment, en forme de carré long, et qui paraissait s'étendre du nord-est au sud-

avait été taillée, sous le sol, dans un rocher de granit.
M. l'abbé Simonneau, qui connaissait l'existence de cette

ouest. Une vaste cour régnait dans l'intérieur des constructions. Autour de cette cour, s'étendaient de longs cloîtres, soutenus par des colonnes de granit qui servaient de promenade aux cénobites pendant les chaleurs du jour. Un grand nombre d'arcades éclairaient, en outre, de vastes corridors dont le silence n'était interrompu que par les pas des religieux. — Au milieu de tous les bâtiments, s'élevait la chapelle, placée aussi sous le vocable du même saint. Elle avait près de quatre-vingts pieds de longueur sur quarante environ de largeur. Son orientation était celle des autres églises, l'autel au levant. C'était une belle création de l'architecture chrétienne ; l'ordonnance en était superbe. Sa forme était celle d'une croix latine surmontée d'un élégant clocher. L'intérieur de cet édifice ne le cédait en rien à l'aspect gracieux de la façade. Les huit croisées qui éclairaient la nef étaient d'une grande légèreté ; celle du fond du chœur était surtout ornée de rosaces artistement façonnées et l'on aurait dit, pour me servir de l'expression d'un vieil auteur, que chaque pierre avait été taillée avec le soin qu'un lapidaire consacre à un diamant. Rien ne pouvait, en effet, égaler la patience de ces ouvriers de la foi catholique.

« Bientôt on vit de grands changements dans l'île. La forêt s'éclaircit ; des sentiers furent tracés ; et, là où l'on ne voyait que broussailles, l'œil s'arrêtait agréablement sur des champs cultivés ; et dans la vallée, près du monastère, l'on vit paître de nombreux troupeaux. Comme l'exemple est tout-puissant, les bons insulaires qui, jusqu'alors, n'avaient demandé leur pain de chaque jour qu'à l'Océan, qui ne leur accordait parfois qu'un maigre butin, furent bientôt stimulés par les religieux et se mirent à défricher, à labourer la terre, à planter la vigne qui leur donna un vin délicieux. La réputation de ce monastère grandit et s'étendit rapidement ; près de cinquante moines l'habitèrent. Fidèles observateurs de leurs règles, ils n'y manquèrent pas un seul instant. Aussi, peu de monastères jouirent d'une plus pure renommée ; et lorsque, vers l'an 670 *(erreur de date ; c'est 600 ; v. p. 158)*, saint Amand vint y chercher un refuge, cet établissement religieux était dans toute sa splendeur.

« Deux siècles s'étaient écoulés depuis sa fondation et le monastère de Saint-Hilaire était toujours florissant. Tranquilles dans ce séjour de la prière et du travail, les bons cénobites ne devaient pas tarder à en être expulsés. Vers l'an 840, les Normands-Scandinaves firent leur première apparition sur les côtes de la Neustrie. A la nouvelle des

crypte, pria M. David, propriétaire du terrain, de faire opérer quelques fouilles, et on en trouva l'entrée sous le

dévastations commises par ces farouches pirates, les Bénédictins de Saint-Hilaire recommencèrent à craindre pour leur chère retraite. Quinze années s'écoulèrent encore dans une tranquillité profonde. Mais le faible Charles-le-Chauve, qui tenait en mains le sceptre d'Occident, au lieu de combattre ces hardis navigateurs, racheta leur éloignement au prix de l'or. C'était les inviter à revenir. Ils ne tardèrent pas, en effet. Vers l'an 855 ou 856, ils parurent de nouveau et plus audacieux que jamais. Ces pirates s'étaient même établis dans l'île de Her qui prit, ensuite, le nom de Noirmoutier. Les bons religieux prévirent bien alors que leur chère Ile-Dieu pourrait subir le même sort. Leurs craintes, cependant, commençaient à se dissiper, lorsqu'un grand nombre de barques, montées par ces hommes du Nord, abordèrent sous la conduite du farouche Sigefried. Ce fut en vain que les religieux voulurent s'opposer à leur entrée dans le monastère ; leur résistance rendit ces barbares encore plus furieux. Ils y entrèrent en tuant un grand nombre de ces hommes de Dieu, pillèrent et dévastèrent tout ; rien ne fut épargné, et ce que leur hache avait semblé respecter, le feu le consuma. L'incendie fut si terrible qu'au rapport d'un historien, il ne resta que quelques pans de murailles de cette abbaye.

« Les religieux qui avaient échappé à la fureur de ces barbares se retirèrent dans d'autres monastères. Ainsi fut détruit, après 285 ans d'existence, une abbaye qui s'était rendue célèbre par la sainteté de ses religieux. Et qu'en reste-t-il de nos jours, que dix siècles ont passé sur ses ruines ? Presque rien, quelques pans de murs qui, après examen, pouvaient appartenir à l'enceinte et dans les crevasses desquels poussent des bruyères et d'autres herbes.

« Les quelques vestiges de la chapelle sont aujourd'hui couverts de ronces et de broussailles et forment un tertre un peu élevé. On y a découvert une crypte souterraine, mais qui n'a pas encore été fouillée ; et, autour, une quantité de tombeaux formés de quatre pierres, sépultures probables des religieux. Il existait encore, en 1803, une petite chapelle qui avait été bâtie, on ne sait à quelle époque, sur l'emplacement de l'ancienne, sous le vocable, aussi, de saint Hilaire, mais qui fut démolie quelques années plus tard. Encore quelque temps, et de cette belle abbaye il ne restera pas vestige. On ne peut, en visitant les ruines de ces premiers monuments de la vie monastique, se défendre de cette pensée : *Sic omnia transeunt, Deus est eternus,* ainsi passent et tombent les ouvrages de l'homme, Dieu seul est éternel ! »

chevet même de la chapelle (¹). Elle a environ 7 mètres
de profondeur sur 3 ou 4 mètres de largeur. Elle est située à mi-côte du talus du coteau et à environ 50 mètres
des prairies actuelles. On y descendait par quelques marches encore visibles dans le bas. A l'angle droit de la dernière marche, se trouve un petit trou en forme d'auge
oblongue et rempli d'eau, par suite des infiltrations du
rocher. Cette eau, en s'accumulant, aurait pu remplir la
grotte ; aussi avait-on pratiqué, auprès du réservoir, un
conduit souterrain qui conduisait le trop-plein au dehors.

Rien ne semble indiquer que cette grotte fut une crypte
communiquant, par son sommet, avec l'ancienne chapelle.
Son ouverture est tournée du côté du vallon et elle offre
tout à fait l'aspect d'une grotte creusée de main d'homme,
dépourvue de travaux d'art et que rien ne semblait dissi-
muler aux regards indiscrets. Ouverte ainsi à tout venant,
elle ne réveille guère les idées toujours un peu mysté-
rieuses d'une crypte.

On l'appelle aujourd'hui la grotte de Saint-Amand,
parce qu'elle est située au-dessous de l'emplacement occupé, autrefois, par le monastère où ce saint vint se réfugier. M. l'abbé Simonneau (²) pense que ce lieu aurait été
destiné à laver les morts, selon l'usage antique.

Une seconde chapelle, bâtie sur l'emplacement de l'ancienne, a servi de poudrière sous le premier Empire. Le
champ voisin de l'enceinte du monastère s'appelle encore
aujourd'hui le Champ-du-Cloître.

A l'époque où le monastère était à l'apogée de sa prospérité, les moines avaient quitté la règle de saint Colomban
pour prendre celle de saint Benoît. Ils avaient, croit-on,
un établissement secondaire, un sanatorium, situé dans

(¹) Lettre de M. l'abbé Simonneau, du 9 juin 1883.

(²) Lettre de M. l'abbé Simonneau, du 9 juin 1883.

les environs de l'emplacement occupé actuellement par le grand phare, vers l'extrémité nord de l'île. Les terrains voisins s'appellent encore *Prés aux Moines, Fossés aux Moines* (1). L'emplacement où aurait été située cette succursale est désigné, dans le patois du pays, par les mots : *Eraud-Moines, Eraud* signifiant *chiron* (2).

C'était là qu'ils envoyaient leurs malades et leurs convalescents pour refaire leurs forces dans le repos et l'isolement, et aussi dans un air plus pur, loin de l'encombrement et des durs travaux du monastère. C'était, il est vrai, l'habitude de cette époque, et la plupart des grands établissements religieux comptaient, presque toujours, quelques succursales pour remplir ce but si utile. Malheureusement, là comme sur tant d'autres points de l'histoire de l'Ile-d'Yeu, les données positives nous font défaut et nous sommes obligés de nous contenter des probabilités et des à peu près.

S'il faut en croire l'abbé du Tressay (3), Charlemagne envoya dans l'île un *Missus Dominicus* qui s'enquit des besoins du peuple et remédia aux abus. Ce personnage, dont le nom n'est point parvenu jusqu'à nous, institua un Viguier, un Centenier et un Dizenier (4). L'île fut exemptée d'impôts et de toute redevance. La dîme aux églises et aux monastères fut maintenue.

(1) Notes manuscrites de l'abbé Simonneau, citées par l'abbé du Tressay, p. 19.

(2) Notes de M. Auger.

(3) Notes manuscrites de l'abbé Simonneau, citées par l'abbé du Tressay, p. 20.

(4) Les *Viguiers,* du latin *Vicarius,* étaient primitivement des officiers délégués par les comtes, pour administrer une portion du comté. Plus tard, ils devinrent des juges ou présidents du tribunal appelé

Les moines du monastère de Saint-Hilaire étaient très aimés dans l'île. Ils donnaient l'exemple de toutes les vertus (¹). Ce fut à cette époque florissante qu'une invasion de pirates sarrazins vint s'abattre sur les îles de l'embouchure de la Loire, vers l'année 828 (²). Un de leurs navires s'approcha de l'Ile-d'Yeu. Il paraissait tellement grand qu'il ressemblait à une muraille (³). Les habitants ne durent opposer aux Sarrazins qu'une faible résistance, car, dit le narrateur, l'ennemi y fit tout ce qu'il voulut (*cum in ea quiquid voluisset explesset.*) Au retour de leur campagne de déprédations à l'Ile-d'Yeu, ils se dirigèrent sur l'île d'Her ou Hério (Noirmoutier), mais, à moitié che-

Viguerie et remplissaient, en même temps, les fonctions de prévôt royal.

Les *Centeniers* rappelaient les anciens centurions romains qui avaient cent hommes sous leurs ordres. Au temps de Charlemagne, ils commandaient les soldats enrôlés au service du comte.

Les *Dizeniers* étaient sous les ordres des centeniers. Ils commandaient une dizaine ou portion d'un quartier de ville. Les rois franks avaient aussi donné ce titre aux possesseurs de certaines terres conquises, bourgs ou villages, où ils étaient chargés de maintenir l'ordre.

(¹) Notes de l'abbé Simonneau, relevées sur d'anciens manuscrits et citées par l'abbé du Tressay, p. 22 et 24.

(²) La Fontenelle, p. 7.

(³) *Narratur insuper quod navis Saracenorum cujus tanta æstimabatur magnitudo, ut murus pene ab intuentibus putaretur,* AD QUAM VENERIT INSULAM. *Quæ cum in* EA QUIDQUID VOLUISSET EXPLESSET, *voluit devenire ad nostræ insulæ portum ; et cum jam medium esset emensum, tantâ avium multitudo in nostro consedit littore quanta nunquam, ut fertur, alicubi visa fuit aliquando. Quas Saraceni intuentes nihil aliud quam innumerabilem crediderunt esse bellatorum exercitum ; talique territi visione retrorsum abeuntes, non ausi sunt nostram adire insulam.* (Dom Bouquet, VI, p. 807), *ex Historia translationis sancti Filiberti, Abbatis Heriensis, ab Ermentario abbate scripta, anno* DCCCLXIII ; *Acta SS. Ord. S. Bened., Part. 1, Sæct. IV, p. 539.*)

min, ils aperçurent, sur le rivage, une bande innombrable qu'ils prirent pour une armée ennemie. C'était un vol considérable d'oiseaux de mer qui s'était abattu sur la côte de Noirmoutier. Effrayés par cette vue, les pirates s'éloignèrent et l'île fut ainsi délivrée de leur présence.

La Fontenelle a commis une erreur (p. 7) en attribuant ce fait aux Normands. C'est bien des Sarrazins et non des Normands qu'il s'agit. Le texte ci-dessus ne laisse aucun doute à cet égard.

Si l'on sait peu de chose des incursions des Sarrazins sur nos côtes au IXe siècle, il n'en est malheureusement pas de même des Normands qui ont laissé, sur tant de points différents, des traces ineffaçables de leur sauvage brutalité et de leurs terribles dévastations.

On désignait, sous le nom générique de Normands, les hordes venues, en grande partie, de la péninsule scandinave et qui, dès le IXe siècle, envahirent plusieurs côtes de l'Europe, notamment celles de la France. Ils avaient pour chefs des guerriers intrépides qui s'intitulaient *Vikings* ou *rois de la mer*. Leur religion était grossière et sanguinaire et semblait une sorte de parodie de l'ancienne mythologie grecque. Odin, le père des Dieux, était leur Jupiter. Thor représentait la force ; Frey, le génie des batailles. Ils avaient déjà attaqué l'Angleterre, vers le milieu du VIIIe siècle. Ils avaient colonisé l'Islande et le Groenland, à la fin du IXe (vers 873). Poussés par une activité dévorante et animés d'un courage que rien ne pouvait arrêter, ils remontaient les fleuves et les rivières, pillaient, brûlaient et détruisaient tout sur leur passage. Quelquefois les paysans, mal défendus par leurs seigneurs, se soumettaient à leur domination et, abjurant la foi chrétienne, non seulement acceptaient le culte d'Odin, mais s'alliaient avec leurs envahisseurs pour les suivre dans leurs nouvelles excursions. C'est ainsi que le fameux Viking Hastings était, paraît-il, le fils d'un laboureur des environs de Troyes (¹).

Les hardis Vikings étendirent de tous côtés leurs conquêtes. On les retrouve en Russie, en Allemagne, en Espagne, en Sicile, à Constantinople et jusqu'en Afrique. Mais le fait le plus remarquable de leur histoire est la découverte qu'ils firent du continent même de l'Amérique. Il est en effet démontré aujourd'hui (²) qu'ils pénétrèrent, à la fin du xᵉ siècle, jusqu'aux chutes du Potomac et non loin des lieux où s'élève maintenant la ville de Washington.

Malgré leurs mœurs barbares et l'ardeur de leurs passions, ils étaient d'habiles marins et des soldats disciplinés qui obéissaient aveuglément à leurs chefs.

Ces bandits, sans foi ni loi envers l'étranger, se gardaient entre eux une fidélité inviolable, un dévouement héroïque. La perpétuelle communauté du danger leur inspirait de vrais sentiments d'égalité et de fraternité (³) bien différents des mœurs égoïstes et anarchiques des nobles franks.

Aussi leur réputation se répandit rapidement, et l'annonce seule de leur arrivée dans une contrée y semait l'épouvante. Ils haïssaient surtout la religion chrétienne, devant laquelle la leur devait bientôt disparaître. Aussi les monastères et les couvents, respectés quelquefois au milieu des guerres perpétuelles de cette époque d'anarchie, ne trouvaient jamais grâce devant ces pirates païens qui croyaient ainsi servir leurs Dieux.

« Dès l'année 820, ils avaient mis tout à feu et à sang dans l'île de Bouin et s'étaient établis dans l'île de Noir-

(¹) Augustin Thierry, *Hist. de la conq. de l'Angl.*, I, p. 183.

(²) O.-J. Richard, *le Roman de l'Islande*, p. 54; — Leclercq, *la Terre de glace*, pages 287 et suiv.

(³) Henri Martin, *Hist. de France*, II, p. 503

moutier, » dit M. de Sainte-Hermine (p. 11), qui n'indiqué pas la source où il a puisé ses renseignements (¹). En effet, le récit assez court, du reste, d'Ermentaire, tel qu'il est présenté par Dom Bouquet, ne parle que de la date de 836. Encore Dom Bouquet a-t-il soin d'ajouter, en note, que les incursions des Normands et des Sarrazins sur cette partie de nos côtes eut lieu beaucoup avant l'année 836. Cependant M. de Montbail (p. 162), La Fontenelle (p. 7), M. de Sainte-Hermine (p. 11), l'abbé Simonneau, dans ses notes manuscrites, et l'abbé du Tressay (p. 21), placent la descente des Normands, dans cette région, à des dates différentes (828, 836, 840, 846), en invoquant cependant le récit d'Ermentaire.

MM. Luneau et Gallet, dans leur important ouvrage intitulé : *Documents sur l'île de Bouin*, s'expriment ainsi sur le même sujet (p. 154) :

« Le point du sol français qui eut le triste honneur de recevoir leur première visite, fut l'île de Bouin. D'après la Chronique d'Adhémar, moine de Sainte-Epargne d'Angoulême, ils s'en emparèrent en l'an 813 (d'après les *Recherches sur Noirmoutier*, de M. F. Piet, p. 446). Ils y revinrent en 820 sur treize navires, brûlèrent le bourg, saccagèrent l'île et se retirèrent avec un butin considérable (²). »

Cependant, ce n'était pas la première fois qu'ils abordaient sur les côtes de France. Grégoire de Tours (³) nous apprend que, vers l'an 515, des Normands, conduits par

---

(¹) Notre collègue du bureau de la Société d'Émulation, M. Eugène Loüis, dans sa notice sur l'île de Bouin (*Ann. de la Soc. d'Émul.*, année 1882, p. 137), adopte aussi cette date de 820.

(²) Voir, dans le même sens, *l'Ile de Bouin*, par M. Eugène Louis, *Ann. de la Soc. d'Émul.*, année 1882, p. 137.

(³) Grégoire de Tours, *Hist. des Francs*, livre III, chap. III.

un chef nommé Guithlae ou Godleik, débarquèrent dans le royaume d'Austrasie et pillèrent un district de ce pays.

On voit qu'à mesure que les recherches se multiplient, la confusion des dates augmente. Cependant, toutes ces dates, sauf celle indiquée par Grégoire de Tours, sont assez rapprochées les unes des autres, et si nous ne pouvons arriver à la précision, au moins avons-nous une époque approximative certaine, le commencement du IXe siècle, où nous pouvons, sans trop de crainte de nous tromper, placer les premières invasions des Normands sur les côtes voisines de l'embouchure de la Loire.

Il est certain qu'à cette époque les îles de Bouin, de Noirmoutier et d'Yeu reçurent la visite des Normands, et c'est dans la crainte de leurs dévastations que les restes de saint Philbert furent transportés dans le monastère de la Dive, en 836, le 7 juin, comme le dit Ermentaire. Mais les faits spéciaux racontés par lui ([1]) sont antérieurs à l'année 836.

([1]) *Nec inconveniens esse reor si narrem qualiter duobus, antequam ab Hero* (Noirmoutier) *insula sanctissimum transferretur corpus,* (la translation du corps de saint Filibert, le 7 juin 836) *annis a nostratibus contra Nortmannos in ipsa pugnatum est insula. Ipsa festivitatis ejus die, de novem navibus, hora etiam nona, pugna inchoatur quæ vespere finitur; in qua quadragenti octoginta et quatuor ceciderunt Nortmani, uno tantum ex nostris corruente, equis quampluribus interfectis, equitibus nonnullis vulneratis. Hæc ita esse, qui interfuit, narratum iri censuit.* (Récit d'Ermentaire, par Dom Bouquet, *loc. cit*)

Dicitur etiam vera relatione quod Britannorum classis numerosior ad nostræ insulæ portum qui CONCA *dicitur venerit causa prædationis. Cum que armati de navibus prosilivissent, tanta inter se mutua cæde bacchati sunt, ut nullus præter unum evaderet, qui hæc insulanis nunciaret* (Ibid.)

Dom Bouquet ajoute en note :

Hæc Britannorum sicut et Sarracenorum incursio accidit multo ante translationem S. Filiberti in Deense Monasterium, id est ante

C'eşt donc, par conséquent, au commencement du IXᵉ siècle qu'on doit reporter l'incendie et la destruction du monastère de l'Ile-d'Yeu. La Fontenelle (p. 7, note 2) croit qu'il s'agit ici de l'abbaye Blanche parce que le fait raconté par un chroniqueur qu'il ne nomme pas (mais qui ne doit pas être Ermentaire), eut lieu après un débarquement des hommes du Nord dans l'ile d'Her (Noirmoutier). En outre, il place ce fait en 846. M. de Montbail (¹) dit aussi, à ce sujet : « Une chronique dit qu'en 846 le monastère de l'Ile-Dieu, aujourd'hui de la Blanche, fut incendié par les Normands. Cette abbaye existait d'abord dans l'ilot du Pilier. » — Il y a là, évidemment, une confusion dans la rédaction de ces deux auteurs. M. de Montbail rappelle, dans la phrase qui précède celle-ci, que l'abbaye de la Blanche fut fondée et dotée, en 1205, par Pierre de la Garnache (²), fait constaté, du reste, par Dom Fonteneau (³) et absolument certain. Si la « chronique » dont il s'agit place en 846 l'incendie du monastère de l'Ile-Dieu par les Normands, il est clair que ce ne pouvait être l'abbaye de la Blanche, qui date de 1205 seulement et qui, par conséquent, n'existait pas à Noirmoutier, en 846. S'agirait-il, au contraire, du monastère de Noirmoutier qui a précédé celui de la Blanche, ce serait alors le *Monasterium nigrum* ou monastère de Noirmoutier, fondé par saint Philbert. Mais alors la « chronique » eût indiqué ce nom et non pas celui de l'*Ile-Dieu* qui, jamais, ne s'est appliqué au monastère de Noirmoutier non plus qu'à celui de la Blanche. Le monastère de l'Ile-Dieu était situé dans l'ilot du Pilier, ainsi que je l'ai expliqué

---

annum 836. Dœnse Monasterium situm erat in pago Herbadilico, loco Deas appellato, ad Bedoniam fluvium decem circiter leucis ab Herio, totidemque à Namnetis (Nantes) *urbe Britanniæ minoris.*

(¹) *Notes et croquis,* p. 160.
(²) Voir p. 12.
(³) La Fontenelle, p. 8.

plus haut (p. 114). Ce serait donc lui qui aurait été victime des déprédations des Normands, à moins que, par suite de la confusion des noms, il ne s'agisse en réalité de l'Ile-d'Yeu, c'est-à-dire de la malheureuse Oia, Oye ou Ile-Dieu qui ne dut pas échapper, plus que les autres îles voisines, aux ravages des Normands; et c'est, en effet, l'opinion à laquelle il me semble préférable de s'arrêter.

Cependant, pour épuiser cette question, j'aurais voulu savoir quel était le chroniqueur dont parle La Fontenelle; mais j'ai cherché vainement. Depping [1] dit bien, que, vers la fin de juin 843, les Normands vinrent piller la ville de Nantes et égorgèrent, dans l'église, l'évêque Gunhard, vénéré, depuis, comme martyr, sous le nom de saint Cohard, puis qu'ils retournèrent dans l'île d'Her (Noirmoutier) où était établi le dépôt de leur butin. A cette époque encore, ils étaient bien près de l'Ile-d'Yeu et il est bien possible qu'ils y aient débarqué. Mais là, il n'est pas question du *monastère de l'Ile-Dieu*, indiqué par La Fontenelle.

Depping dit encore (p. 63) qu'en 830, les Normands avaient détruit aussi le *monastère de Notre-Dame*, dans l'île de Ré. J'avais pensé d'abord que Depping avait pu confondre le nom de l'île de Ré, appelée par d'anciens auteurs *Hiera* ou *Hieras*, avec les noms primitifs de Noirmoutier et de l'Ile-d'Yeu. Mais ce fait est rapporté par le Père Arcère (I, p. 62) : « Ce monastère, dit-il, qui fut fondé par Eudes, dans l'Isle-de-Ré, était sous l'invocation de la Vierge; les Normands le ruinèrent au IXe siècle. »

Cette date de 846, indiquée ainsi par La Fontenelle, d'après son chroniqueur anonyme, pour l'incendie du *monastère de l'Isle-Dieu*, est adoptée par M. de Sainte-Hermine (p. 11). C'est, au contraire, la date de 840 que j'ai

[1] Depping, *Hist. des Expéd. marit. des Normands,* Paris, Didier, 1844, in-8°, p. 80.

trouvée pour ce même fait dans les notes manuscrites de M. l'abbé Simonneau, avec l'indication du nom d'un chef, Sigefried, qui conduisait alors les Normands. M. l'abbé du Tressay (p. 21) a reproduit ce passage de l'abbé Simonneau, mais sans y joindre aucune date.

Enfin, cet évènement est placé en 854 par MM. Luneau et Gallet (¹) : « Vers 854, disent-ils, une flotte nombreuse, conduite par Sigefried, s'abattit sur l'Ile-d'Yeu, où il y avait un monastère, fondé par des disciples de saint Colomban,.... et le couvent devint la proie des flammes. »

Ainsi, lorsqu'on remonte à la source de tous ces renseignements contradictoires, on ne trouve que le récit du moine Ermentaire qui ne parle pas de l'incendie du monastère de Saint-Hilaire. Encore n'y voit-on que la date de 836, déclarée, du reste, inexacte par Dom Bouquet. D'ailleurs, Ermentaire écrivait, en 863 (²), et non en 836, comme on le voit (sans doute par suite d'une interposition de chiffres) dans la notice de La Fontenelle (p 7). Il appartenait au monastère de Saint-Philbert, dans l'île d'Her (Noirmoutier) ; il devait donc avoir eu connaissance des évènements si graves qui avaient ravagé la malheureuse Ile-d'Yeu, et il est bien regrettable qu'il ne nous ait pas renseigné d'une manière plus complète.

Quoi qu'il en soit, si nous nous en rapportons aux notes manuscrites de M. l'abbé Simonneau, les moines de Saint-Hilaire, après avoir courageusement résisté à leurs envahisseurs, côte à côte avec les habitants de l'île, finirent par être écrasés par le nombre et furent égorgés, pendant que les flammes dévoraient leur beau monastère. « La ferveur de ces moines, disent ces notes, avait conservé sa ferveur primitive. »

(¹) *Docum. sur l'île de Bouin*, p. 154.

(²) Voir, plus haut, la note 3 de la page 70.

Une nouvelle descente de Normands a eu lieu aussi, paraît-il, à l'Ile-d'Yeu, en 911, à l'époque du grand chef Roll ou Rollon, qui tenait déjà sous sa dépendance une partie de la Normandie. Nous trouvons ce renseignement dans les notes manuscrites de M. l'abbé Simonneau. Malheureusement, ces notes n'indiquent pas les documents originaux d'après lesquelles elles ont été rédigées (¹), et là, encore, nous ne pouvons arriver à aucune précision, à aucune certitude historique. M. l'abbé du Tressay (p. 22) a cité ce fait d'après ces notes, et MM. Luneau et Gallet ont fait de même (p. 154), d'après M. l'abbé du Tressay).

Le traité de Saint-Clair-sur-Epte (fin de l'année 911) mit un terme aux incursions des Normands (²). Le Norwégien Roll devint le duc Robert, le vassal de Charles-le-Simple, dont il épousa la fille Ghisèle, après s'être fait baptiser ; et, sous ses lois fermes et sages, la Normandie devint la province la plus riche et la plus prospère de la la France.

Il y a quelques années, on a découvert dans les ruines du monastère de Saint-Hilaire, une statuette en bronze qui a été vue par M. l'abbé Simonneau, alors curé de l'Ile-d'Yeu. Elle représente un guerrier qu'une femme tient par le corps. La tête du guerrier est ornée d'un pa-

---

(¹) Ces notes elles-mêmes ont été prises, en partie, sur la pièce nº 8, sans nom d'auteur, déposée à la mairie de l'Ile-d'Yeu et que j'ai reproduite à la page 65 ci-dessus.

(²) Cependant, on lit dans Depping (*loc. cit.*, p. 287) : « A l'embouchure de la Loire s'était établie, depuis plusieurs années, une troupe de païens indépendante de Rollon et dont les aventures ne nous sont qu'imparfaitement connues. Elle était en relations avec les Normands d'Angleterre ; du moins, en 918, une flotte considérable partit de l'embouchure de la Loire pour ce pays. De leur côté, les pirates qui étaient restés sur la Loire continuèrent leurs excursions sur les bords de ce fleuve. »

nache. Cet objet semble avoir dû servir de poignée de sabre. Le monastère, disent les notes de l'abbé Simonneau, était un des plus anciens de France. Il avait précédé ceux de Beauvoir et de Noirmoutier.

II

Le Monastère de Saint-Etienne.

Si l'on en croit une chronique du xie siècle ([1]), des Bénédictins de Cluny seraient venus, sous le règne de Robert-le-Pieux, fonder un monastère dans l'île d'Oys. Ses ruines sont situées à environ 100 mètres au sud-est du village de Ker-Chalons et à 50 mètres de la route du Bourg, sur un faible monticule.

Ses bâtiments étaient dirigés du nord-ouest au sud-est, sur un vaste espace entouré de murs de clôture. On y arrivait par une allée de peupliers. Dans la cour, se trouvaient des tilleuls ([2]). Les manuscrits nous disent que la chapelle était un chef-d'œuvre ([3]).

La date de la fondation du monastère de Saint-Etienne, sous le règne de Robert-le-Pieux (996-1031), nous reporte à la fin du xe siècle ou au commencement du xie. On voit, par là, que plus de 150 ans s'étaient écoulés entre la destruction de l'ancien monastère de Saint-Hilaire et la construction d'un nouvel établissement religieux dans l'île d'Oys. Les Bénédictins de ce second monastère ne furent pas moins actifs que leurs devanciers. Des marais impro-

([1]) L'abbé du Tressay, p. 22, d'après les notes de l'abbé Simonneau.

([2]) *Ibid.*, p. 25.

([3]) *Ibid.*, *loc. cit.*

ductifs ([1]), une sorte de lac envasé ([2]) se trouvaient entre le monastère et la Pointe de Gilberge. Ils les desséchèrent et les transformèrent en prairies, d'une étendue d'environ 14 hectares, qui portent encore, aujourd'hui, le nom de Marais de la Guerche. Après le départ des moines, les prairies s'envasèrent de nouveau, et ce qui avait été rendu à la culture redevint un marais sans valeur. Il y a vingt-cinq ou trente ans, un syndicat s'est formé pour le dessèchement des marais de l'île. Un canal fut creusé ; il déverse ses eaux sur la plage de Ker-Chalons et il a fallu attendre sept siècles pour refaire l'œuvre si utile des Bénédictins de l'Ile-d'Yeu.

« Les moines, dit M. l'abbé du Tressay, vivaient en parfaite intelligence avec les habitants de l'île dont ils s'étaient concilié la vénération et la reconnaissance par leurs vertus et leurs bienfaits. Quelques-uns de ces religieux acquirent de la réputation par leur science ([3]) et leur monastère attira l'attention des monarques français. C'est ainsi qu'ils furent enrichis par Louis VI et reçurent de Philippe-Auguste de magnifiques présents. Saint Louis fut aussi leur bienfaiteur. »

Pendant les guerres avec l'Angleterre, le monastère ne fut épargné que grâce à des rançons énormes.

Charles IX augmenta encore les privilèges du monastère, qui, cependant, possédait tout ce qu'il y avait de seigneurial dans l'île ([4]). Ce fut sous le règne de ce prince que le monastère cessa d'exister.

([1]) L'abbé du Tressay, cité par le D*r* Viaud-Grand-Marais, *Excurs. à l'Ile-d'Yeu*, p. 47.

([2]) D*r* Viaud-Grand-Marais, *loc. cit.*

([3]) Du Tressay, p. 24.

([4]) *Ibid.*, p. 25.

En 1564, par une froide matinée d'hiver ([1]), le feu prit subitement dans une salle et dévora sans merci l'établissment entier, avec les richesses de tout genre qui s'y trouvaient réunies. Le monastère avait duré plus de cinq siècles et demi et n'avait cessé d'être la providence des habitants ([2]).

En 1787, quelques pans de murs restaient encore debout. Des fouilles, pratiquées au milieu des ruines, ont fait découvrir des tombeaux composés de larges pierres placées de champ et de tuiles à rebords. Il y a une trentaine d'années, le propriétaire d'un terrain situé entre le monastère de Saint-Etienne et le marais de la Guerche, voulant faire disparaître une espèce de tumulus, découvrit des corps enfouis entre deux couches de ciment et de cailloux. De nombreux débris de briques romaines se rencontrent aussi sur ce point ([3]). Enfin, on y aurait découvert les pavés d'une ancienne salle (notes de l'abbé Simonneau).

Un fait singulier a été relaté par les différents auteurs qui se sont occupés de l'Ile-d'Yeu. Une charte du XIIᵉ siècle constate qu'Aldebert, surnommé Gaudin, doyen de Commequiers, avait cédé, en 1136, au monastère de Saint-Cyprien de Poitiers, les terres qu'il possédait dans l'Ile-d'Yeu, à la charge par le Prieur que les religieux de Saint-Cyprien avaient dans cette île, de fêter son anniversaire par un bon dîner qu'on offrirait à tous les assistants. Chaque année, le service était célébré avec solennité; on y venait même du continent ([4]).

([1]) Du Tressay, *loc. cit.*,

([2]) Du Tressay, cité par le Dr Viaud-Grand-Marais, *Excurs. à l'Ile-d'Yeu*, p. 47.

([3]) Dr Viaud-Grand-Marais, *l. c.*

([4]) La Fontenelle, p. 8, d'après Dom Fonteneau; du Tressay, p. 28; notes de l'abbé Simonneau.

Il ne paraît pas qu'aucun ermite ait jamais séjourné à l'Ile-Yeu. La Pylaie (¹) parle bien d'un personnage légendaire qu'il appelle Jean des Broches, qui aurait habité le vallon appellé aujourd'hui le Marais des Broches; mais ce n'est qu'une simple note qui ne nous apprend rien de précis.

Ce rôle civilisateur et bienfaisant des moines de l'Ile-d'Yeu, attesté par les anciennes chroniques et par les traditions mêmes de l'île, m'a rappelé ces pages admirables que M. Taine a placées au début de ses *Origines de la France contemporaine*. Je me bornerai a en citer un seul passage qui prouvera que partout, dans les premiers siècles du christianisme, l'influence des monastères avait produit les plus heureux résultats.

Voici ce qu'il dit des Bénédictins :

« Avec ses compagnons, il défriche et construit ; il domestique les animaux demi-sauvages, établit une ferme, un moulin, une forge, un four, des ateliers de chaussures et d'habillement. Selon sa règle, chaque jour, il lit pendant deux heures ; sept heures durant, il travaille de ses mains, et il ne mange, il ne boit que le strict nécessaire. Par son travail intelligent, volontaire, exécuté en conscience, et conduit en vue de l'avenir, il produit plus que le laïque. Par son régime sobre, concerté, économique, il consomme moins que le laïque. C'est pourquoi, là où le laïque avait défailli, il se soutient, et même il prospère. Il recueille les misérables, les nourrit, les occupe, les marie; mendiants, vagabonds, paysans fugitifs affluent autour du sanctuaire. Par degrés, leur campement devient un village, puis une bourgade : l'homme laboure dès qu'il peut compter sur la récolte, et devient père de famille sitôt qu'il se croit en état de nourrir ses enfants. Ainsi se for-

(¹) Dr Viaud-Grand-Marais, *loc. cit.*, p. 52.

ment de nouveaux centres d'agriculture et d'industrie qui deviennent aussi des centres nouveaux de population. »

III

Bénéfices des Monastères.

Sous Louis XI, un Sr Mauclerc de Saulnay ou de Ligneron fonda un chapitre composé de plusieurs petits bénéfices dont les prébendes ont, sans doute, été vendues durant le cours des guerres de religion du XVIe siècle, car les ayant-cause du fondateur s'étaient faits protestants. Toujours est-il que ce chapitre paraît avoir cessé d'exister à cette époque. « On l'appelait, par dérision, chapitre des Os, de ce que ses prébendes n'étaient pas grasses et que ceux qui en étaient pourvus, n'avaient, paraît-il, que des rougets à sucer (¹). »

Pierre Garcie, dit Garcie Ferrande, originaire de Saint-Gilles-sur-Vie, avait publié, en 1520, à Poitiers, chez Enguilbert de Marnef, un ouvrage intitulé *Grand Routtier et Pillotage de la mer* où il avait énuméré, avec une complaisance affectée et une ironie évidente pour toute personne connaissant les lieux, une foule de fiefs ecclésiastiques et de bénéfices purement imaginaires. Il parle, notamment, du domaine du Chastelier (²) possédé par un des membres du chapitre qui y prenait « son gros et la dixme des fruits » et où se trouve une petite île ou « poincte de terre longue enfermée en la mer, appelée le

(¹) Joussemet, p. 19.

(²) Voir plus haut, p. 50.

Turpail ; » — du gros bénéfice attribué au sous-chantre et placé à la « poincte de la Tranche ; » — de « lung des plus nobles bénéfices et mieulx renté de tout le chappitre non loin des Chymières » et appartenant au doyen ; — de l'une des plus grosses prébendes et appartenant à l'un des vicaires, « assise sur une grosse montaigne de pierre qui est bien haulte et royste et que l'on appelle la Taillée, » etc.

Cependant, La Fontenelle (pages 9, 10 et 11) semble prendre tout à fait au sérieux cette étonnante nomenclature de bénéfices, tous situés sur les points les plus sauvages de l'île. Cette partie de la côte, en effet, exposée à l'ouest, n'est composée que de hautes falaises absolument incultes et incultivables, car elles sont incessamment balayées par les grands vents et les tempêtes du large et sont souvent aspergées par les embruns. Le savant La Fontenelle, bien qu'il n'eût jamais visité l'Ile-d'Yeu, aurait pourtant dû se défier du malicieux pilote de Saint-Gilles, quand il lisait, dans le *Grand Routtier*, cette phrase suffisamment topique : « Empres, voyrras ung gros rochier qui est endroit une chapelle, lequel rochier s'appelle la Tourrette, qui est le plus noble bénéfice de tout led. chappitre et hault à merveille, et y a grant abondance de tous oyzeaulx marins comme cormorans, couars, baguyllez, gaellans, hayrons, pouacres et grand force pigons, et appartient à maistre Jacques Mauclerc, escuyer et fondateur du dit chappitre. Et le dit rochier fait l'entrée du port de la Meulle de lad. isle et est renfermée toujours de mer et y a grosse garde tant de jour q. de nuyt et les gardes du dit lieu sont gros rauiers, palliers, abjans, hyraynnes, roylangoust, hangoustes et grandes macres et grosses jambles et sont par dessus tous les gros burgaulx, avecques leurs cors courans jusques à la symme du dict rochier, et illec font le guet ; et nuel, sans le congié dud. seigneur, nauserait entrer dedans, car il serait dé-

voré de ces cruelles bestes inhumaines et d'aultres mons-
tres marins (¹). »

M. de Montbail dit aussi (peut-être par les mêmes mo-
tifs que La Fontenelle) que le chapitre fondé par Jacques
Mauclerc était très riche (²).

Cependant, d'après le manuscrit conservé par M. David,
« il est constant que, en 1520, le chapitre des Os possédait presque tout ce qu'il y avait de seigneurial dans l'île
et que, par conséquent, il est nécessaire que les seigneurs
qui l'ont depuis possédée aient acquis ce que ceux-ci possédaient de main-morte. De même, ceux-ci avaient, sans
doute, indemnisé les seigneurs précédents et obtenu du
roi les amortissements nécessaires. »

D'après le Pouillé de la métropole de Bordeaux, le
prieuré de l'Ile-Dieu est indiqué comme dépendant du
Monastère-Noir, et la cure de l'Ile-d'Oye comme relevant
de l'abbé de Saint-Cyprien de Poitiers (³). C'est bien ainsi
que le curé de l'Ile-d'Yeu est désigné dans le Pouillé du
diocèse de Luçon (⁴) en ce qui concerne les droits de
l'abbé de Saint-Cyprien ; mais il n'y est pas question de
Noirmoutier. En effet, il est bien possible que là encore
il y ait eu confusion entre le nom de notre île et celui du
monastère de l'Ile-Dieu, situé dans l'îlot du Pilier et qui
fut transféré, en 1205, dans l'île de Noirmoutier où il prit
le nom d'abbaye de la Blanche (⁵).

Cependant, Joussemet, en parlant des églises de l'île,
s'exprime ainsi (p. 18) : « Il y en avait cinq en 1045.

(¹) La Fontenelle, p. 11, et Dᵣ Viaud-Grand-Marais, p. 28 et 29.

(²) De Montbail, *l. c.*, p. 162.

(³) La Fontenelle, p. 13

(⁴) Pouillé d'Aillery, p. 20.

(⁵) Voir plus haut, p. 12, note.

Saint-Sauveur, où j'exerce le ministère, avait été donné, *avant ce temps-là*, à l'abbaye de Noirmoutier ; les autres le furent *alors* à l'abbaye de Saint-Cyprien de Poitiers, ce qui fut l'occasion de grands procès entre les deux monastères. Il y eut ensuite accord ; Saint-Cyprien resta l'unique possesseur de tous les domaines ecclésiastiques de l'isle. » — Malheureusement, ce texte n'est pas clair. Il semble, tout d'abord, que l'église de Saint-Sauveur ait appartenu à l'abbaye de Noirmoutier, en vertu de droits antérieurs au procès des monastères de Marmoutiers de Tours et de Saint-Cyprien de Poitiers, qui dura toute la seconde moitié du xiᵉ siècle (voir plus loin, p. 87) ; et cependant le monastère de Saint-Cyprien reste, à la suite de ce procès, *l'unique possesseur de tous* les domaines ecclésiastiques de l'île. Dans le Pouillé d'Aillery (p. 20), il n'est, nulle part, question de la dépendance de la cure de Saint-Sauveur du Bourg, vis-à-vis de l'abbaye de Noirmoutier. Cette cure est indiquée comme ne relevant que de l'abbaye de Saint-Cyprien.

L'abbaye de la Blanche possédait aussi des bénéfices dans l'Ile-d'Yeu. Pierre IV, seigneur de la Garnache, son fondateur, lui avait, entre autres bénéfices, attribué, dans l'île d'Oys : un de ses mains-mortables, vingt muids de vin et des rentes sur la partie défrichée de la forêt (¹) qui avait primitivement couvert une partie de l'île.

La Charte de 1205, qui nous fournit ces détails, établit, en outre, un fait important pour l'histoire de l'île, c'est-à-dire l'existence, à cette époque, d'une forêt malheureuse-

---

(¹) Gall., Christ., II, col. 1441. cité par le Père Arcère. *Hist. de la Rochelle*, I, p. 69 : *Dono iterum et concedo dictæ Abbatiæ, in insula de Oys viginti modios vini puri necnon quindecisa libras annui reditus super terras de* ꜰᴏʀᴇꜱᴛᴀ *ejusdem, ad culturam redactas. Dono iterum et concedo de hominibus meis in Hero insula... et, in Oys. Petrum Alay.*

ment disparue depuis. Les souvenirs de la forêt de l'Ile-d'Yeu se sont, du reste, perpétués jusqu'à aujourd'hui, car on désigne encore, sous le nom de gens de la Fouras, les habitants du nord de l'île, et sous celui de Gruzelands, ceux du sud ou de la plaine (¹).

Les bénéfices dont il vient d'être question ici ne pouvaient évidemment s'appliquer qu'au monastère de Saint-Étienne, car nous avons vu que le monastère de Saint-Hilaire avait disparu longtemps avant l'établissement de ces bénéfices.

IV

Églises, chapelles et hospices.

Les moines de Saint-Etienne n'avaient pas toujours possédé tout ce qu'il y avait de seigneurial dans l'île. En 1040, à une époque où les églises étaient devenues, pour la plupart, des propriétés particulières, Arbert et Berenger, frères, seigneurs de la Garnache et de Brem et seigneurs, en même temps, de l'île, avaient concédé, avec dîmes et revenus, aux moines de Saint-Cyprien de Poitiers (²), le monastère de Saint-Étienne et cinq autres églises qui se trouvaient dans l'île (³). En 1088, la propriété de ces églises fut contestée par les moines de Marmoutiers de Tours. Le procès qui s'en suivit fut jugé en faveur des moines de Saint-Cyprien par le Concile de

____

(¹) V. plus loin, 2ᵉ partie, chap. ɪɪ.

(²) Cartulaire de saint Cyprien, folio 129 : « *Quinque ecclesias in insula maris quæ vocatur Oia ;* » -- Marchegay, Recueil de Chartes, p. 132, Joussemet, p. 18.

(³) La Fontenelle, p. 7, et Sainte-Hermine, p. 12.

Poitiers, le 15 janvier 1078, présidé par le légat Hugues de Die ; par le Concile de Bordeaux, en 1088 ; par le Concile de Saintes, en 1102 (¹), et fut enfin terminé, dans le même sens, par décision du pape Callixte II (²).

Parmi ces cinq églises, M. l'abbé du Tressay (d'après les notes manuscrites de l'abbé Simonneau) n'en cite que trois : Sainte-Catherine et Saint-Aubin, détruites par les Anglais pendant la guerre de Cent ans, et Saint-Simon, détruite par les protestants hollandais en 1673. Saint-Aubin n'est autre que l'église du Bourg. Les deux autres étaient, sans doute, ainsi que le pense M. Auger, la chapelle du couvent de Saint-Étienne, peut-être la chapelle de la Blanche, située au Bourg, peut-être aussi une autre, située au Port-Breton, appelée simplement la Chapelle, et qui a dû donner son nom au quartier actuel de la Chapelle. Elle était située sur l'emplacement même du fort de la Chapelle. Sous la Révolution, elle servit de club.

Outre les cinq églises dont il a été parlé tout à l'heure et dont l'existence est constatée par des actes de l'an 1040, l'île a possédé, au Bourg, une chapelle dédiée à la Vierge et connue sous le nom de Notre-Dame de la Blanche. Joussemet (p. 18) nous apprend que « les sires de la Garnache avaient concédé à l'abbaye de la Blanche, à Noirmoutier, une chapelle, *sous le même vocable*, édifiée dans le cimetière du Bourg ; » et il ajoute : « Ses ruines s'y voient au temps présent. » Or, Joussemet écrivait en 1755. M. Simonneau, dans sa notice sur le Bourg de l'Ile-d'Yeu, publiée dans l'*Annuaire* de l'année dernière (1882), aurait donc commis une erreur en disant (p. 124) que cette chapelle « fut détruite peu de temps avant la Révolution. »

(¹) La Fontenelle, p. 8.
(²) Du Tressay, p. 37.

Le Père Arcère (I, p. 70) parle aussi de cette chapelle de Notre-Dame de la Blanche, au Bourg de l'Ile-d'Yeu, d'après la lettre du curé Joussemet.

Elle était située à l'angle nord-est du terrain où est bâtie actuellement la caserne, joignant le chemin vicinal n° 1 qui forme la Grande-Rue du Bourg. Elle se trouvait ainsi sur l'emplacement même de l'ancien cimetière qui forme aujourd'hui la place Beauregard. Il n'y a pas très longtemps que ce cimetière a disparu. M. David, dont j'ai cité plusieurs fois les notes, et qui est âgé de quatre-vingt-neuf ans, se rappelle y avoir vu enterrer son grand-père. La partie de cet ancien cimetière, où était autrefois la chapelle, a été vendue dernièrement par l'État.

Une nouvelle chapelle, dédiée à la Sainte-Vierge, a été construite, dans l'église du Bourg, il y a quelques années. C'est là que se trouve, enchâssée dans le mur, du côté du pilier de droite, une plaque commémorative, gravée sur ardoise, qui se trouvait précédemment dans l'ancienne église. Elle consacre une fondation pieuse d'un ancien curé du Bourg. Elle ne porte pas de date. En voici la copie exacte :

D. O. M.

ad majorem dei gloriam et rei memoriam.

M. Louis Angot, cy devant curé de l'isle Dieu, a établi la fondation du chapelet, qui doit être dit dans l'église St Sauveur de l'Isle Dieu, à une heure après midi, ou à l'heure que M. le curé jugera la plus convenable, à haute voix, par deux pauvres de la par^{sse} nommés par M. le curé, auxq^{els} il sera donné chaq^{ue} j^r chacun un sol, qui fait 14 sols par semaine, confor^t à l'acte de fondation du 14 8bre 1668, et ratifié devant Pierre Laurens et Jacque Dravillard, n^{res} à l'Isle Dieu, le 10 7bre 1670, y *recours et autres actes faits en ju^el 1688 qui sont dans les archives de l'église et po^r soutenir et exécuter la d^te fon^on, le d^t Sr Angot a donné plusieurs pièces de terre aux pauvres, qu'il a acquis comme il appert par les con^ts et notamment par con^at passé devant Barbar, not. au cha^et de Paris, le 10 ju^et 1686, des quelles terres le dit Sr Angot en a donné moitié aux pauvres de l'Isle-Dieu p^r l'exécution de la fon^on et l'autre moitié à l'église de l'Isle-Dieu po^r exécuter une fondation de trois messes ; une le jour de St Louis et de^x dans l'octave de la Toussaint, à perpétuité, tant pour lui que pour parents et autres trépassés.*

Les prescriptions de cette fondation ne sont plus exécutées.

M. Simonneau, dans la notice indiquée ci-dessus, nous a révélé l'existence d'un établissement hospitalier fondé par Madeleine Mangot, dame de l'Ile-d'Yeu, veuve de Messire Jean-Claude de Rochechouart, chevalier, comte de Tonnay-Charente, à la sollicitation du sénéchal François Guillon. Cet établissement prit le nom d'Hospice de la Charité. Il était tenu par les sœurs du Tiers-Ordre de Saint-François. Converti plus tard en caserne, il servit, jusqu'en 1815, de logement à d'anciens soldats et fut démoli en 1818.

Malheureusement M. Simonneau ne nous dit pas à quelles sources il a puisé ces renseignements, et il ne nous indique pas non plus à quelle date Madeleine Mangot fonda, au Bourg de l'Ile-d'Yeu, l'hospice dont il s'agit. Nous verrons plus loin, au chapitre des seigneurs de l'Ile-d'Yeu, que Madeleine Mangot acheta la seigneurie de cette île le 6 septembre 1659. D'un autre côté, en nous reportant à la liste des gouverneurs, lieutenants et sénéchaux de l'île, publiée par M. de Sourdeval ([1]), nous voyons que

---

([1]) *Ann. de la Soc. d'Émul.*, 1re série, XIV, p. 295.

François Guillon (et non Guillos) fut sénéchal à partir du 1er mai 1677. Ce serait donc postérieurement à cette date qu'aurait été fondé l'Hospice de la Charité.

Les titres de fondation de cet hospice et de la chapelle de Notre-Dame de la Blanche, ainsi que d'autres titres féodaux, avaient été déposés, le 5 frimaire an Ier, au greffe de la municipalité de l'île. Ils ont été brûlés le 25 messidor an II, en vertu de la loi du 17 juillet 1793 (¹).

Lors de la vente de la seigneurie de l'Ile-d'Yeu au roi, le 11 février 1785, la famille de Rochechouart de Mortemart avait réservé un terrain appelé *Lausiné* (²), situé au sud de l'église du Bourg, contenant cour, jardin, chambre et, en outre, un petit jardin appelé **Versailles**, situé à l'extrémité du Bourg, du côté de l'est. Les cédants avaient l'intention d'employer ces terrains au logement des sœurs de charité « dont l'établissement, dit l'acte, était projeté, à l'Ile-d'Yeu, depuis plusieurs années. » Mais, comme on le verra plus loin, au chapitre des seigneurs, l'acte de vente ne fut pas exécuté ; les domaines de la famille de Rochechouart de Mortemart furent confisqués et vendus comme biens nationaux, et les intentions du dernier seigneur de l'Ile-d'Yeu ne purent être réalisées.

Nous avons vu (p. 88) que l'église de Saint-Sauveur du Bourg faisait partie des cinq églises données, en 1040, à l'abbaye de Saint-Cyprien de Poitiers. C'est donc à une époque antérieure à cette date qu'il faut faire remonter la fondation de cette église, qui appartient au style gothique. C'est le plus ancien monument de l'île qui ait résisté à la tourmente des siècles.

Sa flèche en charpente, haute de 17 mètres, formant une pyramide tronquée à huit faces, porte, sur son sou-

---

(¹) *Ann. de la Soc. d'Émul.*, 1882, p. 125.

(²) *Ibid.*, 2e série, II, p. 173.

bassement, le millésime de 1774. C'est, en effet, à cette époque qu'elle fut élevée sur la demande des Chambres de commerce de Bordeaux et de Nantes, qui contribuèrent au paiement des frais ([1]). Sous le premier Empire, un balcon régnait tout autour du clocher. Au sommet de celui-ci se trouvait un mât qui servait de sémaphore pour correspondre avec Saint-Jean-de-Mont, sur le continent, et signaler les navires ennemis qui passaient au large ([2]).

Cependant, la nef elle-même était en très mauvais état ; elle fut démolie et reconstruite vers 1859. On fit disparaître aussi, à cette époque, quelques masures qui se trouvaient trop rapprochées. L'ancienne chapelle attenante à l'église a été conservée ; c'est perpendiculairement à celle-ci qu'a été construite la nouvelle chapelle, dédiée à la Vierge et dont j'ai parlé à la page 89.

En 1848, le clocher menaçait ruine et l'administration des ponts et chaussées, qui en avait la surveillance, manifesta l'intention de le détruire sans le rééedifier. Mais il fut facile de démontrer l'importance du pauvre clocher qui, depuis tant d'années, servait d'*amers* pour la navigation autour de l'île. Le clocher fut donc réparé ; mais le balcon disparut.

Autour de l'église, se trouvaient, autrefois, deux cimetières, l'un au sud-ouest, nommé le *Prioust,* l'autre au nord-est, appelé le *Petit-Cimetière.* Ce dernier était entouré de murs, et là, le dimanche, on avait pris la singulière habitude de se réunir pour causer d'affaires et régler ses intérêts. C'est à l'angle nord de ce petit cimetière, un peu en dehors de ses limites et sur un terrain vague, que

---

([1]) M. Simonneau, *Ann. de la Soc. d'Émul.,* 1882, p. 125.

([2]) Notes de M. Auger.

se trouvaient les bois de justice dont il sera parlé ci-après,
au chapitre VII.

Lorsqu'on a construit, en 1858, le chemin vicinal n° 1,
qui va du Bourg au Sémaphore, on a démoli le mur d'enceinte du Petit-Cimetière dont on a, en même temps, ni-
velé le sol. Pendant ces travaux, on a découvert des fosses
garnies, sur leurs quatre côtés, de pierres plates posées
de champ et contenant de grandes quantités d'ossements.
Une de ces tombes collectives, presque intacte, se voit,
encore aujourd'hui, tout près de l'église, du côté du nord-
est, et contient même, paraît-il, quelques ossements. Les
cadavres y étaient placés les uns au-dessus des autres.

A l'angle ouest de l'église, on a trouvé un autre genre
de sépulture. Ce sont des tombes moins grandes, formées
de tuiles à rebords. Chaque tuile a 0^{m}31 de longueur,
0^{m}29 de largeur et 0^{m}02 de rebord dans la partie interne.
(V. ci-dessus, p. 49, les hypothèses émises au sujet de
l'origine de ces tuiles.)

L'église du Bourg a été érigée en succursale par
ordonnance royale du 24 juin 1844 [1] et par décision
épiscopale de la même année. Son titre curial, qu'elle
possédait depuis tant de siècles, fut alors attribué à
l'église du Port-Breton (actuellement Port-Joinville) construite en 1829. Depuis une dizaine d'années elle ne servait plus que comme simple chapelle de secours.

---

[1] Pouillé du diocèse de Luçon, par l'abbé Aillery, p. 20.

CHAPITRE VI

Les seigneurs de la Garnache et de l'Ile-d'Yeu.

I

L'Ile-d'Yeu, l'ancienne Oia, a dépendu autrefois du pays de Retz, ensuite du comté d'Herbauges ([1]). Mais l'histoire des premiers siècles de l'ère chrétienne est muette en ce qui concerne l'état politique et social de l'île. Les seuls documents qui nous soient parvenus, les traditions qui se sont conservées dans la mémoire de ses habitants au sujet de cette période éloignée, ne se rapportent qu'aux missionnaires chrétiens ou aux monuments religieux élevés sur son sol. Encore ces fragiles indices ne remontent-ils guère au-delà du VIIe siècle. Nous avons développé cette matière dans le chapitre précédent, pour suivre l'ordre chronologique des faits les plus anciens. En effet, l'histoire des seigneurs ne commence à se dessiner que plus tard; et comme les relations de ces seigneurs avec les établissements religieux de l'île sont mal connues et mal définies dans les premiers siècles, il nous a semblé préférable d'étudier d'abord cette période, presque légendaire, avant d'aborder ce qui peut être considéré comme le domaine propre de l'histoire.

Sous le rapport féodal, l'Ile-d'Yeu relevait de la vicomté de Thouars, dont le territoire comprenait la plus grande partie du Poitou. Elle faisait partie de la seigneurie de la Garnache, qui s'étendait sur l'Ile-d'Yeu, Beauvoir, l'île de Mont et une partie des îles de Noirmoutier et de

---

([1]) Joussemet, p. 15.

Bouin. Plus tard, l'île d'Yeu forma une seigneurie particulière, relevant directement de la seigneurie de la Garnache.

La Garnache forme, aujourd'hui, une commune du canton de Challans, arrondissement des Sables-d'Olonne. Elle est située à environ 6 kilomètres de Challans et compte 3,165 habitants, dont 455 au chef-lieu.

J'ai établi la succession des titulaires des deux seigneuries de la Garnache et de l'Ile-d'Yeu, en grande partie, d'après l'excellent travail publié dans cet *Annuaire* (¹) par notre regretté confrère, M. Mourain de Sourdeval, et aussi d'après l'*Histoire généalogique et chronologique* du Père Anselme, qui se trouve à la bibliothèque de la Roche-sur-Yon. J'ai divisé cette liste en deux paragraphes se rapportant, l'un à la seigneurie de la Garnache, l'autre à la seigneurie directe de l'Ile-d'Yeu.

§ 1er. — SEIGNEURIE DE LA GARNACHE.

A. — MAISON DE LA GARNACHE

Gauthier et Goscelin, ou Josselin, frères,

XIe siècle.

Une charte du cartulaire de Saint-Sauveur de Redon, remontant de 1050 à 1060, nous montre la seigneurie de la Garnache entre les mains de ces deux frères (²).

(¹) 1re série, XIV, pages 288 et suiv. — (²) *Ibid.*, 1re série, XII, p. 218, art. de M. Jules Piet. — Cependant deux autres seigneurs de la Garnache, Arbert et Bérenger frères (V. ci-dessus, p. 87), ont été indiqués, à peu près pour la même époque, par Joussemet et par M. Marchegay.

Pierre Ier,

XIIe siècle.

Fils de Goscelin, d'après M. Simonneau (¹). Marié à
Amiote, avec laquelle il fonda, en 1110, le monastère de
la Lande de Beauchêne, près de Sallertaine (²). Amiote,
devenue veuve, prit l'habit religieux que portait déjà sa
fille Ade, et fit à ce monastère d'autres donations (³).

Pierre II,

XIIe siècle.

Fils de Pierre I, d'après M. Simonneau (⁴). Au commencement du XIIe siècle, il concède au prieuré de la Lande
de Beauchêne, appartenant à l'ordre de Fontevrault, la
dîme du Moulin-de-Mont, et cela avec le consentement
de Gélose, son épouse. Il fonda, en outre, vers 1130,
l'abbaye de l'Ile-Chauvet (⁵).

Pierre III.

Il confirma et étendit les donations faites par son père
et son aïeul. Sa femme, Agnès, fonda, en 1172, dans l'îlot
du Pilier, un couvent de Bernardins auquel elle donna,
entre autres choses, son moutonnage de Bouin, c'est-à-

(¹) *Ann. de la Soc. d'Émul.*, 1883, p. 89. — (²) *Ibid.*, 1883, p. 90.
— (³) *Ibid.*, 1883, p. 90. — (⁴) *Ibid.*, 1883, p. 90. — (⁵) *Ibid.*, 1re série, XIV°, p. 85, article de M. Gallot ; et aussi *Documents sur l'île
de Bouin*, par MM. Luneau et Gallet, p. 65.

dire un droit perçu sur chaque tête de mouton **ou de brebis**. (Luneau et Gallet, *l'île de Bouin*, p. 66.)

Pierre IV,

XIII° siècle.

Fils d'Agnès. Fonda l'abbaye de la Blanche, à Noirmoutier, par une charte de 1205 ([1]). Il faut bien dire que ce n'était là qu'un acte de réparation. Pierre IV s'était emparé de l'île de Noirmoutier au détriment des moines qui l'avaient appelé à leur secours. Se sentant pris de remords, il se retira dans le monastère de l'îlot du Pilier, et c'est alors qu'il voulut, avant de mourir, fonder l'abbaye de la Blanche ([2]). Il mourut en 1206. Il avait eu deux filles, Agnès et Marguerite.

Brient,

Seigneur de Montaigu, XIII° siècle.

Fut seigneur de la Garnache, vers 1220, par son mariage avec Agnès, fille de Pierre IV.

Hugues de Thouars.

D'après M. Jules Piet ([3]) et MM. Luneau et Gallet ([4]), Pierre IV de la Garnache aurait eu pour seules héritières ses deux filles, Agnès et Marguerite. Après la mort d'A-

---

([1]) Dom Lobineau. *Histoire de la Bretagne*, II, p. 389.

([2]) Du Tressay, p. 31, citant l'ouvrage de M. Édouard Gallet : *La ville et la commune de Beauvoir-sur-Mer*.

([3]) *Ann. de la Soc. d'Émul*, 1ʳᵉ série, XII, p. 218.

([4]) *Documents sur l'île de Bouin*, p. 66.

7

gnès, la seigneurie de la Garnache échut à Marguerite. Celle-ci épousa en premières noces Hugues de Thouars, qui mourut en 1229 ; et, en secondes noces, vers 1236, Pierre de Dreux, surnommé Mauclerc ou Pierre de Braine, duc de Bretagne, comte de Richemont, qui se croisa, en 1248, et accompagna le roi Saint-Louis en Terre-Sainte (¹).

Il résulte de tout cela que Marguerite n'était pas la fille de Brient de Montaigu, comme l'a dit M. de Sourdeval (²), mais la belle-sœur de celui-ci, c'est-à-dire la sœur d'Agnès.

C'est également ce que disent MM. Luneau et Gallet (*loc. cit.*, p. 66). Marguerite, qui épousa Hugues de Thouars, était donc bien la fille de Pierre IV. Hugues était puiné de Thouars. Par son mariage avec Marguerite, il reçut en dot la seigneurie de la Garnache. Par un acte de 1225, Étienne, évêque de Nantes, confirma les donations faites par eux dans l'île de Bouin.

Hugues de Thouars devint ensuite vicomte de Thouars, en remplacement de son frère, Aimery V, bien que ce dernier laissât un fils, parce que, d'après l'ordre de succession établi dans cette vicomté, les frères puinés succédaient avant les fils de leur aîné, sans pouvoir, toutefois, rien aliéner, leur droit n'étant qu'une sorte d'usufruit viager. (Luneau et Gallet, *loc. cit.*)

Pierre de Dreux.

Marguerite n'eut aucun enfant de ses deux mariages. Elle mourut en 1241 et transmit en usufruit, à son mari, Pierre de Dreux, la seigneurie de la Garnache.

Celui-ci mourut en 1250 (*Ibid.*)

(¹) Notes manuscrites de M. l'abbé Simonneau.
(²) *Ann. de la Soc. d'Émul.*, 1ʳᵉ série, XIV, p. 289.

B. — MAISON DE BELLEVILLE.

Maurice de Belleville,

Seigneur de Belleville, la Garnache, l'Ile-d'Yeu, l'île de Mont, Beauvoir, partie de Bouin et de Noirmoutier.

Maurice de Belleville était le neveu de Marguerite, femme de Hugues de Thouars. Il épousa Létice de Parthenay ([1]). Leur fille, Jeanne de Belleville, fut l'unique héritière des vastes possessions de son père. Elle épousa Geoffroy de Châteaubriant. Des actes de 1270 et 1296, constatent l'existence de Maurice à ces deux dates.

C. — MAISON DE CLISSON.

Olivier III de Clisson.

Marié à Jeanne de Belleville, ci-dessus désignée et qui était devenue veuve de son premier mari. En 1343, Philippe de Valois lui fit trancher la tête parce qu'il le soupçonnait d'entretenir des intelligences avec Edouard III, roi d'Angleterre, lequel soutenait Jean de Montfort contre Charles de Blois.

Sa veuve, irritée, se rejeta dans le parti de Montfort et des Anglais. Elle épousa ensuite, en troisièmes noces, l'anglais Benthley, auquel Edouard III accorda la jouissance des terres et châteaux de Beauvoir, l'Ampan, la Barre, Châteauneuf, Noirmoutier, l'île Chauvet et moitié de l'île de Bouin. Jeanne de Belleville mourut vers 1359.

([1]) Notes manuscrites de l'abbé Simonneau.

Olivier IV de Clisson.

Fils d'Olivier III et de Jeanne de Belleville. Fut créé grand connétable de France à la mort de Du Guesclin, en 1380 ; contribua à la victoire de Rosbecq, gagnée contre les Flamands en 1382 ; fut privé de sa charge en 1392, pendant la démence du roi Charles VI. Il mourut en 1407, à son château de Josselin. Il était d'un caractère violent et cruel ; on le surnommait le *boucher*.

D. — MAISON DE ROHAN (branche aînée).

Alain VIII, vicomte de Rohan.

Le connétable, Olivier IV de Clisson, avait eu, de sa première femme, Catherine de Laval, deux filles : Béatrix et Marguerite(¹). L'aînée, Béatrix, épousa, en 1380, Alain VIII, vicomte de Rohan et de Léon. Elle lui apporta en dot, avec d'autres biens considérables, la seigneurie de la Garnache et le titre de comte de Porrhoët (le plus ancien fief des Rohan), qui se trouvait parmi les titres de la famille de Clisson. La seconde fille, Marguerite, épousa, en 1387, Jean de Châtillon, dit de Bretagne, comte de Penthièvre. Elle fit assiéger le château de la Garnache par le sire d'Aigle, son fils, qui s'en empara en 1419 (²).

(¹) M. de Sourdeval, *La Garnache, Beauvoir et le Perrier*, p. 17 et suiv. Dans ce livre, M. de Sourdeval donne à la fille aînée du connétable le nom de Béatrix, qui est le nom véritable ; mais, dans l'article publié dans l'*Ann. de la Soc. d'Émul.* (1ʳᵉ série, XIV, p. 289), il lui donne le nom d'Alix.

(²) M. de Sourdeval, *La Garnache*, etc., *loc. cit.*

Alain IX de Rohan.

Fils d'Alain VIII et de Béatrix de Clisson. Cette dernière mourut en 1443. Alain IX épousa, en deuxièmes noces, Marie de Lorraine.

Jean II de Rohan.

Fils d'Alain IX et de Marie de Lorraine. Il épousa Marie de Bretagne, fille de François I, duc de Bretagne, et en eut : 1º Jacques, mort sans postérité en 1527 ; 2º Claude, évêque de Cornouailles ; 3º Anne de Rohan.

E. — MAISON DE ROHAN DE GIÉ (branche cadette).

Pierre de Rohan de Gié.

Anne de Rohan, fille de Jean II, épousa, en 1514, Pierre de Rohan, seigneur de Fontenay, troisième fils de Pierre de Royan, seigneur de Gié, maréchal de France, et de Françoise de Porrhoët. Anne de Rohan apporta en dot à son mari les terres de la Garnache, de Beauvoir, de l'Ile-d'Yeu. Celui-ci fut tué à la bataille de Pavie, en 1524. Anne de Rohan mourut en 1530.

René Ier de Rohan.

Dans son testament, daté du château de Blain, Anne de Rohan recommanda ses enfants, encore jeunes, à la reine de Navarre. Celle-ci, en effet, maria la sœur de son mari,

Isabeau d'Albret, avec René, fils d'Anne de Rohan. Isabeau d'Albret était fille de Jean d'Albret, roi de Navarre, et de Catherine de Foix ([1]). René de Rohan fut tué auprès de Metz, en 1552.

Françoise de Rohan, duchesse de Loudun.

Fille de René de Rohan et d'Isabeau d'Albret, grand'tante de Henri IV ; avait épousé Jacques de Savoie, duc de Nemours. Françoise de Rohan appartenait à la religion réformée. Jacques de Savoie obtint du pape et du parlement l'annulation de son mariage avec elle ([2]). Il se remaria alors, le 26 avril 1566, avec Anne d'Este, petite-fille de Louis XII et veuve de François de Lorraine, duc de Guise. Cependant, Françoise de Rohan ne cessait de protester contre l'annulation de son mariage, dont un fils était né. La nouvelle femme de son mari, dans l'espérance de mettre fin à ses récriminations, lui procura, dit le

([1]) M. de Sourdeval, *La Garnache, Beauvoir-sur-Mer et le Perrier,* *loc. cit.*

([2]) « Jacques, duc de Nemours, l'avait épousée, dit le Père Anselme (III, p. 513), *par paroles de présent ;* mais le mariage fut déclaré nul par le pape et cassé, par arrêt du Parlement, en 1566, et leur fils déclaré illégitime. »

Les mariages *par paroles de présent,* usités quelquefois à cette époque, étaient, en réalité, des mariages purement civils. Les parties contractantes qui savaient que, pour un motif quelconque, la bénédiction nuptiale leur serait refusée, se rendaient à l'église en compagnie de témoins et d'un notaire. Après avoir reçu du prêtre le refus de procéder à la célébration de leur mariage, elles requéraient le notaire de prendre acte de ce refus sous l'attestation des témoins et, en outre, de consigner dans l'acte qu'elles se prenaient pour mari et femme. Un arrêt du 4 février 1576 a déclaré valable une union contractée dans ces conditions. Cependant, une ordonnance, datée de Blois, en 1579, défendit aux notaires, sous peine de punitions corporelles, de recevoir des promesses de mariages *par paroles de présent.*

Père Anselme ([1]), l'érection de la seigneurie de Loudun en duché pour elle et pour son fils. Ce dernier mourut sans postérité légitime, et les enfants de Henri de Rohan, frère de Françoise, recueillirent sa succession vers 1604. Après avoir échappé à la Saint-Barthélemy, elle abjura le protestantisme en 1588. Françoise de Rohan, dame de la Garnache, a été la protectrice du célèbre mathématicien Viète, né à Fontenay-le-Comte ([2]).

René II de Rohan.

D'après la notice ci-dessus, empruntée à M. Marchegay, il semble que René II dut être le fils d'Henri de Rohan, frère de Françoise, et fût, par conséquent, neveu de celle-ci. Cependant, d'après un article de M. d'Asis-Gallissans ([3]), René II, serait le frère et non le neveu de Françoise. C'est aussi l'avis de M. de Sourdeval, dans son ouvrage publié à Nantes et mentionné plus haut : *La Garnache, Beauvoir et le Perrier* (p. 17 et suiv.). M. d'Asis-Gallissans dit que René II, duc de Rohan, chef de huguenots, n'habita pas personnellement la Garnache, mais que les gens de guerre, placés par lui dans cette forteresse, firent la *guerre à leur manière*, et que les actes qu'ils se permirent donnèrent lieu à des plaintes adressées à Louis XIII et au duc de Vendôme, le 16 mai 1621. Cependant, le Père Arcère ([4]) dit que René II, « du nom de vicomte de Rohan, » mourut, âgé de 36 ans, à la Rochelle, en 1586.

([1]) *Ann. de la Soc. d'Émul.*, 1re série, X, p. 155, article de M. Marchegay.

([2]) *Ibid.*, M. Marchegay.

([3]) *Ibid.*, M. d'Asis-Gallissans, 1re série, VII, p. 173.

([4]) Le Père Arcère, *Hist. de la Rochelle*, II, p. 59.

Henriette de Rohan.

Nièce de Françoise de Rohan, sœur du duc Henri II de Rohan, d'après M. de Sourdeval (¹) et de Benjamin de Rohan-Soubise, deux célèbres chefs du parti calviniste dans les guerres de 1620 à 1629. Morte en 1624. Henri II de Rohan, dont il est encore question, n'est pas le célèbre duc de Rohan qui, après une vie des plus aventureuses, mourut en 1638, des blessures qu'il venait de recevoir au combat de Rheinfeld et qui était fils de René II et de Catherine de Parthenay (²). Il ne laissa qu'une fille, Marguerite, mariée à Henri Chabot, lequel prit le nom de Rohan-Chabot (³).

Catherine de Parthenay.

Née en 1554. Elle avait épousé en premières noces le baron de Pont-Kuellevé ou Kuélonec, puis le vicomte René de Rohan, dont elle eut le célèbre duc de Rohan. Elle était au siège de la Rochelle où elle déploya un grand courage, bien qu'elle fut alors âgée de 74 ans. Prise par les catholiques, elle mourut prisonnière. Elle était très lettrée, avait traduit une partie des œuvres de l'orateur grec Isocrate, et fait représenter une tragédie. — Elle était dame de la Garnache, du chef de son défunt mari, René II de Rohan. Le partage de la succession de ce dernier fit passer la baronnie de la Garnache à leur plus jeune fille Anne.

(¹) *Ann. de la Soc. d'Émul.*, M. de Sourdeval, 1ʳᵉ série, XIV, p. 289.

(²) Le Père Arcère, *Hist. de la Rochelle*, II, p. 132.

(³) Bouillé, *Diction. d'Hist.*, au mot Rohan.

Celle-ci resta fille, ne voulant ni se mésallier ni épouser un catholique. Après elle, la Garnache et les autres domaines de cette famille, tombée en quenouilles (¹), échurent à sa nièce, Marguerite, dont le mari, Henri Chabot, seigneur de Sainte-Aulaye, prit le nom et les armes de sa femme.

Ainsi, Catherine de Parthenay avait eu trois enfants de son mariage avec René II de Rohan : Henri II (²), qui devint le célèbre duc de Rohan et fut le gendre de Sully ; Catherine, surnommée la belle Catherine, qui épousa, en 1604, le duc des Deux-Ponts, et enfin Anne, dont nous venons de parler. Marguerite, fille du duc Henri de Rohan, était donc bien, en effet, la nièce d'Anne et la petite-fille de Catherine de Parthenay.

Marguerite de Rohan.

Marguerite de Rohan, dont il a déjà été question dans la notice précédente, vendit, le 5 août 1644, à Henri de Guénegaud, moyennant une rente de 15,803 livres 6 sols 4 deniers (³), constituée sur diverses personnes, les terres, seigneuries et baronnies de la Garnache, Beauvoir-sur-Mer, les îles de Mont, Sallertaine, Saint-Urbain et Marches-Communes d'entre Poitou et Bretagne. Marguerite de Rohan n'épousa Henri Chabot, seigneur de Sainte-Aulaye, que l'année suivante, le 6 juin 1645.

(¹) *Ann. de la Soc. d'Émul.*, 1ʳᵉ série, V, p. 17 (Art. de M. Marchegay).

(²) Le Père Arcère, *Hist. de la Rochelle*, II, p. 132.

(³) *Ann. de la Soc. d'Émul.*, 1ʳᵉ série, X, p. 193 (Art. de M. Marchegay).

F. — MAISON DE GUÉNEGAUD.

Henri de Guénegaud.

Secrétaire d'Etat, garde des sceaux, chevalier, vicomte de Semoynes, seigneur du Plessis-Belleville, etc. Il fit ériger la baronnie de la Garnache en marquisat, par lettres du mois de décembre 1652, enregistrées au Parlement et à la Chambre des Comptes, le 10 mai et le 16 juin 1653 [1]. Il vécut jusqu'en 1676.

G. — MAISON DU CHASTEL

Claude Du Chastel.

Devient acquéreur de la seigneurie (marquisat) de la Garnache en 1654 [2]. Il appartenait à l'une des plus nobles familles de la Bretagne. Il avait épousé Yolande, fille de Gabriel, marquis de Goulaines, et de Claude Le Cornulier [3].

H. — MAISON DE RETZ.

Pierre de Gondy,

Duc de Retz, comte de Joigny, marquis de la Garnache, baron de Mortagne et de la Hardouinaye.

Il fut pair de France, général des galères de France et chevalier des Ordres du Roi. Il était né à Paris en 1602 [4].

---

[1] *Ann. de la Soc. d'Émul.*, X, p. 193 et XIV, p. 289.— [2] *Ibid.*, V, p. 172. — [3] *Ibid.*, X. p. 193. — [4] Le Père Anselme, III, p. 899.

Il devint acquéreur de la seigneurie de la Garnache, le 16 août 1675 (¹) et mourut à Machecoul, « en Bretagne » (²), chef-lieu du duché de Retz, le 29 avril 1676. Sa femme, Catherine de Gondy, mariée, par dispenses du pape, à Machecoul, au mois d'août 1633, lui avait apporté, en dot, le comté de Retz. Elle était fille aînée de Henri de Gondy, duc de Retz, pair de France, et de Jeanne de Scépeaux.

Paule-Marguerite-Françoise de Gondy,

Duchesse de Lesdiguières, marquise de la Garnache, comtesse de Joigny, baronne de Mortagne.

Fille du précédent; née à Machecoul le 12 mars 1655, héritière du duché de Retz, épousa, le 12 mars 1675, à Machecoul, Emmanuel de Blanchefort de Bonne de Créquy, duc de Lesdiguières. Elle resta veuve en 1681 et garda, jusqu'à sa mort, en 1716, le titre de marquise de la Garnache (³). Elle laissa comme héritier son parent :

Louis-François-Anne de Neufville,

Duc de Villeroy et de Retz.

Pair de France. D'après M. de Sourdeval (*La Garnache, Beauvoir et le Perrier*) un aveu fut rendu à ce seigneur, le 29 mars 1754, par messire Thomas de Montaudouin, seigneur de Bonnetière, des Bouchauds et autres lieux pour la terre des Bouchauds.

(¹) M. Marchegay, *loc. cit.*

(²) Le Père Anselme, *loc. cit.*

(³) Le Père Anselme, *loc. cit,*

I. — MAISON DU PAS.

Claude du Pas.

Vers 1775, le fils de Louis-François-Anne de Neufville, avait vendu la seigneurie de la Garnache et toute la mouvance au Sr Claude du Pas, chevalier de Saint-Louis, capitaine des chevau-légers de la garde du roi. Claude du Pas mourut en 1781.

Son fils adressa, en 1789, aux membres de la noblesse assemblés à Poitiers, un mémoire où il exposait les empiètements successifs de la royauté contre les droits féodaux. Il se plaignait, en outre, des seigneurs qui l'avaient précédé et qui s'étaient joué de leurs fiefs, en aliénant les terres de Bouin, Noirmoutier et l'Ile-d'Yeu, dont ils avaient cependant conservé la mouvance [1].

Nous allons voir, en effet, dans le paragraphe suivant, comment la terre de l'Ile-d'Yeu est devenue un fief distinct, mouvant de la seigneurie de la Garnache.

§ 2. — SOUS-SEIGNEURIE DE L'ILE-D'YEU.

Les historiens ne sont pas d'accord sur l'époque à laquelle la terre de l'Ile-d'Yeu passa dans la famille de Rieux [2].

La Fontenelle (p. 13) dit qu'elle était possédée, en l'an 1495, par Jean, seigneur de Rieux et de Rochefort, qui la tenait en *paraige* avec son oncle Jean, vicomte de Rohan.

---

[1] M. de Sourdeval, *Soc. d'Emul.*, 1re série, XIV, p. 290.

[2] M. Marchegay, *Ann. de la Soc. d'Émul*, 1re série, X, p. 153.

Il cite, à l'appui de ce fait, un aveu du 30 juillet 1495 à Louis de la Trémoïle, vicomte de Thouars, par Jean, vicomte de Rohan, seigneur de la Garnache et de Beauvoir-sur-Mer. L'aveu se termine en ces termes, qui paraissent, en effet, assez topiques : « Sous laquelle foi et hommage tient de nous, *en paraige ou gariment lignagier* notre très cher et aimé neveu Jean, sieur de Rieux et de Rochefort, le chastel, châtellenie, terre et seigneurie de l'Isle-Dieu (¹). »

On sait que le *paraige*, c'est-à-dire le *parage* était, dans l'ancien droit français, une manière particulière de tenir un fief entre parents. L'un d'eux, le plus âgé, rendait seul foi et hommage au seigneur du fief dominant, et recevait, de son côté, l'hommage des autres parents auxquels il avait concédé des parts d'héritage. Les mots *gariment lignagier* sont probablement pour garnement (garniement) lignager. *Lignager*, dans l'ancien droit, voulait dire qui est de la même lignée. C'était bien le cas de Jean de Rieux, qui était le neveu de Jean de Rohan. Ce texte semble donc trancher la question : en 1495, Jean de Rieux aurait été bien et dûment seigneur de l'Ile-d'Yeu.

Cependant, dans la liste des seigneurs de Rieux, dressée par le Père Anselme (VI, p. 769), le premier qui apparaît, avec le titre de seigneur de l'*Isle-Dieu,* est René de Rieux, dont il sera parlé plus loin, et qui, né en 1540, mourut en 1575.

D'un autre côté, M. Marchegay dit, au sujet de la question qui nous occupe (²) : « D'après les historiens de l'Ile-d'Yeu, cette île aurait été possédée sans interruption,

---

(¹) M. de Montbail, *Notes et croquis,* p. 162, admet aussi cette date de 1495 pour la possession de l'Ile-d'Yeu par la famille de Rieux, et, comme La Fontenelle, il appuie son opinion sur l'aveu du 30 juillet de la même année.

(²) *Ann. de la Soc. d'Émul.,* 1re série, X, p. 153.

de 1495 à 1659, par la famille de Rieux, et, spécialement, par la branche des marquis d'Asserac. Probablement, elle ne fut pas hors de leurs mains pendant une longue période ; mais il est certain que, sous Charles IX, elle était la propriété de Paul Chabot, seigneur de Clervaux, chevalier de l'Ordre du Roi et capitaine de cinquante hommes d'armes de ses ordonnances. Faute d'enfants du mariage de M. de Clervaux avec Jacqueline de Montigny, qu'il avait épousée en 1537, sa succession passa à des collatéraux. Nous en trouvons la preuve dans une lettre écrite le 6 juillet 1572, par la dame de Beauvoir et de la Garnache, de laquelle l'Ile-d'Yeu était mouvante, à son cousin et suzerain, le duc de Thouars. »

La signataire de cette lettre importante est Françoise de Rohan, dont il a été question plus haut. Elle réclamait l'assistance de son suzerain contre les héritiers du sieur de Clervaux, défunt, « qui avait acquis l'île de ses cousins d'Asserac, parageurs, et la voulait dire ne tenir que de Dieu et de l'épée. »

Les prétentions des héritiers du sieur de Clervaux furent écartées. Dans son aveu et dénombrement de la baronnie de la Garnache, rendu le 10 mars 1635, Anne de Rohan, nièce de Françoise, faisait écrire au nombre des fiefs tenus d'elle à hommage lige « la châtellenie et seigneurie de l'Ile-d'Yeu, située en la grande mer Océane, avec toutes et chacunes ses appartenances et dépendances. » (M. Marchegay, *ibid.*)

Ces documents nous montrent bien que la possession de l'Ile-d'Yeu, par la famille de Rieux, a été interrompue pendant le règne de Charles IX, c'est-à-dire entre les années 1560 et 1574, par la possession du sieur de Clervaux et de ses héritiers ; mais elles ne nous apprennent rien sur l'époque à laquelle celui-ci avait acquis l'Ile-d'Yeu des seigneurs d'Asserac et de Rieux, ni quand la famille de Rieux l'avait acquise de la famille de Rohan.

Il résulte aussi d'une ordonnance de Henri II, du 12 mars 1551 ([1]), ·signée à Orléans, que Jean de Rieux, seigneur d'Asserac, était, à cette époque, possesseur de la Châtellenie de l'Ile-d'Yeu. Ce Jean de Rieux était fils de François (le Père Anselme, *loc. cit.*); ce fut lui qui fit ériger en marquisat la terre d'Asserac par le roi Henri III, alors à Lyon, en septembre 1574. Il vivait encore en 1576. Cependant Moreri ([2]) n'attribue pas la seigneurie de l'Ile-d'Yeu à Jean de Rieux. Il dit positivement que le frère cadet de Jean, René de Rieux, né en 1540, mort en 1575, fut seigneur de l'Ile-d'Yeu. D'un autre côté, une ordonnance de Henri III, du 30 janvier 1577 ([3]), s'exprime ainsi : « De la part de notre chere et amée Marguerite de Conan, veuve de notre cher et amé cousin, chevalier de notre Ordre et gentilhomme ordinaire de notre chambre, René de Rieux, en son vivant seigneur de la Feuillée, l'Isle-Dieu, Belle-Isle ; l'une des dames de notre très chère et aimée femme et épouse, etc. »

Là encore, on ne trouve rien de précis pour la question que nous examinons et l'abbé du Tressay dit (p. 33) qu'il ne se charge pas de résoudre cette difficulté. En effet, d'après l'ordonnance de Henri II, Jean de Rieux était seigneur de l'Ile-d'Yeu en 1551 ; or, il mourut en 1576. D'après l'ordonnance de Henri III, ce fut René de Rieux, frère cadet de Jean, qui fut, *de son vivant*, c'est-à-dire avant l'année 1575, seigneur de l'Ile-d'Yeu.

Cependant, rien ne prouve que Jean de Rieux soit resté seigneur de l'Ile-d'Yeu jusqu'à sa mort, en 1576. Il n'y a

---

([1]) Voir le texte de cette ordonnance au chapitre IX ci-après.

([2]) *Grand Diction. histor.;* l'abbé du Tressay, p. 33.

([3]) M. l'abbé Simonneau, dans ses notes manuscrites, 2ᵉ cahiér, donne pour cette ordonnance la date du 8 mai, qui est celle de son enregistrement au Parlement.

peut-être là qu'une lacune dans l'histoire de la maison de Rieux et non une contradiction.

M. de Sourdeval (¹) nous dit qu'il ignore aussi à quelle époque eut lieu l'aliénation de la seigneurie de l'Ile-d'Yeu par les seigneurs de la Garnache, avec réserve de la mouvance sous leur fief principal. « Le premier personnage, dit-il, que nous trouvons en possession de cette sous-seigneurie, est René de Rieux, chambellan du roi, né en 1540, mort en 1575, et cela donne à penser que l'aliénation se fît vers le milieu du XVIᵉ siècle, par la branche cadette de Rohan, pendant la vie de Pierre ou de René Iᵉʳ de Rohan. »

Ainsi, M. de Sourdeval ne tient pas compte de l'aveu du 30 juillet 1495, qui constate que l'Ile-d'Yeu appartenait, à cette époque, à un Jean de Rieux, neveu d'un Jean de Rohan, ni de l'opinion de M. Marchegay (²) qui fait aussi remonter à la même date la possession de cette île par la famille de Rieux.

Cependant, M. de Sourdeval pourrait bien être dans le vrai, car, en comparant l'aveu sur lequel s'appuie La Fontenelle pour maintenir la date de 1495 avec un autre aveu du 30 juillet 1554, transcrit par le greffier du marquisat de l'Ile-d'Yeu, le 5 octobre 1718, à l'occasion du procès de la dame de Tonnay-Charente, dame de l'Ile-d'Yeu, avec le seigneur de la Garnache, il semble que ces deux copies, quoique portant des dates différentes, pourraient peut-être ne se rapporter qu'à un même acte. Elles ont assez d'importance pour que je croie nécessaire de les faire passer, en entier, sous les yeux du lecteur :

(¹) *Ann. de la Soc. d'Émul.*, 1ʳᵉ série, XIV, p. 290.

(²) *Ibid.*, X, p. 153.

1° Pièce imprimée en note au bas de la page 13 de la brochure de La Fontenelle :

« Aveu du 30 juillet **1495** à Louis de la Trémouille, vicomte de Thouars, par Jean, vicomte de Rohan, seigneur de la Garnache et de Beauvoir-sur-Mer : « ..... Naufraiges, bris et adventures de mer..., belles ayves à prendre depuis le bec d'Orrouet et en tirant le long de la couste de l'Isle de Noirmoutiers, du cousté d'entre Bourgneul, Boing et Beauvoir-sur-Mer....., esquelles choses nous avons tout droit de baronnie..... Sous laquelle foi et hommage tient de nous en paraige ou gariment lignagier notre très cher et aimé neveu Jean, sieur de Rieux et de Rochefort, le chastel, châtellenie, terre et seigneurie de l'Isle-Dieux. »

2° Pièce transcrite dans le Mémoire de Mazurier, dont j'ai vu la copie faite par M. David, ancien secrétaire de la mairie de l'Ile-d'Yeu, habitant encore l'île aujourd'hui :

« Autre aveu du 30 juillet **1554**, par lequel Henri II, roi de Navarre, etc., au nom et comme curateur de notre neveu, Henri, vicomte de Rohan, prince de Léon, comte de Porrhoët, baron de la Garnache, Beauvoir-sur-Mer, savoir faisons, etc., que de très haut et très puissant notre très cher et très aimé cousin, François de la Trémouille, vicomte de Thouars, etc. c'est à savoir que la baronnie, château et châtellenie de la Garnache et Beauvoir-sur-Mer, sous laquelle foi et hommage que dessus, tient de notre dit neveu en parage et lignée, notre cher et amé cousin, Jean de Rieux, seigneur d'Asserac, le château, châtellenie et seigneurie de l'Isle-Dieux. »

En dehors de la comparaison de ces deux pièces qui, évidemment, ne sont pas complètes, qui ont été tronquées et modifiées par des copies successives, rien n'est venu ébranler cette date de 1495 adoptée aussi par M. Marchegay, dont l'opinion a pour nous un poids considérable en pareille matière.

Il faut pourtant reconnaître que pour cette date de 1495, les arguments sont faibles et peu nombreux. A partir du milieu du XVI° siècle, nous suivons, à peu près sans interruption, la série des différents titulaires de la seigneurie de l'Ile-d'Yeu. Mais de la fin du XV° siècle jusqu'au milieu du XVI°, nous trouvons plusieurs lacunes.

En attendant de nouveaux éclaircissements, et pour fixer les idées, adoptons donc provisoirement les faits tels qu'ils sont présentés par La Fontenelle et acceptés par M. Marchegay.

Ce sera, par conséquent, à partir de 1495 que la *terre* de l'Ile-d'Yeu aura été détachée du fief principal, la Garnache, avec lequel elle avait fait corps jusqu'à présent et aura été érigée en sous-seigneurie au profit de la famille de Rieux.

A. — MAISON DE RIEUX.

Jean de Rieux, 1495

On ne connaît sur son compte que ce qui résulte de l'aveu du 30 juillet 1495, d'après ce qui a été dit ci-dessus.

B. — MAISON DE CLERVAUX.

Paul Chabot,

Seigneur de Clervaux.

Désigné dans les observations ci-dessus ; puis, plus tard, ses héritiers (1560-1574).

C. — MAISON DE RIEUX D'ASSERAC.

René de Rieux.

On ne sait pas comment la seigneurie de l'Ile-d'Yeu est sortie des mains des héritiers du sieur de Clervaux, à la suite de la contestation élevée, en 1572, par Françoise de

Rohan. Le sieur de Clervaux et ses héritiers ayant prétendu ne tenir leurs droits *que de Dieu et de l'épée*, il est probable qu'il ne s'agissait entre eux et Françoise de Rohan que d'une question de foi et hommage. Mais il n'en paraît pas moins établi qu'à cette époque de 1572 c'étaient les héritiers Chabot et la famille de Rieux qui détenaient l'Ile-d'Yeu.

Cependant, nous avons vu plus haut qu'il résultait d'une ordonnance de Henri II qu'en 1551, l'Ile-d'Yeu appartenait à Jean de Rieux, et d'une ordonnance de Henri III, du 30 janvier 1577, que René de Rieux, frère cadet de Jean, et qui mourut en 1575, était, *de son vivant*, seigneur de l'Ile-d'Yeu. Cette île aurait donc appartenu à la famille de Rieux en 1551 et en 1575, et alors comment, en 1572, d'après la lettre de Françoise de Rohan, appartenait-elle encore aux héritiers du sieur de Clervaux ?

Ces textes contradictoires me paraissent donc, à moi aussi, complètement inexplicables, puisque Françoise de Rohan dit, dans sa lettre du 6 juillet 1572, que le sieur de Clervaux, défunt, « avait acquis l'île de ses cousins d'Asserac, parageurs. » Le sieur de Clervaux ne pouvait, non plus, être vassal ni des d'Asserac ni de Françoise de Rohan, dame de la Garnache, puisqu'il prétendait ne tenir l'île *que de Dieu et de l'épée*. Il y a donc là une lacune difficile à combler, à moins d'admettre que, malgré les prétentions du sieur de Clervaux et de ses héritiers, les d'Asserac étaient restés, à un titre quelconque, et malgré leur cession, les seigneurs fictifs de l'île.

Nous considérerons donc, avec M. de Sourdeval (¹), René de Rieux, chambellan du roi de France et du roi de Navarre, né en 1540, mort le 25 août 1575, comme le pre-

_____

(¹) *Ann. de la Soc. d'Émul.*, 1ʳᵉ série, XIV, p. 290.

mier seigneur de l'Ile-d'Yeu de la nouvelle série que nous allons étudier et pour laquelle les documents sont plus précis et plus concordants.

Ajoutons encore, cependant, que, d'après les notes manuscrites de M. l'abbé Simonneau (3ᵉ cahier), une convention de 1550 fit sortir l'Ile-d'Yeu de la famille de Rohan et la fit passer dans celle de Rieux ; mais il ne nous apprend pas à quelle source il a puisé ce renseignement. Si cela est vrai, ce ne serait pas René, alors âgé de dix ans, qui aurait dû bénéficier de cette *convention*, mais plutôt son père, Jean de Rieux, celui qui fit ériger la terre d'Asserac en marquisat, en septembre 1574.

Mais René de Rieux, né en 1540, mort en 1575, nous paraît d'autant plus devoir être considéré comme seigneur de l'Ile-d'Yeu que sa veuve, Marguerite de Conan, non seulement obtint de Henri III l'ordonnance du 30 janvier 1577, enregistrée au Parlement le 8 mai suivant, mais qu'encore cette ordonnance fut proclamée au prône, à l'Ile-d'Yeu, le 16 juin de la même année, par le vicaire de la paroisse. En outre, le texte de la copie de l'ordonnance, conservé à la mairie de l'Ile-d'Yeu doit être exact, car cette copie est signée Genesté, alors notaire royal à l'Ile-d'Yeu, ce qui donne à ce document un caractère authentique.

René de Rieux est désigné, par le Père Anselme (VI, p. 769), comme seigneur de la *Feillée*, de l'Isle-Dieu et de Belle-Isle. Après sa mort, survenue, comme nous l'avons déjà dit, le 25 août 1575, il fut enterré, dit le Père Anselme, en l'église des Cordeliers de Nantes, où se voit son épitaphe. Sa femme, Marguerite de Conan, était fille de François de Conan, seigneur de Rabestan, maître des requêtes, et de Jeanne Hennequin.

Jean de Rieux,

Marquis d'Asserac.

Fils aîné du précédent. Devint marquis d'Asserac après son oncle, Jean (celui qui avait fait ériger la terre d'Asserac en marquisat, en 1574) (¹). Il avait épousé Jeanne-Hélène de la Motte de Vaucler, dame de la Hunaudaye, veuve de François de Coligny, sire de Rieux. (Le Père Anselme, *loc. cit.*) Il fut tué à Paris en 1595.

René de Rieux,

Marquis d'Asserac.

Fils unique du précédent. Né le 16 août 1592. Il avait environ trois ans lorsque mourut son père. Il se noya, dans le Tibre, à Rome, à l'âge de dix-sept ans, en voulant sauver un de ses pages.

Jean de Rieux,

Surnommé le Jeune.

Oncle du précédent, car il avait le même prénom que son frère aîné, Jean, marquis d'Asserac, qui fut tué à Paris en 1595. Il épousa Suzanne de Rieux, sa cousine (fille de Guy de Rieux, seigneur de Châteauneuf et de Madeleine d'Epinay).

(¹) Asserac (le Père Anselme écrit Accrac), est aujourd'hui le chef-lieu de la commune de ce nom, canton d'Herbignac, arrondissement de Saint-Nazaire; 1,830 habitants.

Jean-Emmanuel de Rieux,

Marquis d'Asserac, comte de Largouet.

Fils du précédent. Gouverneur de Guérande, du Croisic et de Saint-Nazaire. Il épousa, en premières noces, le 20 février 1639, Anne Mangot, fille de Claude Mangot, ancien garde des sceaux de France, en 1616 et 1617, démissionnaire lors de la catastrophe du maréchal d'Ancre [1]. Anne Mangot mourut sans enfants; et alors Jean-Emmanuel de Rieux épousa, en secondes noces, en 1645, Jeanne-Pélagie de Rieux, comtesse de Châteauneuf, vicomtesse de Donges, sa cousine, dont il eut un fils, Jean-Gustave. Il mourut en 1653 [2] ou en 1656 [3].

Cependant, Jean-Gustave ne devait pas hériter des domaines de ses ancêtres. La seigneurie de l'Ile-d'Yeu fut achetée, le 6 septembre 1659, par Madeleine Mangot, sœur aînée d'Anne (première femme de Jean-Emmanuel) et, par conséquent, tante de Jean-Gustave.

D. — MAISON DE ROCHECHOUART - MORTEMART.

Madeleine Mangot,

Veuve d'Aimé de Rochechouart-Mortemart.

Madeleine Mangot qui, comme on vient de le voir, avait acheté la seigneurie de l'Ile-d'Yeu après la mort de Jean-

---

[1] Concini, né à Florence, arrivé en France en 1600, avec Marie de Médicis, femme de Henri IV, acheta le marquisat d'Ancre, fut nommé maréchal de France et fut tué, dans la cour du Louvre, le 24 avril 1617.

[2] D'après l'abbé du Tressay, p. 34.

[3] D'après M. de Sourdeval, *loc. cit.*, p. 291.

Emmanuel de Rieux, son beau-frère, était la seconde
femme d'Aimé de Rochechouart-Mortemart (¹). Celui-ci
était le quatrième fils de René, baron de Mortemart, et de
Jeanne de Saulx-Tavanes. Il fut marquis de Bonnivet et
seigneur de Tonnay-Charente. Il mourut le 1ᵉʳ août 1651.
Madeleine Mangot mourut en 1662.

M. de Sainte-Hermine (page 18) dit que la cession de la
seigneurie de l'Ile-d'Yeu, à Madeleine Mangot, eut lieu en
1659 et nous avons fixé cette date au 6 septembre de cette
année. Or, comme M. de Sourdeval place la mort d'Aimé
de Rochechouart-Mortemart au 1ᵉʳ août 1651, il en résulte,
comme le dit M. de Sainte-Hermine, qu'à l'époque de
cette acquisition Madeleine Mangot était veuve. Cependant, M. de Sourdeval (*loc. cit.*, p. 291) dit qu'Aimé de
Rochechouart-Mortemart fut, par sa femme, seigneur de
l'Ile-d'Yeu. Il est bien à craindre qu'il n'y ait, encore là,
quelque erreur de date.

D'un autre côté, M. l'abbé du Tressay (p. 34) dit que
Madeleine Mangot apporta, en mariage, la seigneurie de
l'Ile-d'Yeu à René de Rochechouart, baron de Mortemart,
seigneur de Tonnay-Charente, etc. M. l'abbé du Tressay
a fait confusion entre Aimé de Rochechouart de Mortemart et le père de celui-ci, René, baron de Mortemart,
dont Aimé était le quatrième fils. M. de Sainte-Hermine
dit, comme M. de Sourdeval, que Madeleine Mangot était
la femme d'Aimé et non de René.

Jean-Claude de Rochechouart-Vivonne,

Comte de Tonnay-Charente.

Fils d'Aimé et de Madeleine Mangot; était comte de
Tonnay-Charente du chef de son père, et seigneur de l'Ile-

(¹) Le Père Anselme, VI, p. 538.

d'Yeu et d'Orgères du chef de sa mère. Il épousa Marie Phélippeaux, fille de Louis, seigneur de la Trillière, comte de Saint-Florentin, secrétaire d'État. Jean-Claude de Rochechouart mourut colonel du régiment d'infanterie de marine, en janvier 1672.

Jules-Armand Colbert,

Marquis de Blainville.

Il devint seigneur de l'Ile-d'Yeu par son mariage, le 25 juillet 1662, avec Marie-Gabrielle de Rochechouart, dame de Tonnay-Charente, Orgères, etc., fille unique du précédent. Jules-Armand Colbert fut grand-maître des cérémonies de France, colonel du régiment de Champagne, lieutenant-général des armées du roi, puis gouverneur et commandant de la ville d'Ulm, en Bavière, où il mourut des blessures qu'il avait reçues à la seconde bataille de Hochstæd, le 13 août 1704. Sa veuve fit ériger l'Ile-d'Yeu en marquisat en 1710 (¹).

Jean-Baptiste de Rochechouart,

Comte de Maure.

Comme le précédent, il devint seigneur de l'Ile-d'Yeu par son mariage. En effet, il épousa, le 26 mai 1766, sa cousine, Anne-Marie Colbert de Blainville, et reçut d'elle les titres de marquis de Blainville, de seigneur de l'Ile-d'Yeu et d'Everly, de baron de Bray-sur-Seine. Il fut particulièrement connu sous le nom de comte de Rochechouart. Il était né le 25 octobre 1682. Il fut d'abord

(¹) La Fontenelle, p. 14.

capitaine au régiment de Champagne, ensuite colonel du régiment de Béarn, en 1702, puis du régiment Dauphin, en 1704. Il servit à la tête de ce régiment au siège de la ville et du château de Nice, et entra par la brèche. Il servit encore, la même année, au siège de Turin et fut fait prisonnier à l'attaque des lignes. Il se retira du service au mois d'avril 1710. Il était, en 1713, surintendant des mines et minières de France.

Jean-Victor de Rochechouart,

Comte de Mortemart.

Fils du précédent. Né à Paris le 30 octobre 1712 ; colonel du régiment de Dauphiné ; épousa, le 10 février 1733, Éléonore-Gabrielle-Louise-Françoise de Crux, sa cousine, fille unique d'Armand-Gabriel de Crux, marquis de Montaigu, de Vieillevigne, du lac de Grand-Lieu, seigneur des châtellenies de Touvois et Saint-Étienne, Saffré, Rocheservière, Bois-Rouault, le Plessis, Loudrières etc., et d'Angélique-Marie-Damaris-Eléonore Turpin de Crissé.

Victurnien-Jean-Baptiste-Marie de Rochechouart,

Duc de Mortemart.

Fils aîné et principal héritier noble de Jean-Victor de Rochechouart. Il était duc de Mortemart, pair de France, d'après le texte de l'acte de vente de la seigneurie de l'Ile-d'Yeu au roi, en date du 11 février 1785. « L'Ile-d'Yeu, dit cet acte, a été abandonnée à mon dit seigneur, duc de Mortemart, par acte passé devant Mᵉ Boulard, l'un des notaires soussignés, le 2 janvier 1785, contenant partage des biens de la succession de T. H. et T. P. seigneur Jean-

Victor de Rochechouart, son père » (¹). La vente était consentie pour la somme d'un million de livres. L'acte rappelle que l'île est sous la mouvance de la seigneurie de la Garnache et qu'elle est vendue avec ses *droits et devoirs* (²); d'où il résulte que, en achetant la sous-seigneurie de l'Ile-d'Yeu, le roi devenait le vassal du sieur Du Pas, marquis de la Garnache et capitaine des chevau-légers de sa garde (³).

Le million stipulé pour la vente de l'Ile-d'Yeu n'a jamais été payé. La Révolution confisqua les domaines de la famille de Rochechouart de Mortemart et les fit vendre comme biens nationaux (¹).

M. de Sourdeval cite un autre fils de Jean-Victor de Rochechouart : Victor-Gabriel, né à Paris le 21 mai 1734.

Or, il résulte de l'acte de vente ci-dessus que Victurnien-Jean-Baptiste-Marie, qui consentit cette vente au roi, était le *fils aîné* et principal héritier noble de Jean-Victor de Rochechouart. Cependant, comme Jean - Victor de Rochechouart s'était marié le 10 février 1733 et que son fils, Victor-Gabriel, était né le 21 mai 1734, il semble impossible que son autre fils, Victurnien-Jean-Baptiste-Marie, fût l'aîné. D'un autre côté, Jean-Victor, qui était né le 30 octobre 1712, se trouvait avoir moins de 21 ans à l'époque de son mariage, le 10 février 1733 ; ce qui rend encore moins vraisemblable l'hypothèse d'après laquelle Victurnien-Jean-Baptiste-Marie aurait été son fils aîné.

(¹) *Ann. de la Soc. d'Émul.*, 1ʳᵉ série, XIV, p. 293, et 2ᵉ série, II, p. 173. — Jean-Victor existait encore en 1765, car c'est en son nom que fut dressé, le 11 juillet de cette année, un procès-verbal de règlement de *mesures à bled*, à l'Ile-d'Yeu. (*Ibid*, 1878, p. 234.)

(²) On verra au chapitre VIII ci-après ce qu'étaient les droits seigneuriaux à l'Ile-d'Yeu.

(³) M. de Sourdeval, *Ann. de la Soc. d'Émul.*, 1ʳᵉ série, XIV, p. 293.

(⁴) *Ibid..* p. 294.

Cependant, c'est bien ce Victurnien qui consentit la vente au roi. Tout le monde est d'accord sur ce point. Il en résulterait, par conséquent, que M. de Sourdeval a dû commettre une erreur au sujet de la filiation de Victor-Gabriel, né à Paris le 21 mai 1734 ([1]).

Il y a sans doute une lacune dans les documents fournis à ce sujet, par M. de Sourdeval.

En effet, il résulte de l'acte de vente au roi, en 1785, 1° que les décès de Jean-Victor et d'un autre Rochechouart, Victurnien-Henri-Elzéar, vicomte de Mortemart, ont eu lieu avant le 2 janvier 1784, puisqu'il s'agit de l'inventaire et du partage de leur succession ; 2° que Jean-Baptiste, comte de Rochechouart (v. ci-dessus, p. 120), et sa femme, Anne-Marie Colbert de Blainville, auraient existé à la date du 10 juillet **1787** (il y a là, évidemment, une faute typographique, l'acte étant de 1785), puisque c'est à cette époque qu'ils auraient acheté le moulin de l'Ile-d'Yeu. En effet, Jean-Baptiste, mari d'Anne-Marie Colbert de Blainville, était né, comme on l'a vu plus haut, le 25 octobre 1682. Il ne pouvait donc s'agir de lui et de sa femme en 1787.

La famille de Rochechouart-Mortemart a protesté contre la confiscation de ses domaines et revendiqué les conséquences de l'acte de vente au roi du 11 février 1785, et notamment les deux terrains expressément réservés par eux et appelés le Lausiné et Versailles ([2]). Sous le gouvernement de Juillet et en 1848, elle a été déboutée de sa demande. (M. de Sourdeval, *loc. cit.*)

([1]) M. de Sourdeval, *Ann. de la Soc. d'Émul.*, 1re série, XIV, p. 292.

([2]) « Mes dits seigneur et dame, duc et duchesse de Mortemart, « entendent vendre au domaine de la couronne généralement toutes « les terres et maisons qu'ils possèdent dans l'Ile-d'Yeu, sous la ré- « serve, seulement, d'un terrain appelé *Lausiné*, situé au sud de « l'église, contenant cour, jardin, chambre, clos de terre labourable,

La confiscation des biens de la famille de Rochechouart-
Mortemart ne pouvait être susceptible d'aucun recours,
car elle avait eu lieu en vertu de textes législatifs (décrets
et instructions de l'Assemblée nationale des 14 et 31 mai,
25, 26 et 29 juin, 9 juillet 1790) qui, si injustes qu'ils fussent,
n'auraient pu être renversés que par d'autres dispositions
législatives. Or les ventes de biens nationaux ont été main-
tenues et garanties par les différents gouvernements qui
se sont succédé depuis Les demandeurs ne pouvaient,
tout au plus, obtenir qu'une indemnité ; mais, malgré les
recherches que j'ai faites aux Archives du département,
il ne paraît pas qu'ils aient été compris dans la réparti-
tion du milliard des émigrés.

Les pièces constatant les formalités relatives à la vente
des domaines de la famille de Rochechouart-Mortemart
m'ont paru assez intéressantes pour être reproduites ici.
On verra que cette vente n'a rapporté à l'Etat qu'une
somme de 68,875 livres. C'était peu pour un domaine
vendu un million. Ces pièces contiennent, en outre, ce
qui concerne la vente de la cure de l'Ile-d'Yeu. Les biens
de la cure, estimés 4,191 livres, furent vendus 7,500.

« et un petit jardin, appelé *Versailles*, situé à l'extrémité du Bourg
« de l'Ile-d'Yeu, du côté de l'est, le tout acquis par mon dit seigneur,
« duc de Mortemart, par contrat passé devant Me Flandres, qui en a
« la minute, et son confrère, notaires à l'Ile-d'Yeu, le 26 août 1779 ;
« dans l'intention d'employer le terrain au logement des sœurs de
« Charité, dont l'établissement est projeté, à l'Ile-d'Yeu, depuis plu-
« sieurs années, ainsi qu'il a été dit dans le dit contrat. » (*Ann. de
la Soc. d'Émul*, 2e série, II, p. 174.)

M. de Sourdeval ajoute, en outre, à propos de ce passage de l'acte
de vente de 1785 :

« Cette fondation est un adieu touchant des Mortemart à leur ancien domaine. »

1re Affiche (imprimée en partie sur l'original).

<table>
<tr><td>CANTON
et
MUNICIPALITÉ
de
L'ISLE-DIEU
—</td><td>DÉPARTEMENT DE LA VENDÉE
———
DISTRICT DES SABLES-D'OLONNE
———
VENTES DE DOMAINES NATIONAUX
———</td></tr>
</table>

En conséquence de l'arrêté du Directoire du district des Sables, il sera procédé :

Le *vendredi 13 mai 1791, 9 h. du matin* ('), à l'hôtel de l'Administration, aux Sables, en présence de deux commissaires de la municipalité de *Lisle-Dieu*, à la réception des premières enchères au-dessus de *4,191*, pour l'aliénation *des domaines nationaux dépendants ci-devant de la cure de Lisledieu, consistant en terres labourables, prés, luzernières et 60 à 70 boisselées de terres incultes.*

Et, le *même jour, 10 heures du matin*, au dit hôtel de l'Administration, en présence de deux commissaires de la municipalité de *Lisledieu*, on recevra les *premières* enchères au-dessus de la somme de *137,959* l. pour l'aliénation *des domaines n^{aux} dépendant de la couronne, situés à Lisledieu, consistant en...*, etc. (Voir le détail à la seconde affiche.)

Fait au Directoire du district des Sables le 27 avril 1791. — Signé : Delange, le jeune, secrétaire du district.

Au-dessous : Aux Sables, imprimerie Ferré.

———

(¹) Les mots en italiques sont écrits à la main sur cette affiche.

2ᵉ Affiche (imprimée en entier sur l'original).

DÉPARTEMENT DE LA VENDÉE

DISTRICT DES SABLES-D'OLONNE

BIENS NATIONAUX A VENDRE

En conséquence de l'arrêté pris par le district des Sables, il sera, en l'hôtel de l'Administration du dit lieu, en présence de deux commissaires de chaque municipalité où les biens sont situés, procédé à la réception des dernières enchères de la vente et adjudication des domaines nationaux ci-après,

Savoir :

CANTON DE L'ISLE-DIEU, — MUNICIPALITÉ DU DIT LIEU.

Le samedi 25 juin 1791, 2 h. du soir.

Au-dessus de l'enchère de la somme de 146,749.

Tous les domaines dépendant de la couronne, situés à l'Isle-Dieu, consistant dans les objets suivants, savoir :

Quatorze boisselées de terre labourable ; plusieurs prés ; la maison, jardin et dépendances, occupée par le Sʳ Verteuil, gouverneur ; un autre jardin, appelé le Grand-Jardin, cinq moulins à vent, neuf fours, ci-devant bannaux ; les droits de terrage au six, sur la majeure partie des terres de l'isle ; la maison, jardin et dépendances occupés par le receveur du domaine ; les cens, rentes et devoirs en bled, argent et volailles sur les domaines de l'isle ; lods et ventes et généralement tout ce qui fait partie des domaines de la couronne en la dite Isle-Dieu.

CANTON, idem. — MUNICIPALITÉ, idem.

Le même jour, 10 h. du matin.

Au-dessus de l'enchère de 4,191.

Les domaines dépendant de la cure de l'Ile-Dieu, consistans en terres labourables, prés, luzernières et soixante à soixante-dix boisselées de terres incultes.

Suivent différentes autres ventes dans d'autres cantons.

3e Pièce. — Vente des domaines dépendant de la cure de l'Isle-Dieu.

25 juin 1791, adjugé à trois acquéreurs au prix de 7,500.

4e Pièce. — Procès-verbal. — Aujourd'hui, vendredi 13 mai 1791, sur les neuf heures du matin, nous, Administrateur du Directoire des Sables, département de la Vendée, à la requête de M. le Procureur général syndic de ce district, en conséquence de l'arrêté pris par le Directoire le 27 avril dernier, et des affiches et publications faites pendant plusieurs dimanches, tant en cette ville des Sables que dans les paroisses de l'Isle-Dieu et autres paroisses circonvoisines, dont plusieurs exemplaires ont été envoyés au département et aux chef-lieux des autres Districts d'icelui, par les quelles il a été annoncé au public qu'il serait, ce jour et heure par nous procédé à la réception des premières enchères de la vente et aliénation des domaines nationaux pour lesquels les sieurs..... ont fait leur soumission le 27 mars dernier.

5e Pièce. — Affiches faites. — Prix, la cure 4,191. — Vente du domaine de la cure de l'Isle-Dieu et de ceux de la couronne de l'Isle-Dieu.

D'après arrêté du 27 avril, 1re enchère au vendredy 13 may.

La-Couronne : 71 boisselées en nature de pré ; 13 boisselées de terre en patureaux ; 14 boisselées de terres labourables, un jardin, appelé le Grand-Jardin, une maison.

Estimation : 146,759 livres.

Personne ne se présente pour enchérir.

25 juin 1791, estimation : 16,200 livres.

6e Pièce. — Procès-verbal d'estimation du 13 avril 1791, à l'*Iledieu*, par l'expert Jacques Raballant, nommé par le Directoire du District des Sables. Estimation des biens dépendant ci-devant du domaine de la couronne, montant à 137,959 livres, d'un revenu de 6,939 livres.

4 mai 1791, autre procès-verbal d'estimation de Raballant, idem, domaine de la couronne pour les anciens droits de rentes, lods et ventes, fours banaux, etc., 8,800 livres, revenu 582 livres 10 sols.

Soumission des acquéreurs en date du 27 mars 1791.

Procès-verbal de 1re enchère, 13 mai 1791.

Total des deux estimations pour la couronne (droits seigneuriaux et immeubles), 146,759,

Personne ne se présente ; et le samedi 25 juin vente définitive, à l'exception de tous les droits de terrage, de la maison occupée par le régisseur, avec son jardin, grange, grenier à battre le bled nécessaire à l'exploitation des dits terrages ; ensemble tous les droits de cens, rentes, lods et ventes et autres droits incorporels dont la vente est suspendue par le décret de l'Assemblée nationale du 9 mars 1791. La valeur est fixée, d'après les procès-verbaux d'estimation des 13 avril et 4 mai, à la somme de 16,209 livres et le prix de vente s'élève à 31,000 livres.

Diverses pièces. — Autres ventes de biens provenant de la couronne (extraits de ces pièces).

5 Vendémiaire an IV : La Grange, comprenant un bâtiment situé au Bourg, consistant en un bâtiment et une portion d'aire 8,100 livres.

Même date : La maison du receveur, avec ses dépendances, où le ci-devant receveur faisait sa demeure, 10,700 livres.

Sans date : 1º le Grenier-Neuf, au Bourg, et portion d'aire touchant à la Grange : 10,975 livres ;

2º Le Vieux-Grenier, au Bourg, estimé 720 livres, vendu 8,100 livres

En ajoutant toutes ces sommes, on trouve que la vente des biens de la famille de Rochechouart-Mortemart, déduction faite des droits seigneuriaux, s'est élevée à la somme totale de 68,875 livres.

En vertu d'un arrêt du Conseil d'Etat, du 30 septembre 1788, dont M. Auger possède une expédition, cinq moulins seigneuriaux devaient être mis en adjudication. On doit voir là, sans doute, une preuve de l'intention du gouvernement de Louis XVI d'exécuter la vente du 11 février 1785. Mais il ne paraît pas que ces moulins aient été aliénés à cette époque antérieure à la Révolution, car on les retrouve compris dans le procès-verbal du 13 mai 1791.

II

La possession de la seigneurie de la Garnache fut interrompue par de graves évènements, en l'année 1360. Cette seigneurie, qui, comme on le sait, comprenait l'Ile-d'Yeu dans son territoire, appartenait, alors, au connétable

Olivier IV de Clisson. Elle fut cédée par le roi Jean au roi d'Angleterre, Édouard III, — avec l'Aquitaine et le Poitou, dont elle faisait partie, — en vertu du malheureux traité de Bretigny, du 8 août 1360. « Le fief de Thouars, dit Jean Bouchet (*Annales d'Aquitaine*, p. 209), faisait partie de cette cession. La seigneurie de la Garnache, on le sait aussi, relevait de la vicomté de Thouars. La Garnache, et par conséquent l'Ile-d'Yeu, devinrent donc possession anglaise.

Il résulta de cette situation que l'Ile-d'Yeu fut attribuée, avec la Garnache, à un personnage anglais nommé Robert Knoll, qui garda ce fief pendant huit ans, jusqu'en 1368, époque où il le céda à un autre anglais, Richard de Gunay ou de Grené. Celui-ci le conserva jusqu'en 1392, et le céda alors à Guy de la Trémoïle, vicomte de Thouars.

Guy de la Trémoïle, qui avait épousé Marie de Craon et de Sully, fille de Louis, seigneur de Sully, et d'Isabeau de Craon, aurait, dit-on, achevé la construction du château de l'Ile-d'Yeu (¹).

La possession de l'Ile-d'Yeu par Robert Knoll et Richard de Grené a donc eu lieu pendant que le connétable Olivier IV de Clisson et Alain VIII de Rohan étaient seigneurs de cette île, en leur qualité de seigneurs de la Garnache.

Robert Knoll ne semble avoir laissé dans l'île aucune trace de sa domination. On ne sait même pas s'il y aborda jamais ; toutefois, il a joué un rôle si important dans notre histoire, qu'il ne sera pas hors de propos de retracer brièvement ici les principales phases de sa vie.

Robert Knoll, dit Canolle, était né vers 1317, dans le comté de Chester (Angleterre). A une époque voisine de

---

(¹) Du Tressay, p. 36, d'après les notes de l'abbé Simonneau.

1358, il était à la tête d'une de ces bandes de brigands qui dévastaient le pays compris entre la Loire et la Seine. En 1364, il prit part au combat des Trente où Bertrand du Guesclin se rendit prisonnier à un écuyer de Jean Chandos. Devenu général d'Édouard III, Robert Knoll avait débarqué à Calais, d'où il ramenait une armée anglaise, en 1370. C'est peu de temps après qu'eut lieu le sac horrible de Limoges où le Prince Noir fit passer au fil de l'épée les femmes même et les enfants. Parti de Calais à la fin de juillet 1370, il avait porté la dévastation dans l'Artois, la Picardie, la Champagne. Après avoir atteint presque les confins de la Bourgogne, il revint vers Paris, brûla Villejuif, Gentilly, Arcueil, Bicêtre, et se rangea en bataille sous les murs de la capitale. Charles V, cédant aux conseils du sire de Clisson, n'accepta pas la bataille, et le fameux routier partit le lendemain, se dirigeant vers le midi, par la Beauce. C'est alors que Bertrand du Guesclin, instamment mandé par le roi, fut fait grand connétable. Il quitta Paris le 20 octobre 1370, avec cinq cents lances, commandées par Olivier de Clisson. Ils suivirent, à la trace, Robert Knoll, qui avait gagné le Maine. Au bruit de l'approche de messire Bertrand, Robert Knoll s'efforça de réunir ses « routes. » Mais les Anglais furent attaqués par surprise et furent battus non loin de la rivière du Loir, près de Pont-Villain. Robert Knoll donna congé à ses hommes et se retira dans son château de Derval, en Bretagne (¹).

En 1373, Robert Knoll, vivement pressé dans Brest par une partie de l'armée française, conclut un accord avec du Guesclin « pour un répit de quarante jours relatif à Brest et au château de Derval. » Mais cet accord ne fut

---

(¹) Le château de Derval, aujourd'hui en ruine, est situé à trois kilomètres du bourg de ce nom, chef-lieu de canton, arrondissement de Châteaubriant (Loire-Inférieure).

pas tenu et Knoll, quittant Brest, se jeta dans Derval où du Guesclin ne tarda pas à arriver avec le duc d'Anjou. Knoll refusa d'exécuter les engagements pris par ses gens et de rendre son château. Le duc d'Anjou fit alors « décoller » les otages de la garnison, malgré les prières de tous les barons qui l'environnaient. Knoll vengea les otages en jetant aux Français les têtes de quatre gentils-hommes prisonniers. Derval ne fut pas pris et l'armée rentra en France à grandes journées, sur les ordres pressants du roi. En effet, le royaume était en proie à une nouvelle invasion anglaise (¹).

Robert Knoll fut grand sénéchal de la Guienne, dont il termina la pacification. Il mourut vers 1406, âgé d'environ 89 ans.

« Robert *Canolles*, dit M. Savary (*Hist. de l'Ile-d'Yeu*), seigneur de *Devouel* (c'est sans doute *Derval* qu'il veut dire), terre et château d'importance, en Bretagne, était seigneur de l'île. » — M. Savary suppose que *Canolles* a amené des Bretons à l'Ile-d'Yeu et que ceux-ci sont partis en même temps que lui, « mais qu'ils ont laissé des noms bretons aux villages d'une partie de l'île. »

Cavolleau (*Statist. de la Vendée*, p. 212) dit aussi, d'après Savary, en parlant de l'Ile-d'Yeu : « Robert *Knolles*, seigneur d'une terre et châtellenie d'importance en Bretagne, y serait descendu avec ses vassaux. »

Il n'y a pas l'ombre d'un indice pour établir que Robert Knoll ait jamais mis le pied dans l'île. Il avait bien autre chose à faire, et c'est bien de lui que Joussemet aurait pu dire :

Suave, mari magno turbantibus æquora ventis,
E TERRA *magnum alterius spectare laborem* (²).

(¹) Henri Martin, *Hist. de France,* V, p. 181 et suiv.

(²) Lucrèce, *De Natur. Rer.* ch. VI. Vers cités par Joussemet dans sa lettre au Père Arcère.

Telles sont les principales données que nous fournit l'histoire sur ce possesseur momentané de l'Ile-d'Yeu. Sa vie aventureuse ne permet guère de supposer qu'il vint jamais visiter ce domaine, et les traditions locales ou les documents historiques n'ont, jusqu'à présent, rien fait connaître à ce sujet.

Quant à Richard de Gunay, ou Grené, personnage plus obscur, les documents ne nous apprennent presque rien sur son compte. Il en est cependant fait mention dans le mémoire sur la mouvance de l'Ile-d'Yeu, transcrit le 5 octobre 1718, par Mazurier, greffier de la cour et marquisat de la dite seigneurie, dont une copie, faite par M. David, m'a été communiquée.

« Le fait est qu'il est bien prouvé, par acte du lundi avant la Pentecôte de l'an 1338, que Richard de Grené était seigneur de l'Isle-Dieu et qu'il tenait la dite île de M. Robert Canolles, seigneur de Derval.

. ... C'est une question de savoir si le dit Richard de Grené tenait la dite isle Dieu du dit Canolles dans le temps qu'il était seigneur de Derval ou si c'était en qualité d'Anglais. »

L'auteur de ces notes en conclut que, dans le premier cas, la terre de l'Ile-d'Yeu aurait dû relever de la seigneurie de Derval, et, dans le second, du roi d'Angleterre.

Nota. — Depuis l'impression de ce chapitre, j'ai reçu de M. le Dr Viaud-Grand-Marais les renseignements ci-après. — La chapelle des Cordeliers de Nantes, — où le Père Anselme dit que René de Rieux, mort en 1575, a été enterré (v. ci-dessus, p. 116), — a disparu depuis longtemps et l'emplacement qu'elle occupait fait, aujourd'hui, partie de l'enclos des Dames de la Retraite, rue du Refuge. Cette chapelle avait été fondée par les seigneurs de Rieux.

On y opéra différentes modifications, en 1742, dans le tombeau du maréchal de Rieux ; et, vers la même époque, le comte de Rieux se fit envoyer par le Père Gardien (supérieur) des extraits mortuaires, épitaphes et documents divers concernant ses ancêtres. Le dernier comte de Rieux a été tué à Auray, après les affaires de Quiberon, malgré le dévouement de Thérèse de Rieux qui s'était vêtue des habits de celui-ci.

M. de la Nicollière, archiviste de la ville de Nantes, a publié sur l'église des Cordeliers de Nantes (Impr. Forest, 1878) un ouvrage dans lequel se trouve reproduite l'inscription mortuaire de René de Rieux. Elle est ainsi conçue :

« 1575. René de Rieux, seigneur de la Feillée, Asserac, Belle-Isle, l'Isle-Dieu, chevalier de l'ordre du roi, son chambellan ordinaire et lieutenant de 100 hommes d'armes des ordonnances de S. M. sous la charge de Mgr le prince de Condé. Décédé à Paris, le 25 août 1575. »

Par son testament, en date du 16 juillet de la même année, il avait ordonné que son corps serait transporté et inhumé dans l'église des Cordeliers à Nantes. — Guillaume Marcel, écuyer, sieur de Maurepas, chargé par Marguerite de Conan, veuve de René de Rieux, de l'exécution du testament de celui-ci, remit au Père Gardien des ornements sacerdotaux, des vêtements d'honneur du défunt et, en outre, certaines sommes d'argent pour des messes.

CHAPITRE VII

Le Vieux-Château.

I

L'antique forteresse désignée sous le nom du Vieux-Château est, très certainement, le monument le plus curieux et le plus imposant de l'Ile-d'Yeu. Placé dans un site sauvage, sur un rocher constamment battu par les vagues agitées de la grande mer, qui l'entoure à marée haute; noyé dans les embruns pendant les tempêtes; mutilé et noirci par les siècles, mais toujours debout, il se dresse, comme un défi aux injures du temps, comme un témoin de l'âge de fer qui lui a donné naissance. Son aspect est sinistre et on est frappé de la hardiesse d'une semblable construction. On songe involontairement à la réclusion des rudes hommes d'armes qui l'habitaient à la fin du moyen-âge et qui sentaient frémir ses murailles, sous les assauts effrayants des vagues démontées, au milieu des sifflements de la rafale. Il ne semble avoir été fait que pour la guerre et l'on ne s'imagine pas facilement qu'il ait pu jamais abriter de douces châtelaines et d'élégantes réunions de la noblesse.

Lors de mon séjour à l'Ile-d'Yeu, je n'ai pas pu visiter l'intérieur du Vieux-Château. Le massif de rochers sur lequel il repose est complètement inaccessible par les moyens ordinaires et il m'aurait fallu tout un outillage spécial pour en opérer l'escalade. Il paraît, qu'autrefois, il était d'un accès plus facile. Quoiqu'il en soit, M. David [1]

---

[1] M. David, dont il a été souvent question ici, est un ancien secrétaire de la mairie de l'Ile-d'Yeu, très attaché à son pays. Il est âgé de 90 ans.

a pénétré, plusieurs fois, dans l'enceinte même de la forteresse et je dois à son obligeance les détails qui vont suivre.

Lorsqu'on se place au sommet du contre-mur dressé le long de la falaise et qui supportait, jadis, un pont-levis, on a devant soi la plus grande façade du château qui regarde l'est. Celui-ci a la forme d'un quadrilatère irrégulier, une sorte de trapèze dont le plus petit côté regarde la mer à l'ouest. Aux quatre angles, sont des tours crénelées, en partie effondrées ; elles avaient environ 25 mètres d'élévation.

L'entrée à laquelle aboutissait le pont-levis ne se trouvait pas au milieu de la grande façade, mais un peu en côté de la tour de gauche, située au sud. Celle-ci contenait un escalier qui conduisait au premier étage ; au rez-de-chaussée, existait une excavation, recouverte d'un plancher actuellement détruit, mais dont on voit encore les traces. La chambre du premier étage était éclairée par deux fenêtres, dont l'une donnait du côté de la Meule, l'autre dans la cour d'entrée. Un autre escalier, pratiqué dans l'épaisseur du mur, conduisait du bas de la tour jusqu'à son sommet.

Entre la tour de gauche (sud) et celle de droite (nord), se trouvait un passage, ménagé dans le mur de la façade, à une certaine hauteur et qui aboutissait à la chambre du premier étage de la tour de gauche. Cette chambre, d'après M. Auger, devait être un corps de garde, car elle communiquait, au moyen de ce passage, avec des bâtiments de logement situés dans la cour, à l'angle formé, de chaque côté de la tour de droite, par les façades est et nord. Ces logements étaient, sans doute, destinés aux gens de service, car on voit un four à leur extrémité, près de la façade de l'est. A côté du four, se trouvait un petit trou, autrefois garni de plomb, et destiné à contenir de l'eau, sans doute pour le nettoyage du four, à l'aide d'un paquet de chiffons mouillés. Dans la tour de droite, était la cuisine, où l'on voit encore une sorte d'auge ou de cuvette en pierre qui devait probablement servir d'évier.

Si, maintenant, nous nous transportons vers le côté le plus étroit de notre trapèze, c'est-à-dire vers la façade la plus petite et qui est orientée à l'ouest, du côté de la grande mer, nous trouvons, à notre droite, la troisième tour, qui a une forme hexagone. C'était là que résidait, sans doute, le commandant de la forteresse. Elle avait deux et peut-être trois étages peu élevés ; malheureusement, elle est en partie écroulée. Elle contenait, au rez-de-chaussée, une pièce où l'on voit encore les restes d'une cheminée, ce qui a fait supposer à M. David que cet appartement avait dû servir de cuisine. Entre cette tour et la quatrième, se trouve un escalier descendant sur le massif de rochers qui supporte toute la forteresse.

Nous arrivons enfin à la quatrième et dernière tour. Celle-ci est cylindrique, comme les deux tours de la grande façade. A l'endroit où elle se relie à la petite façade de l'ouest, on voit une cheminée dans laquelle est pratiqué un tout petit four, destiné, peut-être, à préparer la poix bouillante et le plomb fondu qu'on faisait pleuvoir sur les assaillants ? A moins que ce ne soit un four à pâtisserie, comme l'excellent M. David l'a supposé ! Cette tour, comme celle du sud de la grande façade, contient, à sa base, une excavation qui était autrefois recouverte d'un plancher. Etait-ce une cave ou un cachot, c'est ce qu'il est difficile de dire aujourd'hui, car le château n'a pas d'histoire ! On pénétrait dans l'appartement muni d'un plancher, au moyen d'un escalier en pierres de huit à dix marches qui partait de la cour. Au-dessus de cette chambre du rez-de-chaussée, se trouve une plate-forme pavée en pierres de taille.

M. David avait, pour le Vieux-Château, une prédilection toute particulière, et, malgré son grand âge, il y fait en-

core de fréquentes visites. Mais c'est surtout il y a une
dizaine d'années qu'il en a examiné minutieusement l'intérieur. Il résulte des détails fournis par lui, que cette antique construction ne pouvait avoir d'autre destination que
celle d'une place de guerre, et qu'elle n'était nullement
disposée pour se transformer en habitation normale en
temps de paix.

Le Vieux-Château est situé dans un repli de terrain que
dominent seules les restes des postes de vigie, placés au
sommet des tours de la façade du sud. Il occupe, ainsi, le
fond d'une petite anse, accessible seulement à des bâtiments d'un faible tonnage

La date de sa construction est incertaine. M. de Sainte-
Hermine, p. 11, croit pouvoir la fixer vers l'année 846, à
peu près à l'époque de la destruction du monastère de
Saint-Hilaire par les Normands. Il est bien vrai que le
château de Noirmoutier a été construit, en 830, par Hilbod (abbé du monastère de Sainte-Marie, qui fut appelé,
plus tard, abbaye Noire), avec le consentement de Pépin,
roi d'Aquitaine, pour mettre l'île à l'abri des incursions
des Normands ([1]). M. Piet en conclut que les moines de
cette abbaye, fondée par saint Philbert, en 674, ont été
seigneurs de Noirmoutier.

Cette interprétation nous paraît tout à fait exacte, et il
est bien probable que si les moines de Saint-Hilaire de
l'Ile-d'Yeu n'étaient pas tombés, les premiers, sous les
coups des Normands, ils eussent fait comme leurs frères
de Noirmoutier, et bâti une forteresse pour protéger l'île.

Mais, eux disparus, qui donc, à cette époque barbare,
aurait pu se charger d'un tel soin et doter les habitants d'un
tel bienfait ?

([1]) *Ann. de la Soc. d'Émul.*, 1ʳᵉ série, XII, p. 217, article de M. Jules
Piet.

La destruction du monastère de Saint-Hilaire ne nous permet donc pas d'admettre l'hypothèse de M. de Sainte-Hermine. Cet auteur fait remarquer, à ce sujet, que le château, grâce à sa situation sur un rocher séparé du sol de l'île, pouvait servir de refuge (¹) aux habitants. Rien n'est plus vrai, mais ce n'est pas là la démonstration d'une date.

M. de Sainte-Hermine trouve un nouvel argument pour sa thèse dans l'existence des souterrains creusés dans la falaise, en face du château et sous le château lui-même. Mais ces souterrains, sur lesquels nous reviendrons plus loin, en décrivant les grottes de l'île (²), n'ont pu être formés que par les vagues ; leur ouverture est située au niveau de la mer, qui s'y engouffre, avec fracas, au moment de la marée montante. Celui qui est placé sous le château est très peu profond, et sa voûte peu élevée est complètement noyée sous les flots, à mer haute. Ils ne pouvaient donc servir de refuge et, dans tous les cas, cela n'ajouterait aucun indice pour la fixation des dates. — M. Savary (p. 22) parle aussi des souterrains du château et il indique même l'un d'eux sous le nom de la Belle-Maison M. de Sainte-Hermine, p. 12, l'appelle la Belle-Chambre ; il ajoute qu'il « paraît avoir été arrangé de main d'homme » et qu'il contient des bancs taillés dans la pierre. Il y a là une confusion évidente, ainsi que je l'ai indiqué, à la fin du chapitre des

______

(¹) Il résulte d'une lettre de 1816, signée Dubourg, capitaine d'artillerie, adressée à la Direction de Nantes, que le château n'était point destiné à servir de prison, mais d'habitation ou de refuge pour les habitants, « car les portes, dit la lettre, au lieu de fermer en dedans, comme pour les prisons, se fermaient en dehors. Ce pouvait être aussi un refuge pour les soldats de la garnison. (Note de M. Auger.)

(²) Voir seconde partie, chapitre VII.

monuments dits druidiques, p. 143. La Belle-Maison ou la Belle-Chambre n'est autre chose que la grotte de l'anse de Ker-Daniau, qui ne contient aucun banc de pierre.

D'un autre côté, le curé Joussemet, qui écrivait en 1755, dit, dans sa lettre au Père Arcère (p. 16) : « La Tour (c'est ainsi qu'il appelle le Château) a été bâtie, il y a 600 ans, par les seigneurs du lieu. » Cela nous reporterait à l'année 1155. Cette hypothèse nous paraîtrait assez séduisante. En effet, l'excellent curé était un esprit sagace et instruit. Quoique la nomenclature des livres de sa bibliothèque (Voir préface à sa lettre, par M. B. Fillon, p. xix) dénotât chez lui plutôt le goût des douces satisfactions de la littérature que le besoin des recherches scientifiques, cependant, les nombreux faits avancés par lui sont empreints d'un tel caractère de sérieuse bonne foi, qu'il est bien difficile de les rejeter à priori. J'avoue que j'ai plutôt une tendance à les admettre, à cause de la confiance que m'inspire cet homme de bien.

Cette date de 1155, c'est-à-dire le milieu du XIIᵉ siècle, nous reporterait aux époques de Pierre II ou Pierre III, seigneurs de la Garnache, sur lesquels nous ne possédons que les plus vagues informations.

Cependant, on lit imparfaitement, même avec une lorgnette, sur un des créneaux (^{1}) de la tour située à gauche de l'entrée du pont-levis, deux dates incomplètes ainsi disposées : $\dfrac{1\ 27}{1\ 96}$. Le second chiffre de chacune de ces deux dates est presque entièrement effacé et paraît malheureusement indéchiffrable. En effet, M. Auger, qui, sur

---

(^{1}) Voici la position exacte de cette inscription. Elle est gravée sur la pierre inférieure du créneau du machicoulis formant le jambage nord de la fenêtre qui éclaire l'escalier de cette tour ; à gauche, dans l'angle de la tour, se trouve une gargouille assez bien conservée.

ma prière, a bien voulu examiner, récemment, cette inscription avec le plus grand soin, n'a pu arriver à une solution satisfaisante. Ce second chiffre, d'après lui, ne pourrait être un 1, car les parties supérieures et inférieures, qui en restent, paraissent contournées en sens contraire, dans la forme d'un S, dont le milieu aurait disparu ; et, même dans la date 1 96, on ne distingue guère que la portion inférieure du second chiffre.

M. Simonneau, dans ses notes sur l'Ile-d'Yeu, qui ont été, en partie, copiées par M. David, prétend, au contraire, qu'on distingue les dates $\frac{1327}{1396}$, et en conclut que le château ne dut pas appartenir à Gilles de Retz, né en 1396, à moins que celui-ci n'en fut devenu possesseur, plus tard, par son mariage, en 1420, avec Catherine de Thouars, princesse de Chabanais, baronne de Confolens. En effet, rien n'est moins probable. Gilles de Retz, le fameux Barbe-Bleue, de sinistre mémoire, et dont les crimes monstrueux ont été racontés en détail par Guérinière (¹), ne s'occupait guère à bâtir ou à restaurer des châteaux, car, pour subvenir à ses dépenses prodigieuses, il était obligé de vendre une partie de ses im-

______

(¹) *Hist. du Poitou;* Poitiers, Fradet, 1840, II, p. 166. Voir aussi : *Docum. sur l'île de Bouin,* par MM. Luneau et Gallet, p. 89. — La Maison de Thouars, à cette époque, ne possédait pas *directement* la seigneurie de la Garnache ; elle n'y avait qu'un droit de suzeraineté. Du reste, Catherine n'avait apporté en dot, à Gilles de Retz, que : Pouzauges, Tiffauges, Chabanais et Confolens. Il était lui-même, à cette époque, seigneur de Machecoul, Pornic, Saint-Etienne-de-Mer-Morte, Prigny, l'île de Bouin, Vue, la Verrière, Princé, Chemillé, Fontaine-Milon, la Mothe-Achard. Il était né en 1404, au château de Machecoul. Il devint maréchal de France. Poursuivi pour ses crimes et arrêté, dans son château de Tiffauges, le 10 avril 1440, il fut condamné à mort et exécuté dans la prairie de la Madeleine, près de Nantes, le 27 octobre de la même année, en présence d'une foule immense.

menses domaines. Du reste, l'Ile-d'Yeu faisant partie de la seigneurie de la Garnache, qui était mouvante de la vicomté de Thouars, ne devait être fortifiée que par ses seigneurs directs et il est probable, en effet, que selon l'opinion de Joussemet, c'est à eux, c'est-à-dire aux seigneurs de la Garnache, qu'il faut attribuer la première pensée de cette hardie construction.

Si, au contraire, les dates de $\frac{1327}{1396}$ étaient exactes ([1]), si elles avaient été destinées à marquer la fondation et l'achèvement du Vieux-Château, ce serait Olivier III de Clisson, père du connétable, qui en aurait posé les premières assises, et ce serait le connétable lui-même qui y aurait mis la dernière main en 1396.

M. de Sourdeval ([2]) dit au sujet du connétable de Clisson, seigneur de la Garnache, que « le Vieux-Château porte le cachet de son époque et pourrait bien lui devoir quelques tours. Olivier III avait possédé cette seigneurie jusqu'en 1360, époque où elle fut comprise dans la cession de territoire consentie par le traité de Brétigny au roi d'Angleterre, Édouard III. Ce n'est qu'en 1392 qu'elle fut rétrocédée, par l'anglais Richard de Grené, à Guy de la Trémoïlle, vicomte de Thouars, qui, alors, dut la restituer à la famille de Clisson.

([1]) M. le Dr Viaud-Grand-Marais ; *(Excurs. à l'Ile-d'Yeu,* p. 34) indique les dates de $\frac{1127}{1185}$ d'après les notes de M. David. Cependant M. Simonneau, dont les notes ont été en partie copiées par M. David, indique bien, comme on vient de le voir, les dates de $\frac{1327}{1396}$. Mais je dois dire que M. David, qui est un vieillard fort alerte et qui visite souvent encore le Vieux-Château, maintient et affirme, de la manière la plus absolue, les dates de $\frac{1127}{1196}$.

([2]) *Ann. de la Soc. d'Emul.* 1re série, XIV, p. 289.

Mais là se place une nouvelle difficulté. D'après les notes de l'abbé Simonneau, reproduites par l'abbé du Tressay (p. 36), ce serait Guy de la Trémoïlle (¹), et non le connétable Olivier de Clisson, qui aurait terminé le château en 1396.

Au milieu de la pénurie de documents relatifs à l'Ile-d'Yeu, cette question de dates m'a semblé fort importante. En somme, il résulte de ce qui vient d'être dit à ce sujet, que les dates 1127, 1196 doivent être abandonnées. C'est le seul point que nous ayons gagné. Mais est-ce 1327 ou tout autre millésime plus rapproché de nous, c'est ce qu'il est impossible d'affirmer dans l'état actuel de la question, quoique les probabilités soient pour 1327, 1396. Je dois ajouter, en outre, que le second chiffre de ces deux dates ne me paraît pas, non plus, devoir être un 2, car il n'est nullement semblable au chiffre 2 qu'on lit très nettement dans la première date 1 27.

Quoiqu'il en soit, la forteresse ne constituait pas, à elle seule, l'ensemble du château. Sur la terre ferme, en face, se voient encore de vastes substructions beaucoup plus importantes en étendue que la forteresse elle-même. On y aperçoit, aussi, des vestiges de chambres et de servitudes nombreuses. Dans la cour intérieure se trouve un puits citerne, en partie comblé, qu'on a fouillé, il y a quelque temps, mais où l'on n'a rencontré que deux biscaïens (²). M. Savary, dont les assertions paraissent souvent un peu aventurées, prétend (p. 22) que presque toutes les pierres de taille proviennent de Crazannes (canton de Saint-Porchaire, Charente-Inférieure).

Un chemin, aujourd'hui abandonné, conduisait du château à Saint-Sauveur (³).

(¹) Voir ci-dessus, au chapitre des seigneurs, p. 99.

(²) Dʳ Viaud-Grand-Marais, p. 34. — (³) Notes de M. Auger.

Il résulte de l'ordonnance de Henri II, du 12 mars 1551 (¹), qu'à cette époque le château avait résisté aux invasions des ennemis ; car les Anglais et les Espagnols s'étaient rendus maîtres de l'ile, dit l'ordonnance, « hors un fort château assis sur un rocher, lequel a toujours été et est encore, à présent, sous notre obéissance. »

En 1577, le château devait être habité et en bon état ; c'était là que, d'après l'ordonnance de Henri III, du 30 janvier de cette année, les habitants devaient se réunir pour rendre aveu à Marguerite de Conan, veuve de René de Rieux.

Une légende, qui existe encore dans l'ile, attribuait au château des esprits malfaisants qu'on avait appelés les *Ventres rouges* ou les *Diables rouges*. Selon quelques habitants, ces mauvais diables n'étaient autres que les valets des seigneurs qui, pendant l'absence de leurs maîtres, commettaient toutes sortes de méfaits. D'après une pièce qui aurait été vue par un habitant actuel de l'ile (²), plusieurs personnes auraient porté plainte au seigneur contre son intendant, au sujet de faits de cette nature. Malheureusement je n'ai pu arriver à connaître la date de cette plainte. D'après M. Simonneau, les *Diables rouges*, qu'il appelle *Messires rouges*, auraient été tout simplement des officiers ou des soldats anglais, aux différentes époques de l'occupation de l'ile.

M. Savary partage également cette opinion, car après avoir raconté l'arrivée des Anglais, en 1759, et constaté qu'alors les seigneurs de Mortemart ne résidaient pas dans l'ile, dont l'administration était confiée à un sénéchal installé au Bourg, ajoute que les habitants « avaient à craindre les soldats de la garnison du château qui, dit la tra-

---

(¹) Voir ci-après, chapitre ix, le texte de cette ordonnance.

(²) M. Guisthau, greffier de la justice de paix. (Notes de M. Auger).

dition, venaient enlever les filles et ne les rendaient plus. »
Le Dr Viaud-Grand-Marais (p. 34) signale aussi cette
tradition.

La tradition existe ; le fait de son existence n'est pas
douteux ; mais l'explication n'est pas admissible, en ce qui
concerne, du moins, les soldats anglais, à moins qu'on ne
remonte à la période éloignée, comprise entre 1360 et
1392, (¹) où l'île appartenait à l'Angleterre en vertu du
traité de Brétigny. Il est bien possible, en effet, qu'à cette
époque, les soldats anglais qui devaient occuper l'île pour
le compte de Robert Knoll et de Richard de Grené, aient
exercé des violences sur un pays récemment acquis par
droit de conquête, et ce serait là que je placerais volontiers
l'origine de la tradition dont il s'agit. Mais depuis 1392, les
Anglais ne paraissent pas avoir occupé le château de l'île.
L'ordonnance de Henri II, citée plus haut, dit même formellement que jusqu'à 1551 cette forterresse n'a jamais été
occupée par eux. De 1551 à 1759 l'histoire de l'Ile-d'Yeu
est muette ; mais précisément à cause de ce silence de
deux siècles, il est permis de supposer que pendant les
différentes guerres de la France et notamment pendant le
règne de Louis XIV, aucun évènement remarquable se
rattachant à l'histoire générale de la France, n'a du avoir
l'Ile-d'Yeu pour théâtre. Une occupation de l'antique forteresse par les Anglais aurait été certainement constatée
par quelques documents et, dans tous les cas, aurait vécu
dans la mémoire des habitants. Quant à l'occupation de
1759, elle a été fort anodine, ainsi que je l'ai établi plus loin
(Chap. IX) ; et si M. Savary a pu croire qu'à cette époque
les Anglais avaient occupé le château déjà en ruine, il a
commis une erreur manifeste.

D'un autre côté, il n'y a rien d'impossible à ce que, pendant la sombre période du moyen-âge, et même au com-

(¹) Voir, au chapitre des seigneurs de l'île, p. 130.

mencement des temps modernes, les agents des seigneurs aient profité de l'absence de leurs maîtres et de l'isolement de l'île pour tyranniser ses paisibles et laborieuses populations.

Une autre tradition qui paraîtrait plus admissible encore, accuserait le Vieux-Château d'avoir donné asile à des faux-monnayeurs. Ces honorables industriels auraient établi leurs fourneaux dans la tour de gauche de la façade ouest, dans cette tour mystérieuse qui contenait une profonde excavation et une plate-forme pavée. Cette tour possède aussi une fenêtre carrée d'un aspect étrange. Malheureusement cette légende très vague, comme la plupart de celles qui ont cours dans l'île, ne mentionne aucune date, aucun nom qui permette de la rattacher à une époque historique certaine.

Il ne faut pas oublier, non plus, que la situation et l'aspect de ce sombre donjon semblaient faits pour inspirer la terreur. Aux époques où les sorciers, les loups garous et les revenants étaient en si grand crédit, il n'est pas étonnant que des esprits naïfs et ignorants aient peuplé de fantômes ces sinistres murailles. Pendant les hurlements de la tempête, au milieu d'une mer démontée, à la lueur des éclairs et dans le fracas du tonnerre, le château devait paraître effrayant ; et il ne serait pas étonnant que l'imagination des pauvres pêcheurs de l'île l'ait peuplé d'êtres malfaisants.

Le 11 février 1785, ainsi que nous l'avons vu au chapitre précédent, la seigneurie de l'Ile-d'Yeu fut vendue au roi, par le duc et la duchesse de Rochechouart-Mortemart, pour le prix d'un million. Dans « l'acte qui a été publié en entier par M. de Sourdeval (¹), le château est expressément désigné comme faisant partie de la vente.

(¹) *Bull. de la Soc. d'Emul.*, 2° série II (19° année), p. 170.

Mais le million stipulé pour la vente de l'Ile-d'Yeu n'a jamais été payé à la famille de Rochechouart-Mortemart. La révolution confisqua les biens ainsi régulièrement achetés par l'Etat et les fit vendre au profit du domaine, le 13 mai 1791 [1]. L'affiche précédant cette vente fait aussi mention du château, mais dans le procès-verbal de saisie, dressé à cette occasion, il n'en est pas question [2]. L'expert Raballant l'a même omis dans son estimation, considérant sans doute cette ruine comme sans valeur [3].

La famille de Rochechouart-Mortemart, on l'a vu plus haut (page 123), avait protesté, en 1830, contre la confiscation et la vente de ses biens au profit de l'Etat. M. de Sourdeval dit *(loc. cit.)* qu'on aurait dû lui restituer au moins le château, qui n'avait été ni saisi, ni estimé, ni vendu.

Aujourd'hui le Vieux-Château est considéré comme un bien communal. Toutefois, la commune n'y a jamais fait acte de propriétaire. Le génie militaire n'en a pas, non plus, pris possession.

Cependant, vers 1808 ou 1809, alors qu'on avait fait de l'Ile-d'Yeu un poste de défense, le général Devaud, commandant la garnison, fit jeter un pont volant sur l'espace vide qui sépare le château du sol de l'île. On nettoya la grande cour du château et, chaque dimanche, on allait s'y promener, y goûter et y danser. Les anciens appartements étaient détruits ou inhabitables, on ne pouvait songer à y rien installer. Ce n'était qu'un lieu de réunion [4].

Voilà tout ce que l'on sait sur le Vieux-Château ! Aucun nom certain à rattacher à cette imposante ruine. Pas un

[1] M. de Sourdeval, *Soc. d'Émul.* 1re série, XIV, p. 293.

[2] Notes de M. Auger.

[3] M. de Sourdeval, *Soc. d'Émul.*, 1re série, XIV, p. 294.

[4] Notes de M. Auger.

combat, pas un fait de guerre, pas un récit, pas la moindre
tradition, à l'exception de la maigre et vague légende des
Ventres-Rouges ! Son origine, ses vicissitudes, ses défaites
ou ses gloires, tout cela disparaît dans l'abîme des siècles
dont aucune lueur ne vient dissiper les profondes ténèbres.
Quant j'ai commencé à étudier l'histoire si incomplète de
l'Ile-d'Yeu, je me suis senti attiré, malgré moi, par cette
mystérieuse forteresse. Ses vastes dimensions, la hardiesse
de sa construction, sa situation d'îlot rappelant ces vieux
châteaux d'Ecosse, si riches en légendes et en faits historiques et si admirablement peints par la plume inimitable
de Walter-Scott, tout cela m'entraînait, m'enthousiasmait
et il ne me semblait pas possible qu'un tel monument n'eut
rien à répondre aux pressantes questions de l'histoire. Au
lieu de documents d'information, je n'ai trouvé que le
silence et l'oubli ; et le bruit majestueux des vagues agitées
qui battent sans répit ses murailles, est la seule voix que
répètent maintenant ses échos.

II

Comme dépendance du château, je dois citer aussi le
bâtiment qu'on appelait la Maison-Seigneuriale et qui fut
construit au Bourg, en 1654 (¹), par Jean-Emmanuel de
Rieux, marquis d'Asserac, comte de Largouet, seigneur
de l'Ile-d'Yeu. En raison de cette date relativement récente,
M. Simonneau (²) pense que les représentants des seigneurs
de l'Ile-d'Yeu résidaient auparavant dans le château.

On voit encore aujourd'hui, auprès de l'église du Bourg,
les ruines de la Maison-Seigneuriale. On l'appelait aussi

(¹) *Ann. de la Soc. d'Émul.* *1882*, p. 122, art. de M. Simonneau.
(²) Ibid.

la Seigneurie. Mais elle n'était pas assez spacieuse pour le logement du seigneur et ne semble pas avoir été construite dans ce but. A côté de cette maison, dans l'angle formé par les murs du jardin et du cimetière qui joignent l'église de Saint-Sauveur, se dressait une *potence,* signe manifeste des droits de justice dont étaient investis les seigneurs (¹). Des vieillards, disparus depuis peu, prétendaient l'avoir vue (²).

Le séjour des seigneurs de l'Ile-d'Yeu dans leur domaine n'est constaté que par un bien petit nombre de documents. L'éloignement et l'isolement de l'île, les inconvénients d'une traversée souvent difficile, peut-être aussi le peu d'importance relative de ce petit fief, avaient empêché les seigneurs de s'y créer une installation permanente. Ce n'était point le siège ordinaire de ces personnages, qui étaient en même temps seigneurs de bien d'autres lieux plus importants et réunissaient, dans leurs parchemins, des titres bien plus éclatants que ceux de notre pauvre île perdue dans la grande mer Océane.

C'est au XVIIᵉ siècle seulement que nous constatons, pour la première fois, et d'une manière authentique, la présence des seigneurs à l'Ile-d'Yeu. Ce sont les registres de l'état civil de l'île qui nous fournissent le plus d'indices sur cette question.

Les plus anciens de ces registres ne remontent pas au-delà de l'année 1630. Ils étaient tenus par les curés de l'église de Saint-Sauveur du Bourg. Il y eut d'abord un registre spécial pour chaque nature d'actes, puis, pendant quelques années, un seul registre pour les naissances, mariages et décès. On a repris, ensuite, l'usage des registres séparés. Il y a plusieurs lacunes. Les actes sont rédigés très brièvement. Le desservant certifie simplement avoir

(³) Notes De M. Auger. — (²) Ibid.

baptisé tel et tel, avoir uni en mariage ceux-ci et ceux-là, en présence de témoins (¹).

Du 8 au 30 juin 1703, six actes de naissance portent la mention suivante : « a été baptisé — *dans le temps de la déroute et qu'on fuyait les ennemis,* — en l'église de Croix-de-Vie, par M. Bossis, prêtre, curé dudit lieu. ». Ils sont signés, Ayrault, curé. Ces mots, *dans le temps de la déroute et qu'on fuyait les ennemis,* se rapportent, sans doute, aux évènements de la guerre de la succession d'Espagne, dont nous parlerons dans le chapitre IX ci-après.

On voit que des faits importants peuvent résulter de l'examen de ces actes.

Voici maintenant ce qu'ils nous apprennent au sujet de la présence des seigneurs, ou autres personnages notables, dans l'île.

1638, 11 juillet, baptême dans l'église de Saint-Sauveur. Parrain : Haut et Puissant Seigneur, Messire Jean-Emmanuel de Rieux, marquis d'Asserac, seigneur de ladite île. Ont signé : Jean-Emmanuel de Rieux, Léandre, prêtre, Sanson, recteur.

1649, 8 juin, baptême. Parrain : Très Haut et très Puissant Seigneur, Messire René-François de Rieux, comte de Châteauneuf, vicomte de Donges, baron des baronnies de Hunaudaye et Montaflaur, seigneur des terres et seigneuries de Cancale, Ker-Loffin, etc. La marraine était D^lle Renée Guilloré, dame de Ker-Dreau-Cadouzeau.

1656, 30 mars, baptême. Parrain : Jean-Emmanuel de Rieux, avec cette désignation « Chef des noms et armes (²)

(¹) **Les renseignements** consignés ici sont dus aux recherches de **MM. Guisthau**, greffier de la justice de paix, et David, ancien secrétaire de la mairie de l'Ile-Yeu.

(²) Les armes des Rieux étaient : d'azur aux neuf besants d'or, et leur devise : *à tout heurt Rieux.*

de Rieux, » seigneur d'Asserac et de cette île. Ont signé :
Emmanuel de Rieux, Georges de l'Opriat, Georges Visde-
loup, Jean de la Guerche, Henri Kava, Julien de la
Guerche. Le registre constate, en outre, à la date du 26
janvier de cette année 1656, une éclipse de soleil qui aurait
duré depuis midi jusqu'à trois heures.

1657, 11 février, baptême. Parrain : Jean-Emmanuel de
Rieux, seigneur, etc.

1660, 24 mai, mariage de Léon de Balsac-d'Hilliers,
marquis de Fiez (¹) et d'Anne de Rieux, *demeurant à
l'Isle Dieu depuis plus d'un an.* Les témoins sont Jeanne-
Pélagie de Rieux, comtesse de Châteauneuf, marquise
d'Asserac (veuve de Jean-Emmanuel de Rieux, marquis
d'Asserac), trois autres personnages nobles, venus du
continent et deux bourgeois, originaires de l'Ile-d'Yeu (²).

Léon Balsac-d'Hilliers ou d'Illiers était fils de Catherine-
Charlotte de Balsac - d'Entragues, mariée à Jacques
d'Hilliers, seigneur de Chantemerle, qui fut héritier de la
maison de Balsac, à condition d'en prendre le nom et les
armes (³)

1663, 5 juillet, baptême. Parrain : Jean-Claude de Rochechouart - Mortemart, comte de Tonnay - Charente,
seigneur de l'île.

1675 (d'après les notes de M. l'abbé Simonneau) ; Baptême de cloches. Marraines : 1º La dame de l'Ile-d'Yeu,
comtesse de Tonnay-Charente (Marie Phélippeaux de la
Trillière, veuve de Jean-Claude de Rochechouart-Vivonne);
2º la dame de Saint-Ouen, gouvernante.

Des actes notariés nous révèlent aussi la présence de
seigneurs ou de dames de l'Ile-d'Yeu dans leur domaine.

(¹) M. de Sourdeval, *Ann. de la Soc. d'Émul.*, 1ʳᵉ série, XIV, p. 294,
en citant ce mariage, dit: marquis de Gié. — (²) Notes de M Guis-
theau. — (³) M. de Sourdeval, *loc. cit.*

1678, 7 août. La même Marie Phélippeaux, veuve de Jean-Claude de Rochechouart-Vivonne, *présente sur les lieux*, assiste à l'acte de reconnaissance des droits seigneuriaux passé entre elle et les habitants de l'Ile-d'Yeu et dressé, à la date précitée, sous la dénomination de *Pancarte de l'Ile-d'Yeu*. (V. au chapitre VIII ci-après.) Cette dame comparaît à l'acte, au nom et comme mère tutrice ayant la garde noble de Mademoiselll Marie-Gabrielle de Rochechouart, sa fille mineure ([1]).

1710, 16 juillet. Pancarte. De même, pour la rédaction de cette pancarte, nous constatons la présence à l'Ile-d'Yeu de Jean-Baptiste, comte de Rochechouart, marquis d'Everly, Blainville et l'Ile-d'Yeu, surintendant des mines et minières de France, agissant au nom et comme curateur de Marie-Gabrielle de Rochechouart, sa belle-mère, veuve de Jules-Armand Colbert, marquis de Blainville ([2]).

1753, 20 juin ([3]). Pancarte. Nous ne connaissons pas le texte de cette pancarte. Mais le seigneur de cette époque, Jean-Victor de Rochechouart, comte de Mortemart, devait probablement aussi se trouver sur les lieux à l'époque de la confection d'un acte aussi important.

On voit combien ont été rares ces visites des seigneurs dans leur île. Ils n'apparaissent que dans les circonstances les plus solennelles ou bien lorsqu'il s'agit de dresser les actes authentiques destinés à consacrer leurs droits seineuriaux.

L'examen des anciens registres de l'état civil de l'Ile-d'Yeu nous fait connaître, aussi, les noms et dates de fonc-

---

([1]) M. Piet, *Ann. de la Soc. d'Émul.*, 1ʳᵉ série, XII, p. 227.

([2]) Ibid., *loc. cit.*

([3]) M. de Sourdeval, *Ann. de la Soc. d'Émul.*, 2ᵉ série, II, p. 172 et 176, indique pour cette troisième pancarte la date de 1756 ; Mais M. Auger qui possède une copie authentique de cette pièce affirme que la date véritable est bien 1753.

tions de quelques-uns des gouverneurs, sénéchaux et principaux officiers de l'île, aux XVIIe et XVIIIe siècles. La liste suivante, faite d'après les recherches de MM. Guisthau et David, complètera sur plusieurs points celle qu'à publiée M. de Sourdeval (¹).

1630, 3 mars. — De Saint-Germain, *Capitaine au Château*. On remarquera cette expression qui semblerait indiquer qu'à cette époque, le château était maintenu en état de défense et servait de résidence à un officier ayant le grade de capitaine. — Des actes des 1er juin 1650 et 17 décembre 1651 portent aussi la signature du *capitaine* de Saint-Germain.

1634, 29 juin. — Georges de l'Opriat, sieur de Poulverne, lieutenant pour le roi et gouverneur de l'île pour le marquis d'Asserac.

1634, 14 août et 1635, 15 février. — Pierre Berray, noble-homme, sieur de l'Espinose, gouverneur pour le marquis d'Asserac.

1638, 25 août et 1640, 18 juillet. — Robert de Saint-Germain, *capitaine*, gouverneur. Était-ce le même de Saint-Germain qui paraît en tête de cette liste et qui aurait ajouté à son grade de capitaine les fonctions de gouverneur ? Malheureusement le laconisme et les lacunes des registres de l'état civil de l'Ile-d'Yeu ne permettent guère de résoudre cette question avec certitude.

1644, 25 avril. — Jean Chomart, sieur Desmarets, gouverneur. — Jean Chomart était, sans doute, encore gouverneur en 1649, car le 18 avril de cette année eut lieu le baptême de son fils. Ont signé à l'acte : Jean de Trémereux, d'Espinossa ; de Langlade ; Depontal, Renée Guilloré.

(¹) M. de Sourdeval, *Ann. de la Soc. d'Émul.*, 1re série, XIV, *loc. cit.*

1651, 20 octobre et 17 décembre. — Pierre de Langlade, honorable homme, ... (ici un mot illisible), général de Monseigneur d'Asserac.

1651, décembre. — Le capitaine Decombel.

1652, 26 novembre. — Pierre de Tuffé, sieur de Siordrin, gouverneur.

1653, 14 mai. — Sébastien de la Touche, sieur de la Guerche, écuyer.

1654, 18 janvier. — Jean de la Guerche, sieur de Quercado ?, écuyer, *gouverneur ?* — Le 29 juin de la même année, baptême de son fils Georges-René dont le parrain est Messire Georges de l'Opriat, gouverneur pour le roi et monseigneur d'Asserac. — Le 10 mars 1660, Jean de la Guerche signe encore à un baptême.

1659, 13 février. — M. de Saint-Georges, commandant d'une compagnie de la *garnison* de l'île ; — 15 avril de la même année, lieutenant de M. le Gouverneur. — Il est probable qu'à cette époque, c'était le château qui servait de logement à la garnison.

1666, 10 octobre. — Jean de Bellossart, écuyer, sieur de Saint-Ouen, gouverneur pour le roi.

1677, 1er mai. — François Guillon, sénéchal. Le même, 1680, 18 janvier. — Signe comme *commandant*, le 23 avril 1684.

1690, 24 avril. — Jean-Pierre de Charits, seigneur de Lichos, commandant et gouverneur pour le roi. Il prend la qualité de Haut et Puissant Seigneur.

1695, 1er janvier. — François Chaullois, sénéchal, marié à Augustine de Pommeroy. Le 1er juin de la même année, baptême de leur fils Antoine ; parrain : Antoine de Pommeroy, chanoine de l'église cathédrale de Saint-Pierre de Nantes, oncle de l'enfant. Le 1er juin 1696, baptême de leur autre fils Jules-Armand, présenté sur les fonts-batis-

maux par Guillaume Nau et Michelle Breton, *pauvres mendiants*, au nom de M^{gneur} Jules-Armand Colbert, chevalier
et marquis de Blainville, grand-maître des cérémonies de
France, colonel du régiment de Champagne et brigadier
des camps et armées du Roy.

1695, 20 octobre. — Mort de Jean Drouillard, commandant de l'île.

1697, 28 août. — Alexandre de Renneville, écuyer,
sieur de la Cour de Baux, gouverneur de l'île.

1699, 8 février. — Jacques-Joseph Guillon, gouverneur
de l'île.

1722. — Louis-François de Lessino de Belle, gouverneur
de l'île, mort le 14 avril 1733.

Cette liste est évidemment très incomplète et malheureusement elle ne remonte pas au-delà de l'année 1630. Des
recherches réitérées pourront, peut-être, l'enrichir plus
tard de quelques noms et de quelques dates. Il en résulte,
néanmoins, deux faits importants. L'un, c'est la présence
d'un capitaine dans le château et d'une garnison qui devait
probablement résider sous la main de son commandant,
c'est-à-dire dans les murs de l'antique forteresse à laquelle nous avons consacré tout ce chapitre. L'autre fait
est une cérémonie touchante, qui jette une vive lueur sur
les mœurs de l'île à cette époque et sur les sentiments
d'égalité chrétienne qui animaient les seigneurs et les
gouverneurs de ce domaine. Le noble Armand Colbert, le
grand-maître des cérémonies de France, se faisant représenter au baptême de l'enfant d'un de ses officiers par
deux *pauvres mendiants*, c'est un grand acte, bien destiné,
en effet, à montrer que, devant Dieu, tous les hommes
sont frères.

CHAPITRE VIII

Administration féodale de l'Ile-d'Yeu.

I

Sous le rapport féodal, l'Ile-d'Yeu relevait de la seigneurie de la Garnache, laquelle relevait elle-même de la vicomté de Thouars. Elle était régie par la coutume du Poitou et dépendait du ressort du Présidial de Poitiers ([1]).

Au point de vue ecclésiastique, elle formait une paroisse, sous l'invocation de Saint-Sauveur, dont la cure était à la collation de l'évêque de Luçon, mais à la présentation du seigneur.

L'Ile-d'Yeu n'était donc, primitivement, qu'une partie du fief de la Garnache. Plus tard elle fut érigée en fief distinct, d'abord châtellenie (lorsqu'elle passa dans la famille de Rieux), ensuite baronnie, et enfin marquisat (1710). Les seigneurs de l'Ile-d'Yeu avaient les droits de basse, moyenne et haute justice.

Il me parait utile d'examiner rapidement chacun de ces termes, si nous voulons nous rendre un compte exact de ce qu'était l'Ile-d'Yeu avant 1789, et surtout pour bien comprendre la nature et la portée des privilèges qui lui ont été accordés à différentes époques de son histoire.

Nos institutions, notre organisation et nos mœurs ont tellement changé depuis le dernier siècle, qu'il faut un

([1]) Tribunal de 2ᵉ instance jugeant, sans appel, jusqu'à une certaine somme.

certain effort de l'esprit pour se représenter cet état de choses, pourtant si rapproché de nous. Rien, pour ainsi dire, de ce qui existait alors n'est resté debout ; tout a été modifié d'une manière plus ou moins profonde, et ce qui a été conservé a changé de nom. C'est donc bien un monde disparu que cette période récente de l'histoire de France. C'est pourquoi elle est si intéressante à étudier. Nous ne nous y attarderons pas cependant ; les limites de ce travail s'y opposent et je me bornerai, comme je le disais tout à l'heure, à rendre compte du sens des mots dont je suis obligé de me servir.

Voyons donc ce qu'était un fief et ce qu'était un seigneur. Toute la féodalité se résume dans ces deux termes.

L'origine des fiefs date de la chute de l'empire romain et de l'occupation des Gaules par les rois franks. Le roi donnait à ses leudes ou fidèles compagnons une certaine quantité de terres. Les chefs, eux-mêmes, donnèrent aux personnes de leur entourage les terres ainsi acquises par la conquête. Ces dons étaient faits à charge de *foi et hommage,* et cette formalité liait, d'une façon assez étroite, celui qui avait reçu à celui qui avait donné. Il résultait de là une redevance que le preneur s'obligeait à payer au bailleur.

Le bailleur pouvait être lui-même dépendant d'un seigneur plus élevé que lui, et auquel il devait foi et hommage, et par conséquent une redevance. De degré en degré, on pouvait remonter ainsi jusqu'au roi, qui était le plus *grand fiéfeux* du royaume.

La société féodale consistait dans l'association hiérarchique des possesseurs de fiefs et dans leur souveraineté sur les habitants de leurs domaines. Mais la société féodale ne constituait pas toute la société civile. D'autres éléments s'y rencontrèrent qui ne s'incorporèrent jamais bien complètement à elle et qui finirent par la vaincre : ce sont la royauté et les villes (¹). Le fief, dans ses relations de dépendance ou de supériorité avec un autre, se nommait fief *servant* ou fief *dominant.* On disait aussi fief *mouvant* d'un autre fief ; d'où le mot *mouvance,* qui signifiait l'état de dépendance d'un fief vis-à-vis d'un autre. On appelait encore *arrière-fief,* un fief mouvant d'un autre. Ainsi, l'Ile-d'Yeu, au xvi⁰ siècle, était mouvante du fief de la Garnache, lequel était mouvant de la vicomté de Thouars. La Garnache était fief servant vis-à-vis de Thouars et fief dominant vis-à-vis de l'Ile-d'Yeu.

A la hiérarchie des fiefs correspondait celle des seigneurs. La coutume du Poitou ne reconnaissait que trois degrés de fiefs avec dignité : comte, vicomte et baron, « parce qu'anciennement les Poitevins ne reconnaissaient pas de seigneurs en leur province plus grand que leur comte (²) ». Mais le roi pouvait ériger de simples seigneuries en principautés, duchés, marquisats, qui jouissaient alors des mêmes droits et des mêmes privilèges que les anciens comtes, vicomtes et barons. Le seigneur du fief dominant était le *suzerain,* celui du fief servant était le *vassal.*

Les droits de haute, moyenne et basse justice appartenaient, dans la coutume du Poitou, au comte, au vicomte, au baron et même au châtelain, qui était le degré inférieur de la hiérarchie.

Pour comprendre l'administration de la justice dans le fief, il faut se représenter les différentes personnes qui s'y trouvaient. Il y avait des vassaux, hommes nobles ou plutôt gentishommes, et au-dessous de ceux-ci, ce qu'on appelait les hommes de *poeste,* c'est-à-dire les roturiers et les serfs. Les roturiers se divisaient, eux-mêmes, en bour-

---

(¹) Guizot, *Hist. de la Civilisation en France,* III, p. 304.

(²) Joseph Boucheul, Coutumier Général du comté et pays de Poitou, Poitiers, 1727, p. 4.

geois et en villains. La distinction entre les bourgeois et les villains tenait aux lieux qu'ils habitaient. Leur condition était la même; ils étaient, pour la plupart, soumis à l'autorité seigneuriale et tenaient leurs biens à charge de cens, de rente ou de champart([1]). Cependant les bourgeois, constitués en communauté, jouissaient des privilèges concédés à leur commune et étaient gouvernés par leurs propres magistrats. Quant aux serfs, leur nombre alla toujours en diminuant, par suite des affranchissements, et le servage tomba peu à peu en désuétude, jusque vers la fin de la monarchie.

A l'égard des hommes de *poeste,* chaque seigneur était juge dans son fief de tous les différents qui pouvaient s'élever ; mais, en fait, il faisait rendre la justice par des *clercs* désignés par lui (XIIe et XIIIe siècles) et, plus tard, par des juges laïques.

Les *hautes justices* connaissaient les affaires les plus considérables du fief et de celles des fiefs inférieurs, notamment des grandes affaires criminelles ; les *moyennes justices,* des affaires moins importantes du fief et des appels des *basses justices ;* et ces dernières, des affaires les plus minimes. On pouvait appeler, en outre, de la moyenne à la haute justice, de la haute justice au baillage royal et de celui-ci au parlement de la province.

Les justices s'appelaient baillages, sénéchaussées, prévôtés, châtellenies; ou encore, vicomtés, vigueries. Les juges étaient désignés sous les noms de baillis, sénéchaux, prévôts, châtelains, vicomtes, viguiers ([2]). Les baillis et les sénéchaux paraissent avoir été à la fois les juges et les procureurs des seigneurs. Dès le temps de Philippe-Auguste et de St Louis (XIIe et XIIIe siècles), il y avait

([1]) Le champart était un droit sur une partie de la récolte.

([2]) Dalloz, *Essai sur l'Hist. Générale du Droit,* p. 95, 118, 127, 130.

des baillis spéciaux, dont les fonctions consistaient à inspecter les justices seigneuriales et les baillages où se portaient les griefs que les justiciables pouvaient avoir contre les justices seigneuriales (Dalloz, *loc. cit.*).

Les seigneurs investis des droits de haute, moyenne et basse justice, c'est-à-dire hauts justiciers, avaient seuls le droit d'établir un gibet et un pilori dans leurs fiefs pour l'exécution des malfaiteurs. Le gibet ou fourches patibulaires était la marque visible du pouvoir qu'ils avaient de condamner à mort ([1]).

Les contestations entre nobles étaient jugées par les cours féodales composées des seigneurs d'un grand fief. Il y en avait une dans chacun de ceux-ci.

Nous avons vu, à l'occasion de la vente de la seigneurie de l'Ile-d'Yeu au roi (pages 122 et 149), que les seigneurs de ce fief possédaient les droits de haute, moyenne et basse justice et que la preuve matérielle de ces droits était manifestée par la *potence,* placée auprès de la maison seigneuriale du Bourg.

Ces droits ne datèrent évidemment que de l'époque où l'Ile-d'Yeu fut érigée en fief distinct, au profit de la famille de Rieux, c'est-à-dire la fin du xv⁰ siècle. A cette époque, la justice se rendait à la Garnache, pour les îles d'Yeu et de Noirmoutier et, aussi, pour l'île de Bouin qui était en *marches communes* entre la Bretagne et le Poitou, mais qui, pour la juridiction, ne relevait que du Poitou. Les audiences se tenaient le lundi de chaque semaine. Les officiers étaient : un juge, un procureur fiscal, seize notaires dont treize étaient procureurs et huit sergents, lesquels exerçaient également dans la baronnie de Beauvoir ([2]).

([1]) Boucheul, *ibid.*, p. 9.

([2]) M. de Sourdeval, *La Garnache, Beauvoir et Le Perrier*, p. 34.

Les juridictions étant un droit public, l'exercice de ce droit était une émanation de la souveraineté. Par conséquent, le roi seul pouvait établir de nouvelles justices et seigneuries. (Coutume du Poitou, ibid.)

Cependant, cette organisation, qui avait eu sa raison d'être à l'origine de notre histoire nationale, avait fini par produire un morcellement prodigieux de petites souverainetés, une confusion extrème dans les juridictions. Les juges ecclésiastiques, les baillis, les sénéchaux, les prévôts, les viguiers, les échevins, appliquaient tant bien que mal le droit canon, le droit romain, le droit féodal, les ordonnances royales et le droit coutumier. Les coutumes étaient les législations locales ; il y en avait 60 générales, c'est-à-dire qui étaient observées sur tout le territoire d'une province [1].

Au point de vue de l'administration, nous trouvons les généralités, créées en 1542, qui étaient des circonscriptions administratives à la tête desquelles se trouvaient les intendants, dont les fonctions offrent quelque analogie avec celle des préfets actuels, avec des attributions plus étendues, mais moins définies. Les subdélégués correspondaient à nos sous-préfets. Dans les communes, les maires et les échevins étaient nommés par le roi. Les bureaux des trésoriers de France géraient le domaine royal, c'est-à-dire le domaine de l'État, les finances, les tailles et gabelles et la grande voirie [2].

———

II

Le premier acte relatif aux droits des seigneurs de l'Ile-d'Yeu que nous offre l'histoire, ne remonte pas au-delà du

[1] Foucart, **Droit administratif**, pages 31 et 35.
[2] Foucart, ibid. *loc. cit.*

xvıe siècle. C'est l'ordonnance de Henri III, du 30 janvier 1577, enregistrée au Parlement, le 8 mai de la même année (¹), prescrivant aux habitants de rendre aveu des charges et redevances dont ils étaient tenus envers la dame Marguerite de Conan, veuve de René de Rieux et dont nous nous sommes déjà occupé au chapitre des seigneurs (p. 116).

Cependant, l'ordonnance de Henri III ne parait pas avoir été suivie d'effet et ce n'est que plus de cent ans après, le 7 août 1678 (²) que nous voyons apparaître la première pancarte (³) consentie entre les habitants de l'ile et la dame Marie-Phélippeaux de la Trillière, veuve de Jean-Claude de Rochechouart-Vivonne, seigneur, comte de Tonnay-Charente, marquis de l'Isle Dieu. Celle-ci, présente sur les lieux, agit au nom, comme mère tutrice, ayant la garde noble de Mademoiselle Marie-Gabrielle de Rochechouart, sa fille mineure.

En 1710, à l'époque où l'Ile-d'Yeu fut érigée en marquisat, Jean - Baptiste, comte de Rochechouart, marquis de Blainville et de l'Ile-d'Yeu et surintendant des mines et minières de France, agissant comme curateur de sa belle-mère, Marie-Gabrielle de Rochechouart, veuve de Jules-Armand Colbert, alors très âgée et sans doute en état de démence, se rendit à l'Ile-d'Yeu, réunit les habitants et convint avec eux de dresser une pancarte des droits qui lui étaient dus (⁴). Cet acte fut rédigé le 16 juillet, pardevant Mᵉ Durand, notaire.

(¹) De Sainte-Hermine, p. 19.

(²) M. Jules Piet, *Ann. de la Soc. d'Émul.*, 1ʳᵉ série, XII, p. 216 et suiv.

(³) Le mot *pancarte*, autrefois *pancharte*, a signifié primitivement toute sorte de papier d'affaires, puis ensuite tarif ou règlement de droits.

(⁴) La Fontenelle, pages 13, 14, 15.

Cette seconde pancarte de l'Ile-d'Yeu a été publiée *in extenso* par M. de Sourdeval dans notre annuaire (¹). Elle est la reproduction de celle de 1678.

D'après ce titre sont reconnus comme officiers du seigneur : un commandant, un juge, un receveur et un garde-havre.

Une dernière pancarte de l'Ile-d'Yeu, mentionnée en l'acte de vente de la seigneurie de cette île au roi en 1785, porte la date du 20 juin 1756. Elle confirmait les droits établis par les pancartes précédentes. D'autres actes, visés également dans la même vente, étaient intervenus entre les habitants de l'île et leurs seigneurs, notamment deux déclarations, l'une du 24 novembre 1714 et l'autre sans date, constatant que lesdits habitants avaient toujours vu le seigneur de l'Ile-d'Yeu jouir des droits d'amirauté,— le règlement du terrage de l'île du 8 février 1745 et l'aveu de dénombrement du 20 juillet 1757 (²).

Enfin, une pièce datée du Bourg de l'Ile-d'Yeu, 11 juillet 1765, constatant un « Règlement de mesures à bled, » au nom du seigneur d'alors, Jean-Victor de Rochechouart, duc de Mortemart(³) et signé Gillon, gouverneur, — Barré, curé, — Jean Rabalan, procureur-fiscal, etc., nous montre l'exercice, à cette époque, d'un des droits seigneuriaux les plus importants au point de vue de l'autorité publique.

La pancarte de 1770 se composait de 28 articles. Les deux premiers frappent de certains droits les importations du dehors, sauf celles provenant de Noirmoutier, Barbâtre, Beauvoir, la Barre-de-Mont et Belle-Ile. L'article 11 est relatif aux droits du seigneur sur les bris et nau-

(¹) 2ᵉ série, II (19ᵉ année), p. 165.

(²) *Ann. de la Soc. d'Émul.*, 2ᵉ série, II, pages 172 et 176.

(³) *Ann. de la Soc. d'Émul.*, 2ᵉ série, VIII (1878), p. 234.

frages ; les articles 12 et 14 aux vérifications de poids et mesures et aux droits en résultant. Puis, viennent les droits sur la pêche, les débits de boissons, les ouvertures de boutiques, les exportations de bestiaux, la dîme sur les moutons, la 6e partie des blés et grains, la banalité des fours et moulins, les corvées pour charrois, certaines redevances en vin et en viande à l'occasion des mariages. Enfin, pour le prix du jeu accoutumé, c'est-à-dire le jeu qui avait lieu à la Pointe du Châtelet et dont les deux vainqueurs prenaient, durant l'année, le titre de roi et de connétable, l'acte stipulait en faveur de celui qui portait le titre de roi, l'exemption du terrage sur 48 demi-gerbes de blé, l'exemption de faire la garde pendant son année ; en outre, le receveur du domaine devait lui payer 3 livres 4 sols. De son côté, le connétable était exempté de 32 demi-gerbes de blé, ainsi que de la garde et des tailles. Le roi et le connétable ne pouvaient transporter leurs droits à d'autres.

Ces différents droits féodaux ne paraissent pas avoir pesé bien lourdement sur les habitants de l'Ile-d'Yeu, car ils s'en sont affranchis eux-mêmes facilement, plusieurs fois, et pendant d'assez longues périodes, ainsi que cela résulte des réclamations des seigneurs relatées dans les ordonnances royales rendues à ce sujet ; d'un autre côté, il faut bien croire qu'ils n'en avaient pas conservé un trop mauvais souvenir, car ainsi qu'on le verra au chapitre suivant, ils se sont révoltés, en 1791, contre les nouveaux impôts et ont demandé le retour à l'ancien régime.

En somme, aujourd'hui la plus grande partie des anciens droits seigneuriaux existe encore, ils sont dus et payés par les mêmes personnes, avec cette différence qu'ils ont changé de nom et que le débiteur a changé de créanciers, puisque c'est l'État, le département ou la commune qui perçoivent tous les impôts. Mais quelqu'aient été, en général, les abus et les injustices du système féodal, il n'en est pas moins certain, en ce qui concerne spécialement l'acte dont nous nous occupons, que les droits du seigneur de l'Ile-d'Yeu étaient ceux d'un propriétaire légitime en vertu de l'état des choses d'alors. Ils ne semblent pas d'ailleurs sortir des bornes de la justice et de l'équité. « La suppression de tous les droits féodaux et « notamment des *banalités réelles* n'a réparé aucune injus- « tice, dit M. Dalloz (¹). Ce fut un bénéfice net pour les « détenteurs de terre qui gagnaient seuls à cette suppres- « sion. Ces terres, ils les avaient *achetées en défalquant* « *du prix la valeur des charges* dont elles étaient grevées. « Ils bénéficiaient donc d'autant. Dès que l'on prenait aux « seigneurs, il eût fallu, rigoureusement, que la valeur des « banalités supprimées fut payée par les détenteurs de « terres à l'État ».

L'État ne faisant rien ou à peu près rien pour l'Ile-d'Yeu, le seigneur était obligé de prendre à sa charge certaines dépenses d'intérêt général ; notamment l'entretien de la digue et, pour subvenir à ces frais, il percevait sur toutes les embarcations qui mouillaient dans les ports de l'île, d'abord un droit d'encrage de cinq sous par embarcation et, en-suite, un droit également de cinq sous par chaque tonneau plein ou vide.

Les droits du roi de France étaient reconnus par la pan-carte, mais ils se réduisaient à peu de chose : un écu par an pour les débits de vin et un droit de taille sur les hommes se livrant à la profession de la pêche, d'après les rôles institués à Saint-Gervais et à Saint-Michel.

La Fontenelle (p. 16) trouve *barbare* le droit du seigneur sur les bris et naufrages. Cette appréciation, de la part d'un magistrat aussi distingué (²), a d'autant plus lieu de nous

---

(¹) *Essai sur l'Histoire générale du droit français*, p. 129.

(²) La Fontenelle (de la Fontenelle de Vaudoré) était conseiller à la Cour royale de Poitiers en 1837, époque à laquelle il a publié sa bro-chure sur l'Ile-d'Yeu.

étonner qu'il aurait pu voir, dans la coutume du Poitou, combien ce droit était sagement règlementé. Et, de fait, les choses ne se passent pas autrement aujourd'hui, avec cette différence que l'ancien droit des seigneurs est exercé maintenant par l'État. Le système actuel vaut infiniment mieux que l'ancien, cela est indiscutable, à cause des abus et de l'arbitraire qui pouvaient provenir de tel ou tel seigneur ; mais le droit en lui-même n'avait rien de barbare. Il était, dans certaines circonstances, exercé par le roi lui-même, en vertu du principe de la souveraineté d'où est sortie la législation moderne qui régit de nos jours cette matière.

Voici, du reste, comment s'exprime à ce sujet Boucheul, dans son commentaire sur l'article 302 de la coutume du Poitou (¹) :

« Il y a une autre espèce de biens perdus, ce sont ceux qui périssent en mer et font naufrage. Quand c'est la mer de soy-même qui les jette à bord et sur les rivages, les choses qui sont péries et qu'il n'y a personne qui les avoue, elles appartiennent au seigneur comme espaves qu'elles sont, ainsi qu'il est observé par Rebuffe, etc. ; c'est ce que quelques coutumes appellent droit de *Varech*. Mais si les choses qui sont dans la mer avaient été pêchées par quelqu'un et tirées du fond d'icelle, le Roy l'emporte alors sur les seigneurs justiciers s'ils n'en ont droit de luy ; et ce, par un droit purement royal qu'on appelle droit de débris et naufrage, ainsi qu'il est remarqué par Loyseau en son Traité des Seign., chap. XII, nomb. 126. Non pas, à la vérité, que le Roy prenne le tout à son profit des choses ainsi tirées du fond de la mer. Le Roy n'y prend que le tiers ; un tiers appartient à l'amiral et l'autre tiers à celui ou ceux qui auront sauvé lesdites choses pour les récom-

---

(¹) Boucheul, *loc. cit.,* II, pages 388 et 389.

penser de la peine qu'ils y ont pris. Le maître du navire et autres qui ont fait naufrage réclament les choses péries et ainsi tirées de la mer, comme à eux appartenant ; il est certain qu'elles lui doivent être rendues par ceux qui les ont prises, soit le Roy ou autres ; » — et là, il cite la loi romaine : *Quod jus habet fiscus in aliena calamitate, ut de re tam luctuosa compendium sectetur ?* — « Mais il faut, ajoute-t-il, que les choses ainsi sauvées du naufrage soient réclamées dans le temps. »

L'article 303 de la coutume du Poitou réglait le mode de ces réclamations. Il était ainsi conçu :

La justice doit faire savoir par cry public, par trois jours en plein marché plus prochain des lieux où lesdites espaves auront été trouvées ou à l'église parochiale, le dimanche, au prône, que lesdites espaves ont été trouvées et qu'on les rendra à qui elles appartiennent ; et après, l'on doit attendre quarante jours avant qu'on les livre ; et les quarante jours passés, si aucun n'est venu, la justice les peut vendre ou aliéner, et en sera fait seigneur celui au quel délivrance en aura été faite ou bien le dit seigneur si elles n'étaient vendues.

Le commentateur fait observer que « l'espave est proprement telle (c'est-à-dire, est une vraie épave, dans le sens juridique du mot), quand elle est tellement égarée et perdue que l'on ne sait pas à qui elle appartient, et, à cet effet, n'est avouée d'aucune personne : *espave n'ayant aveu.* De sorte que pour faire qu'une espave trouvée dans le territoire d'un seigneur, lui appartienne, il ne suffit pas que l'espave soit égarée, mais il faut qu'elle soit tellement égarée qu'on n'en puisse pas sçavoir le maître après une diligente perquisition et selon qu'elle est prescrite par cet article : c'est à sçavoir après trois publications au prône ou en plein marché. Ces trois jours ne doivent pas être consécutifs, mais il semble, par ce qui est dit ès articles 428, 429 et 430, qu'ils doivent être de huitaine en huitaine. Mais le temps des proclamations est compris dans les quarante jours. Si le maître à qui était l'espave se présente après les quarante jours, mais avant la délivrance, elle luy doit être rendue. »

Ces dispositions s'appliquaient à toutes les *épaves*. On entendait par ce mot toutes les choses mobilières sans maître ou dont le maître était inconnu. C'est dans ce sens qu'il est employé dans les ordonnances royales de 1368, 1669 et 1681. On distinguait trois sortes d'épaves : Celles *de mer, de rivière* et *de terre*

Le délai pour réclamer les épaves variait selon lieux. Nous avons vu que d'après la coutume du Poitou il était de 40 jours, mais d'après les autres coutumes il variait entre 40 jours et un an.

La totalité ou partie du prix des épaves appartenait au seigneur, à titre d'indemnité de frais de justice. Ainsi, dans les lieux où les frais de justice étaient à la charge du seigneur, le roi n'avait rien à prétendre dans le prix des épaves; mais partout où l'État payait ces frais, le prix des épaves lui appartenait.

Le décret de l'assemblée constituante, du 15 mars 1790, décida que tous les biens et effets, meubles ou immeubles demeurés vacants et sans maître, appartiendraient à la nation. Le décret du 13 avril 1791 est encore plus explicite, car il contient, dans son article 7, la disposition suivante : « Les droits de *deshérence, aubaine, bâtardise*, épave, varech, trésor trouvé, etc., n'auront plus lieu en faveur des ci-devant seigneurs, ceux-ci n'étant plus, depuis le 4 août 1789, chargés de l'entretien des enfants trouvés.

Le Code civil, article 717, n'a pas modifié cette législation intermédiaire et, depuis la loi du 13 avril 1791, les épaves, dans le sens restreint qu'à pris ce mot, c'est-à-dire les épaves de mer appartiennent à l'État qui seul s'en empare et les vend par les soins de l'Inscription maritime,

sauf restitution d'une partie du prix aux propriétaires,
c'est-à-dire, défalcation faite des frais. Les épaves de
rivière doivent encore aujourd'hui être réclamées dans le
délai d'un mois, conformément à l'article 16, titre 31 de
l'ordonnance de 1669 [1].

M. Marchegay a publié dans cet annuaire [2] une pièce
datant du 4 mars 1408, relative à l'exercice du droit de
bris et naufrages à cette époque éloignée. Un navire breton
assailli par la tempête avait jeté l'ancre entre Bouin et le
Collet. Les huit hommes qui le montaient quittèrent leur
navire et périrent avant d'aborder le rivage. Le navire ne
brisa pas ses ancres, mais s'emplit d'eau. C'était donc un
naufrage. La dame de la Suze et le seigneur de Rays s'en
disputèrent la possession. Tout l'équipage ayant péri, il
fallait bien que les justices du pays procédassent à la vente
de l'épave, car dans cette pièce il n'est pas question des
droits des propriétaires du navire. On ne voit pas bien
comment les choses auraient pu se passer autrement. Que
deux seigneurs fussent en contestation à ce sujet, il n'y a
là non plus rien d'extraordinaire. Mais les droits des propriétaires n'en existaient pas moins, même à cette époque
de 1408, en vertu de l'ordonnance de 1368 [3] et rien ne
nous dit que, plus tard, ils ne les aient pas fait valoir. Si, au
contraire, les propriétaires sont demeurés inconnus, l'épave
revenait de droit au seigneur du lieu ; et la question de
savoir, si ce seigneur était celui de Rays ou celui de la Suze,
est tout à fait étrangère à la question du droit en lui-même.

M. Marchegay cite, en note, un autre naufrage survenu,
en 1461, sur les côtes de Noirmoutier. « Dès qu'il y avait
naufrage, dit M. Marchegay, ou même apparence de nau-

[1] Proudhon, *Dom. privé*, tom. 1er, n° 421.

[2] 1re série, X, p. 123.

[3] La coutume de Poitou a été mise en vigueur en 1559.

frage, la cargaison et le navire cessaient d'appartenir à leur capitaine ou propriétaire, tout était saisi et vendu à l'encan. » La cargaison fut vendue six écus d'or et le bois des agrès cinq écus d'or « au maître du dit navire plus offrant. » Il est possible qu'un abus de pouvoir ait été commis dans cette circonstance, cela s'est vu de tout temps et se verra toujours; mais le propriétaire du navire pouvait faire valoir ses droits, ainsi que nous l'avons dit pages 159 et 167, au baillage, chargé de juger les contestations entre les particuliers et les justices seigneuriales.

Le droit *barbare* qui avait existé dans les premiers temps de la féodalité, et en vertu duquel les épaves étaient trop souvent pillées, avait disparu depuis longtemps, sinon des mœurs de certains seigneurs, du moins du droit coutumier, règlementé d'une façon régulière dès le temps de Charles VII. Et même « au temps de Saint-Louis, vers 1231, parurent, dit Merlin (¹), les fameux jugements d'Oleron ; ce sont des règlements qui eurent uniquement pour objet la navigation des côtes de Guienne, de Poitou et de Normandie ; mais ils parurent si judicieux qu'on les adopta partout. Ils ordonnèrent, entre autres choses, qu'on fournirait les secours convenables à ceux qui auraient le malheur de faire naufrage, qu'on leur laisserait tous leurs effets, sans en retenir aucun, et qu'on n'exigerait d'eux autre chose que les frais de sauvement, tels qu'ils seraient réglés par la justice; le tout, sous peine, contre les transgresseurs, d'être *excommuniés de l'église et d'être punis comme larrons* »

Le fait du maître du navire, obligé de participer aux enchères et de racheter son propre bien, était une injustice, provenant des mauvaises dispositions des personnes, mais non des lois alors en vigueur. C'était un

(¹) *Répert. de jurisprudence*, XI, 399.

accident local, même à cette époque de 1461 et ceux qui avaient commis ce méfait auraient pu être poursuivis *comme larrons*. Mais nous ne connaissons que le commencement de l'affaire et nous ignorons si le maitre du navire dont il s'agit a ou non réclamé, et obtenu reparation de la violation de ses droits. La vente de l'épave, sous les yeux même du propriétaire, qui est obligé de la racheter, et cela presque au moment même du naufrage, était une anomalie dans notre ancien droit Mais c'est aujourd'hui la règle juste et salutaire, observée en vertu de la loi nouvelle. Le propriétaire de tout navire jeté à la côte, quelque soit l'état de conservation de son navire est, par le fait même de la loi, exproprié, absolument et définitivement, « tout est saisi, puis vendu à l'encan, » même quand il n'y a « qu'apparence de naufrage, » comme le dit M. Marchegay, pour les deux naufrages du xvᵉ siècle relatés dans son article.

J'ai vu, il y a quelques années, sur la côte de la Tremblade (Charente-Inférieure), un trois-mâts américain, nommé *Abbie-Thomas*, qui avait été rejeté par une tempête, au moment des grandes marées de Mars, à une telle distance sur le rivage, que son équipage put descendre, à pied sec, du navire sur la plage, lorsque la mer se fut retirée. Le navire était intact, ses avaries étaient insignifiantes, sa cargaison entière. Cependant l'Inscription maritime s'en empara, fit décharger toutes les marchandises, sans la coopération du capitaine. Le navire fut dépecé et vendu « à l'encan ». Est-ce là un abus, une injustice ? En aucune façon. C'est une mesure d'ordre général. Tout ce qui touche le rivage, appartient à l'État, non pour en tirer profit, mais pour sauvegarder les intérêts de tous ; afin que personne, sinon les agents officiels de l'État, ne puisse s'emparer des épaves qui sont, pour ainsi dire, des choses sacrées. L'État en restitue ensuite la valeur aux propriétaires, défalcation faite des frais, et sans en retirer, bien entendu, le plus petit bénéfice.

Mais les origines de cette règlementation, si utile et si honnête, se retrouvent dans notre ancien droit ; et le *droit barbare*, que La Fontenelle et M. Marchegay ont justement flétri, avait disparu, *en droit*, à l'époque des évènements dont ils se sont occupé. Le droit *barbare* n'existait plus, mais il est évident que des faits contraires au droit plus sage qui l'avait remplacé pouvaient, parfois, se produire encore. A quelle époque, les lois n'ont-elles pas été transgressées, même par ceux qui étaient chargés de les appliquer ?

Aussi, dans l'examen de cette question, je n'ai pas eu, évidemment, en vue la défense des personnes qui ont pu commettre d'odieux abus. J'ai voulu montrer seulement, et en ce qui concerne l'Ile-d'Yeu, que le droit de *bris et naufrages* n'avait, en soi, rien d'illégal ni d'injuste.

Il ne faut pas perdre de vue non plus que la pancarte de 1710 était rédigée sous l'empire de l'ordonnance royale du mois d'août 1681. L'article 1er du titre 9, livre IV de cette ordonnance, mettait sous la protection et sauvegarde du roi « les vaisseaux, leurs équipages et chargements qui auront été jetés par la tempête sur les côtes du royaume ou autrement, y auront échoué et, en général, tout ce qui sera échappé du naufrage, » et punissait de la peine de mort ceux qui auraient attenté aux biens des naufragés. On voit donc bien que, lorsque La Fontenelle disait, à propos de la pancarte de 1710 que le seigneur de l'Ile-d'Yeu « exerçait notamment ce droit barbare du moyen-âge, appelé *bris et naufrages, conformément aux usages et coutumes,* » il commettait une erreur de fait qui me paraît suffisamment démontrée par les textes indiqués ci-dessus.

Voici l'explication des différents droits seigneuriaux qui se trouvaient maintenus (¹) par la pancarte de 1710 :

1° *Droit de terrage.* — Le terrage consistait en un certain nombre de gerbes de blé, dues au seigneur, soit par le colon ou fermier, soit par le propriétaire direct. A l'Ile-d'Yeu, c'était le 6ᵉ du total des gerbes.

2° *Droit de lods, ventes et honneurs.* — C'était l'impôt sur les mutations de propriété par suite de vente. Il consistait dans la sixième partie du prix de vente, et devait être payé par l'acquéreur dans la huitaine, sous peine de 60 sols d'amende.

3° *La taille*, droit ou cote personnelle payée par les habitants au seigneur, était remplacée à l'Ile-d'Yeu, par la *taillée* de pêcherie, dont il est question dans la pancarte de 1710. Les nobles, les ecclésiastiques et les officiers en étaient exemptés *de droit;* quelques personnes par privilège.

4° *Fours banaux, moulins banaux.* — C'était l'obligation par les roturiers de faire moudre leur blé et cuire leur pain au moulin et au four du seigneur. A l'Ile-d'Yeu, on donnait, pour ce double droit, la 24ᵉ partie de la pâte.

5° *Corvées.* — Sortes de prestations, consistant en charrois ou journées de travail. Il y avait, en outre, à l'Ile-d'Yeu (art. 22 de la pancarte), l'obligation de faire, pour le seigneur, la mouche, c'est-à-dire de ramasser et de faire sécher et de mettre en tas les herbes marines, l'obligation aussi de mettre les gerbes et le blé en tas.

Le corvage des barques consistait à porter au continent ou à en rapporter la correspondance du seigneur. Ce droit fut converti, par la pancarte de 1678, en une redevance de douze livres.

6° *Droits sur les blés.* — Deux sols par boisseau pour

(¹) M. Jules Piet, *Ann. de la Soc. d'Émul.*, 1ʳᵉ série, XII, p. 228.

les blés apportés du dehors et un sol par boisseau de pois, fève et orge. Cependant il y avait franchise pour douze boisseaux par an, en faveur de chaque maître de barque et son équipage, à la charge d'en demander permission et de faire mesurer par le garde-havre. Il y avait franchise aussi pour les blés que les habitants rapportaient de leurs propriétés situées hors de l'île. Quant à la sortie des blés, le droit était le même que pour l'entrée, s'ils appartenaient à des habitants ; il était double si les propriétaires étaient étrangers à l'île. Il faut remarquer, en outre, que le blé rapporté du continent par les habitants de l'île, ne pouvait être vendu qu'après que le seigneur avait vendu les siens ou avait refusé de les vendre.

7º *Droits sur le sel.* — Tandis que les habitants des îles voisines, munies de marais salants, étaient affranchies du droit de consommation sur le sel, les habitants de l'Ile-d'Yeu, où il n'y avait pas de marais salants, acquittaient un droit de six deniers par boisseau, sans distinction entre le sel servant à saler le poisson et celui destiné à la consommation directe de l'homme.

8º *Droits sur les bêtes à laine.* — La dîme sur les bêtes à laine se prenait au *dixième* des moutons, des brebis et des agneaux, et cela à raison du pacage qui était censé appartenir au seigneur. Celui-ci pouvait même s'emparer de tout le troupeau, défalcation faite du dixième de la valeur. (Art. 19).

9º *Droit sur les poissons.* — Cinq sols quatre deniers par cent de congres secs (art. 12) et un droit de retenue sur le poisson frais (art. 15) ; droit sur les sardines, quand même elles ne seraient pas vendues (art. 6).

10º *Droits sur les poids et mesures.* — Toutes les marchandises vendues ou achetées en gros devaient être pesées, et le droit prélevé à ce sujet était de cinq sols quatre deniers par quintal (art. 12). En outre, vérification des mesures le jour de la Saint-Georges. Amende de six livres, dont un tiers pour les pauvres, si on ne les apportait pas ou si elles étaient trouvées fausses. Elles étaient, dans ce dernier cas, cassées ou confisquées au profit du seigneur.

11o Droit de port et d'ancrage. — Les forains et les étrangers, qui entraient dans les ports et havres de l'île, payaient *cinq sols* pour le droit d'ancrage de leurs bâtiments, tant grands que petits, chargés et vides et *cinq sols* par tonneau, plein ou vide. Ce droit était appliqué aux réparations de la jetée et à l'amélioration du port. Les habitants des îles voisines en étaient exemptés parce que ceux de l'Ile-d'Yeu ne payaient pas ce droit dans ces îles.

12° Droits sur les débits de boissons et les tavernes. — Il fallait faire une déclaration à peine d'*un écu* d'amende. Pour le droit de tenir taverne, un écu par an, quant même on n'aurait vendu que pendant huit jours (art. 16). Pour les vins et liqueurs, apportés par les étrangers et forains, on devait une bouteille d'un pot ou dix sols, au choix.

13° Droits de bris et naufrage. — Nous avons longuement étudié, dans les pages précédentes, l'organisation et l'exercice de ce droit, je me bornerai à expliquer ici les termes de l'article 11 qui s'exprime ainsi :

« Au regard des bris et naufrages qui pourront arriver aux côtes et à la vue de la dite île, les droits du seigneur seront pris suivant les usages et coutumes et ce qui n'en aura pas été sauvé *pendant les trois marées,* appartiendra au seigneur ; néanmoins, les sauveurs qui auront travaillé aux débris, auront le tiers des dits débris ou de leur valeur, pour les récompenser de leur travail. »

La seule difficulté que nous présente ce texte est le sens qu'on doit attacher aux mots *pendant les trois marées.* Si c'étaient trois marées consécutives, trois jours se suivant l'un l'autre, comme le 20, le 21 et le 22, par exemple, cette disposition eût été contraire à la coutume du Poitou et aurait pu atteindre les droits des naufragés qui étaient des tiers étrangers à la rédaction de la pancarte. (*Res inter alios acta tertio nocere non potest*). Il me semble qn'on doit plutòt entendre ces mots dans le même sens que les *trois jours* de l'article 303 de la coutume du Poitou à laquelle se reporte expressément l'article 2 de la pancarte. Or, les *trois jours*, comme nous l'avons expliqué (page 167), étaient ou bien trois dimanches, afin que la publication fut faite au prône, ou trois marchés avec « cry public » et les épaves ne pouvaient être ensuite vendues qu'après un délai de quarante jours.

14ᵒ Droits sur les fruits. — Sur chaque nature de fruits, vendus ou débités, un cent de chaque façon ou un sol par boisseau (art. 5).

15ᵒ Droit de tenir boutique et de vente au détail, 3 livres par an et les forains 3 livres par quartier de trimestre, lors même qu'ils n'auraient débité que pendant huit jours.

16ᵒ Droit sur les sorties des bœufs, vaches, chevaux et ânes, 40 sols par pièce, 10 sols par mouton.

17ᵒ Droit à payer par les nouveaux mariés : un pain de trois livres, un gigot de mouton et un pot de vin, converti plus tard en une somme de quinze sols (art. 20).

III

L'Ile-d'Yeu, comme les autres îles du littoral, a joui, dès une époque très reculée, de certains privilèges et exemptions, qui devaient beaucoup atténuer pour elle l'arbitraire et les excès du régime féodal. Ainsi, notamment, pour les îles de Noirmoutier, Bouin et Yeu la situation était à peu près la même et les mesures qui concernaient l'une, s'appliquaient probablement à l'autre. Une ordonnance de Charles VI, du 25 octobre 1392 ([1]), con-firme les privilèges de l'île de Noirmoutier, en énonçant qu'ils *existaient de tout temps, au moins et tels qu'il n'est mémoire du contraire.* (M. Piet, *Emul.*, 1re série, XII, p. 222.)

L'ordonnance de Louis XI ([2]), dont un fragment est conservé à la mairie de l'Ile-d'Yeu et que j'ai signalée au chapitre suivant, affranchit de toutes tailles, subsides et autres subventions les habitants non seulement de Noir-moutier, d'Yeu et Bouin, mais aussi toutes les îles du

([1]) En outre, une *lettre de Charles VI du 21 juillet 1399 :*

« ..... Et combien que ès aultres îles voisines de la dite isle de Nermontiers et par spéciale les isles Dieu et de Boing et aucunes aultres, étant au pays de Poictou et en frontière comme est la dite isle de Nermontiers, n'ayent cours les aydes et subventions quel-conques, ayant cours en notre royaume sur le fait de la guerre, et ce nonobstant, le Gouverneur de La Rochelle, les élus et receveurs sur le fait des aydes au pays de Poictou et aucuns aultres, eux disant commissaires de par nous en cette partie ou aultrement, se sont efforcez et efforcent de jour en jour de mettre sur, cueillir et lever en la dite isle les aydes et de contraindre les dits habitants, demeurant à présent en icelle, à les payer et contribuer à iceux et pour ce les traitent et démènent tellement chacun jour qu'ils sont sur le point de partir de la dite isle et icelle laisser inhabitée et vuide ; pourquoi le *Chastel d'icelle isle qui est l'un des plus forts, spacieux, notables et anciens de toute la contrée et du pays d'environ où il chiet très grande garde,* serait en péril d'être pris et occupé par les ennemis, qui serait la destruction de tout le pays de Poictou et de Xaintonge, des quels pays, la dite isle est confrontente et assise et dont par occasion de très grands dommages et inconvenients se pourrait s'en suivre en notre royaume et à la chose publique d'icelui » (Document publié par M. J. Piet, *Émul.*, 1re série, XII, p. 223.

([2]) *Ordonnance de Louis XI, Orléans, 1466 :*

Et combien que *de toute ancienneté et de tel temps qu'il n'est mémoire du contraire,* les isles de la mer et pas seulement la dicte isle de Boing, mais aussi les isles qui sont assises de tout au pays du Poictou, comme est l'isle de Nermontiers et l'isle Dieu, sont et doivent être par les privillèges des isles de mer et autrement franches, quictes

Poitou et reproduit la formule déjà mentionnée ci-dessus, *que les dits privilèges existaient de tout temps*. Il ne faut pas oublier, non plus, que ces privilèges étaient accordés à ces îles *parce qu'elles avaient fait merveilles contre les Anglais*.

La lettre de Charles VI du 21 juillet 1399, concernant plus spécialement Noirmoutier (voir la note ci-dessus), est intéressante en ce qu'elle nous montre les exactions des *aydes* qui *traitaient* et *démenaient fort rudement* les habitants de Noirmoutier, d'où on peut inférer, que ceux de l'Ile-d'Yeu ne devaient pas avoir un traitement beaucoup meilleur.

Au XVIIe siècle, « les privilèges de l'Ile-d'Yeu consis« taient dans l'exemption des tailles, gabelles, papiers « timbré, et de tous les autres impôts généralement quel« conques, ce qui semble ne rien excepter. » (¹)

M. Jules Piet fait remarquer à ce sujet, que plus les rois étendaient les franchises dans les îles, en renonçant aux tailles, aides et subsides qu'ils prélevaient sur les autres sujets, plus les seigneurs de ces mêmes îles donnaient de développement aux droits féodaux.

Ce reproche était peut-être vrai pour les îles de Bouin et de Noirmoutier, dont je n'ai pas ici à retracer l'histoire, mais il n'en était pas de même à l'Ile-d'Yeu, dont les habitants, comme nous l'avons vu plus haut (pages 264 et 266), avaient su se créer à eux-mêmes des privilèges contre l'autorité éloignée et intermittante de leurs seigneurs.

---

et exemptes de toutes tailles, subsides et aultres subventions. Pourquoi..... par ces présentes exemptons et affranchissons tout ainsi que ont esté et sont les aultres habitants et demeurants ès-isles de Nermontiers, de Dieu et aultres de la dite marche commune. (Publié par M. Piet, *Soc. d'Émul*, 1re série, XII, p. 223 et par l'abbé du Trossay, page 39.)

(¹) M. Jules Piet, *Ann.*, 1re série, XII, p. 223. — (²) *Ibid.*, p. 216.

Nous avons, du reste, des preuves authentiques de la reconnaissance de ces droits : ce sont les pancartes de 1678 et de 1710, calquées l'une sur l'autre et qui sont restées en vigueur jusqu'à la vente de la seigneurie au roi, en 1785. Il est évident, que par le maintien pur et simple de ces droits, pendant une aussi longue période, les seigneurs de l'Ile-d'Yeu n'avaient pas « *donné de développement à leurs droits féodaux.* »

IV

Nous avons dit, dans le § I du présent chapitre, qu'au point de vue féodal, l'Ile-d'Yeu relevait de la seigneurie de la Garnache qui, elle-même, relevait de la vicomté de Thouars. Pourtant, dans un aveu (¹) du 25 mai 1405, rendu par le vicomte de Thouars au duc de Berry, il n'est pas question de cette île (²). C'est dans un autre aveu de Jean,

----

(¹) Dans le langage du droit féodal on entendait par le mot *aveu* un acte passé par devant notaire et dans lequel le vassal *avouait* qu'il était soumis, lui et son fief, à son seigneur. On appelait dénombrement le détail de toutes les redevances et de tous les droits attachés au fief dont le vassal devait foi et hommage à son seigneur suzerain. Les deux actes étaient, en un mot, la reconnaissance des droits du fief dominant sur le fief servant.

Tous les fiefs étaient ainsi dépendants les uns des autres, et aucune terre ne pouvait échapper à la hiérarchie des fiefs. C'est là la signification de l'ancien adage féodal : *Nulle terre sans seigneur.*

(²) Extrait du mémoire, rédigé le 5 octobre 1718 par Mazurier, greffier de la cour et marquisat de la seigneurie de l'Ile-d'Yeu, au sujet d'un procès, dont il sera question plus loin.

« Il y a un *aveu* de Pierre, sire d'Amboise, vicomte de Thouars, au duc de Berry et d'Auvergne, comte du Poitou, etc., à cause de son comté de Poitou, de son château, vicomté et châtellenie de Thouars, du 25 mai 1405. Dans cet acte, il n'est point parlé de l'Isle-Dieu et il est à remarquer que jamais les seigneurs de Thouars n'ont fait mention de l'Isle-Dieu, quand ils ont rendu leurs hommages au roi. »

vicomte de Rohan, que se trouve la mention de ce fief (¹) et c'est le 15 mai 1527, que Jacques, vicomte de Rohan, seigneur de la Garnache, rend hommage des terres de l'île au vicomte de Thouars (²).

D'après les notes de M. l'abbé Simonneau et aussi d'après M. l'abbé du Tressay (p. 37), l'Ile-d'Yeu était, dès le XIIᵉ et le XIIIᵉ siècle, un fief de *haubert*.

Or, le fief de *haubert* était le vrai fief, le fief militaire, le fief de chevalier. Le possesseur d'un fief de haubert devait, à vingt et un ans, revêtir le haubert ou cotte de mailles et se tenir à la disposition de son seigneur qui était ordinairement le roi, si bien que des auteurs ne réputaient fiefs de haubert, que ceux qui relevaient immédiatement du prince. Le fief de haubert appartenait, pour le tout, au fils aîné, après le décès du père ; il ne se partageait pas entre frères ; mais, s'il n'y avait que des filles, il se partageait, sans pouvoir cependant être divisé en plus de huit parties. Autrement, il perdait le caractère de fief de haubert et devenait fief vilain (³).

(¹) *Ibid.* — « Autre aveu de Jean, vicomte de Rohan et de *Léon*, comte de Porrhoët, seigneur de la Garnache et de Beauvoir-sur-Mer, à haut et puissant seigneur Louis de la Trémouille, vicomte de Thouars, pour la Garnache et Beauvoir-sur-Mer. Dans cette pièce se trouve cette clause : sous laquelle foi et hommage ci-dessus tient, des noms en *parage* et lignée de notre très-cher et très-aimé neveu Jean, sire de Rieux, le château, châtellenie, terres et seigneurie de l'Isle-Dieu. »— D'après la Fontenelle, p. 13, cet aveu serait du 30 juillet 1495 — Voir ci-dessus, p. 215, le texte publié par La Fontenelle et qui n'est pas tout à fait semblable à celui-ci.

(²) *Ibid.* — « Le 18 mai 1527, Jacques de Porrhoët, vicomte de Rohan, baron de la Garnache et de Beauvoir, donne procuration à Jacques Roger, de rendre en son nom foi et hommage à messire François de la Trémouille, vicomte de Thouars, des terres, baronnies et seigneuries de la Garnache, Beauvoir-sur-Mer et de l'Isle-Dieu, leurs, dépendances quelconques. »

(³) Dalloz, *Essai sur l'Histoire Générale du Droit français*, p. 131.

Mais l'Ile-d'Yeu, était-elle bien un fief de haubert aux XIIe et XIIIe siècles? Elle faisait alors partie de la seigneurie de la Garnache ; elle ne devint un fief spécial que lorsqu'elle passa de la famille de Rohan dans celle de Rieux, à une époque que nous aurions voulu fixer avec certitude, mais qui, en attendant de nouveaux éclaircissements, peut être placée à peu près, à la fin du XVe siècle. Même à cette époque plus récente, l'Ile-d'Yeu ne semble pas avoir eu le caractère d'un fief de haubert, car elle n'a jamais relevé directement du roi, à moins que ce ne fut lorsque cessa la possession de l'anglais Richard de Grené (voir p. 130), en 1392 (¹).

Toutefois, les questions de suzeraineté ont été parfois assez obscures à l'Ile-d'Yeu et ont donné lieu notamment à un procès, dont il ne nous reste que quelques débris de pièces, transcrites dans le mémoire du greffier Mazurier, du 5 octobre 1718 (²). Le seigneur de la Garnache et la dame de Tonnay-Charente étaient en contestation au sujet de la suzeraineté de la Garnache sur l'Ile-d'Yeu. Quelle était cette dame? Était-ce Madeleine Mangot qui avait acheté la seigneurie de l'Ile-d'Yeu à la famille de Rieux, le 6 septembre 1659? Ou bien, était-ce Gabrielle de Rochechouart, fille de Jean-Claude de Rochechouart, mariée le 25 juillet 1662 à Jules-Armand Colbert? (V. pages 118 et 120).

Quoi qu'il en soit, la dame de Tonnay-Charente alléguait « que, si Knoll (voir p. 123) était suzerain de l'Ile-d'Yeu en qualité de seigneur de Derval, l'Ile-d'Yeu devait, par continuation, reconnaître le seigneur de Derval comme son suzerain ; que si, au contraire, c'était en qualité d'Anglais que Knoll exerçait sa suzeraineté, l'isle Dieu ne relevait plus que du roi : attendu que les rois de France

(¹) Du Tressay, p. 36. — (²) Voir plus haut, pages 133 et 179.

avaient, par droit de conquête et de confiscation, tout ce que les Anglais possédaient dans le royaume. Elle apporte, à l'appui de cette dernière raison, les exemptions et privilèges, accordés à l'ile par les monarques français; elle fait remarquer que plusieurs rois, en leurs patentes de diverses dates et en divers temps, ont déclaré que les habitants de l'isle Dieu étaient leurs sujets sans moyens([1]).»

Ce raisonnement ne me semble pas du tout justifié. Nous avons vu, en effet (p. 130), que le second possesseur anglais de l'Ile-d'Yeu, Richard de Grené, avait cédé cette île à Guy de la Trémoïle. Ce n'est donc pas le roi qui en était possesseur direct.

La dame de Tonnay-Charente ajoute qu'il ne se trouve point de procédure, faite contre le seigneur, marquis d'Asserac, qu'une sentence des requêtes du palais, du 3 août 1644, entre Marguerite, duchesse de Rohan et de Fontenay, demanderesse et messire Jean de Rieux, marquis d'Asserac, baron de l'isle Dieu, défendeur, par laquelle il est condamné ([2]).

D'un autre côté, le seigneur de la Garnache se défendait en produisant une sentence du sénéchal de la Garnache et de Beauvoir, par laquelle « le Sr d'Asserac était débouté de défense » et condamné aux dépens; d'où on voit, dit le mémoire de Mazurier, qu'elle n'est pas par défaut.

Qu'elle soit ou non par défaut, cette sentence ne me paraît pas avoir une grande portée, car le sénéchal de la Garnache pourrait bien être soupçonné d'avoir eu plus souci de rendre des services que des arrêts.

Mais il faut croire que ces sentences étaient bonnes à produire, car le seigneur de la Garnache en apporte une autre, en date du 27 juin 1646, « de laquelle, comme il

---

([1]) Mémoire du greffier Mazurier. — ([2]) *Ibid.*

suppose, il y a deux pièces énoncées : la première est un acte de foi et hommage, fait de ladite baronnie de la Garnache et Beauvoir, de ladite seigneurie de l'isle Dieu au dit seigneur, duc de Thouars ; la seconde est une transaction, faite et passée entre la dame Françoise de Rohan, dame de la Garnache et la dame Marguerite de Conan, veuve du S' de la Feuillée, portant que ladite dame de Conan aurait fait foi et hommage de ladite terre de l'isle Dieu à ladite dame de la Garnache. Ces deux actes ne sont pas considérables ; la maxime de droit est vulgaire (*non redditur differenti nisi aliam constet de relato*). »

Mais le seigneur de la Garnache continue sa défense avec un « Avis de la Cour (la cour de la Garnache sans doute), du 16 janvier 1655, intervenu entre messire Jean de Rieux, chevalier, marquis d'Asserac, baron de l'Isle-d'Yeu, appelant de la sentence des requêtes du Palais, du 30 août 1644, et la dame de Rohan, intimée et encore le S' de Guenégaud, « intervenant, qui confirme ladite sentence. »

Le mémoire fait cependant remarquer « que ledit avis n'est que par forclusion et qu'au vu du dit avis, il est fait mention de l'autre avis contradictoire en la même cause par lequel il est dit que ladite dame de Rohan et de la Garnache communiquera l'original de l'ancien, qu'elle prétendait avoir rendu à Thouars, où elle faisait mention de ladite Isle-Dieu, comme d'un arrière-fief et autres titres, sur lesquels elle fondait son droit, c'est-à-dire des aveux des seigneurs de l'Isle-Dieu inféodés. »

Contre cet avis, la dame de Tonnay-Charente obtint « requête civile qui est fondée en droit et raison si pertinente, qu'il y a lieu d'espérer que les parties seront remises au même état qu'elles étaient avant les avis, si bien, qu'il faudra que ledit S' de la Garnache communique l'original du dit aveu (de l'ancien, qu'elle prétendait avoir *rendu* à

Thouars et où elle faisait mention de la dite Isle-Dieu, comme d'un arrière-fief) et des titres, par lesquels il fasse voir des aveux rendus aux seigneurs de la Garnache par les seigneurs de l'Isle-Dieu, et autres pièces justificatives de sa demande ; autrement, il en doit être débouté. »

Tels sont les données qui nous sont fournies par le mémoire du greffier Mazurier, déposé à la mairie de l'Ile-d'Yeu. Nous n'y voyons ni l'origine, ni la fin du procès, ni des désignations suffisantes des personnes en cause, ni les dates auxquelles il faut rapporter cette contestation.

Cependant cette pièce à son importance à cause des anciens actes qu'elle relate et dans lesquels nous voyons apparaître les noms de quelques anciens seigneurs et dames de l'Ile-d'Yeu.

Quelques liasses de documents juridiques, provenant du greffe de la Cour et Marquisat de l'Ile-d'Yeu, se trouvent, en outre, aux Archives du département de la Vendée. Malheureusement, elles ne remontent pas au-delà de l'année 1762. Cependant elles nous fournissent quelques indications précieuses, non seulement sur le fonctionnement de la justice dans ce fief, mais sur les noms des personnes qui étaient investies de ces graves fonctions.

D'abord, comme situation générale à cette époque, c'était le gouverneur qui remplissait les fonctions de juge unique. Il était assisté du procureur fiscal qui remplissait, au nom du seigneur, des fonctions presque analogues à celles du ministère public de nos jours, donnant ses conclusions dans les affaires civiles, portant plainte, préparant les instructions criminelles et requérant contre les malfaiteurs. Ce tribunal, ainsi constitué, se complétait par l'adjonction d'un greffier. Les assignations étaient données par le sergent de la Cour de l'Ile-d'Yeu ou par un sergent royal.

Lorsque le gouverneur était absent ou empêché, il était

remplacé par un officier ministériel, ordinairement un notaire. Le procureur fiscal avait un substitut.

Les fonctions judiciaires du gouverneur étaient, en réalité, celle d'un sénéchal ; c'est ainsi qu'on désignait, dans nos provinces et dans celles du midi, les juges royaux ou seigneuriaux, le terme de bailli étant réservé à ces magistrats, principalement dans le nord de la France.

Les renseignements que j'ai puisés dans ces pièces, compléteront, sur quelques points, la liste que j'ai donnée aux pages 154 et suivantes, des principaux officiers de l'île et montreront, en même temps, les formes juridiques employées, à cette époque relativement récente, dans une *justice seigneuriale*.

1762, 29 octobre. — « Interrogatoire fait par devant nous, messire Jacques-Joseph Gillen, écuyer, ancien sous-brigadier des gardes du corps du Roy, chevalier de l'Ordre royal militaire de Saint-Louis, gouverneur de l'Isle-Dieu, y faisant les fonctions de juge civil et criminel ; à la requête de Me Jean Rabalant, procureur fiscal de cette Cour, demandeur et accusateur en *crime* de voies de fait et de paroles injurieuses et scandaleuses, commis par....., bouchère, en conséquence du décret de déjournement personnnel, par nous contre elle décerné le 25e de ce mois, à elle signifié avec assignation par devant nous, le 25e du dit mois, par Jean Minguet, sergent de cette Cour. Laquelle dite. ..., comparante par devant nous, juge susdit, estant en notre hôtel, lieu ordinaire où s'exerce la justice du Marquisat de l'Isle-Dieu, ayant avec nous Pierre Auger, notre greffier », etc.

En cette année 1762, au mois d'octobre, les sieurs Pasquier et Vrignon étaient notaires à l'Ile-d'Yeu. Vrignon était en même temps substitut du procureur fiscal. Il agit, en cette qualité, le 23 mars, et Pasquier, en qualité de greffier, le 6 mars, avec Jacques Bertrand comme sergent de la Cour.

1763, 30 mars. — Plainte. — « A messire Gillen, gouverneur de l'Isle-Dieu, y faisant fonctions de juge. Vous remontre M⁰ Jean Rabalant, procureur fiscal de cette Cour, que ayant été informé, il y a quelque temps, que les nommés..... auraient été témoins que les nommés..... auraient forcé le tronc de la *chapelle de la Blanche*, avec une barre de fer ; ce considéré, Monsieur, il vous plaise permettre qu'il soit informé contre les dits accusés et faire justice. A l'Isle-Dieu, le 29 mars, signé : J. Rabalant. — Soit fait ainsi qu'il est requis. A l'Isle-Dieu, le 30 mars 1763, signé : J. Gillen, Gʳ. »

Cette pièce nous apprend que la chapelle de la Blanche, dont nous avons déjà parlé (p. 88), existait en 1763 ou, plutôt, avait été réédifiée avant cette époque. A moins, cependant, qu'il ne s'agisse d'une autre chapelle de la Blanche, car Joussemet dit que, de son temps (1755), celle qui avait existé au Bourg était en ruine. Il aurait donc fallu qu'elle fut reconstruite entre ces deux dates assez rapprochées. Dans ce cas, il ne serait pas impossible que cette chapelle ait été de nouveau détruite, peu de temps avant la Révolution, comme l'a dit M. Simonneau.

De 1763 à 1771, Gillen apparaît encore en qualité de gouverneur, faisant fonctions de juge, avec Jean Rabalant comme procureur fiscal et Auger greffier.

1773, 19 février. — Jean Pasquier, praticien plus ancien, faisant fonctions de juge. Jean Raballant, Auger.

1773, 2 juillet. — Nous arrivons à un nouveau gouverneur, le chevalier de Verteuil.

1773, 18 septembre. — Jean Pasquier, praticien, faisant fonctions de juge, en remplacement du gouverneur, empêché.

1779, 21 février. — Procureur fiscal, Jacques Rabalant (qui succède, sans doute, à Jean), Tiraud ou Airaud, greffier.

1779, 16 juin. — De Flandres, greffier.

1779, 27 juin. — « Information criminelle faite par nous, Pierre Lecomte, notaire du Marquisat de l'Isle-Dieu et l'un des anciens praticiens du dit siège, et en l'absence de messire Jacques Alexis de Verteuil, faisant fonctions de juge, sénéchal civil, criminel et de police, au même siège, en suivant l'usage usité de temps immémorial. »

1783, 5 juillet. — Pierre Lecomte, notaire, faisant fonctions de juge. — Même année (27 juin), Dumonté, procureur fiscal.

Le registre des tutelles, curatelles et émancipations est signé, au premier feuillet, 27 octobre 1779 : chevalier de Verteuil, J. Raballant, procureur fiscal, Auger, commis-greffier, et au dernier feuillet, 14 mai 1790, encore par le chevalier de Verteuil, gouverneur, et les mêmes procureur et greffier.

M. de Verteuil était, on le voit, resté en fonctions plus d'une année après le commencement de la Révolution.

Ainsi que nous l'avons dit à la page 193, la plus grande partie des archives de l'Ile-d'Yeu a été brûlée, le 25 messidor an II, en vertu de la loi *barbare* du 17 juillet 1793. Les *épaves* de ces archives, heureusement recueillies dans dans le dépôt départemental, ne constitueraient pas, paraît-il, tout ce qui reste encore de ces précieux documents. Quelques-uns se seraient égarés chez des particuliers. D'autres auraient été envoyés, soit à la préfecture d'Ille-et-Vilaine, soit à la mairie de Rennes. Vers 1825, on aurait écrit de cette ville au maire de l'Ile-d'Yeu pour lui proposer des expéditions de ces pièces, moyennant une certaine somme. Les futurs historiens de l'Ile-d'Yeu pourront essayer de puiser à cette source.

Je dois ajouter encore ici, comme détail se rapportant à l'administration féodale de l'Ile-d'Yeu, qu'à la fin du siècle dernier, cette île servait de dépôt pour les tabacs qu'on introduisait en fraude sur le continent. Ce serait même cette raison qui, d'après Savary, aurait décidé le roi à acheter cette terre à la famille de Rochechouart de Mortemart.

Les sources, où nous pouvons puiser des informations pour refaire l'histoire de l'Ile-d'Yeu, sont si peu abondantes qu'il faut n'en négliger aucune.

Aussi, ma prétention n'a point été de *faire l'histoire* de l'Ile-d'Yeu. Le moment ne me paraît pas arrivé. J'ai voulu simplement, comme je le disais au début, m'efforcer de réunir en un seul faisceau tous les documents épars qui peuvent concerner cette île si intéressante. Mon œuvre n'est donc qu'une ébauche et c'est à ce titre que je réclame toute la bienveillance de mes lecteurs. C'est une base que l'on pourra, sans doute, élargir plus tard, et sur laquelle d'autres, plus heureux dans leurs découvertes, parviendront à édifier une véritable et définitive histoire de l'Ile-d'Yeu.

CHAPITRE IX

L'Ile-d'Yeu pendant les guerres maritimes de la France.

Nous avons vu, au chapitre des monastères, combien l'Ile-d'Yeu avait eu à souffrir des incursions des Normands et peut-être aussi des Sarrasins. Sa position isolée, à une assez grande distance du continent, devait l'exposer à de nombreuses attaques car, malgré sa pauvreté, elle pouvait encore tenter la cupidité des ennemis. Mais c'est surtout au point stratégique qu'elle pouvait avoir, dans une guerre, une grande importance et il est vraiment étonnant que, pendant de nombreux siècles, on n'ait songé à y établir aucune défense sérieuse. Le Vieux-Château, en effet, depuis longtemps en ruine, n'avait probablement été utilisé qu'à une époque reculée, lors des premières guerres contre les Anglais. Encore ne possède-t-on aucune donnée certaine sur le rôle de cet imposant donjon. Quoiqu'il en soit, l'Ile-d'Yeu ne fut réellement fortifiée que sous le premier Empire.

Bien que cette île ait dû recevoir de nombreuses visites des vaisseaux ennemis ou des belligérants, pendant nos diverses guerres maritimes, l'histoire n'a enregistré qu'un petit nombre de faits de cette nature; encore n'ont-ils pas tous une grande importance (¹).

Le 11 novembre 1425 eut lieu, en face du Port-Breton (²),

(¹) L'île de Noirmoutier paraît avoir été attaquée plus souvent que l'Ile-d'Yeu ; du moins les données de l'histoire sont plus nombreuses et plus précises en ce qui concerne la première de ces deux îles. Il est probable, cependant, que lorsque l'une était visitée par les ennemis ou par les pirates, l'autre n'était guère épargnée. M. Marcel Petiteau, dans un article publié par notre *Annuaire* de l'année dernière (p. 15), nous signale, pour l'Ile de Noirmoutier, divers actes d'hostilités auxquels l'Ile-d'Yeu n'a peut-être pas échappé :

En 1390, sous le règne de Charles VI, de la part de la flotte anglaise du comte Richard d'Arundel, composée de 140 voiles.

En 1535, par des corsaires, Turcs et Barbaresques.

En 1674, par la flotte hollandaise de l'amiral Tromp. Le commandant de Noirmoutier, Jean Belescare de Saint-Ouen (ou de Bellossart ; voir ci-dessus, p. 154), avait jugé prudent de s'enfuir. Au mois de juin 1676, le Présidial de La Rochelle le condamna à être roué vif et à payer de fortes amendes, dont l'une de 3,700 livres, applicable à la rédemption des captifs de l'*Ile-d'Yeu*, des Sables, de Saint-Gilles et lieux circonvoisins.

(²) Le Port-Breton, aujourd'hui le Port-Joinville, a reçu cette nouvelle appellation en vertu d'une ordonnance du 4 février 1846.

un combat entre un baleinier, sorti du port des Sables-
d'Olonne et un baleinier anglais. La victoire allait être
gagnée par le navire olonnais, quand survient un vaisseau
marchand, portant les couleurs de l'Angleterre, qui prend
part à la lutte et fait éprouver quelques pertes au baleinier
français. Le baleinier anglais laisse là son compatriote
et profite de la confusion de la bataille pour gagner le
large. Il résulta de cette manœuvre peu généreuse, que
le vaisseau marchand fut bientôt désemparé et tomba au
pouvoir des Français, qui l'emmenèrent à Noirmoutier ([1]).

En 1450, la conduite des habitants de l'Ile-d'Yeu pendant les guerres qui déchiraient la France, avait, sans
doute, été exemplaire, car Charles VII leur accorda
de grands privilèges et l'exemption entière de toutes
charges.

L'année 1425 nous reporte au règne de Charles VII, à
la dernière période de cette longue et sanglante lutte avec
les Anglais, appelée la guerre de Cent Ans (1337-1437).
Mais la domination anglaise sur une partie de la France
ne devait disparaître qu'en 1453 au moment de la chute
de Constantinople, c'est-à-dire à la fin du moyen-âge.
C'est aussi pendant cette domination si humiliante pour
notre honneur national qu'eut lieu la grande épopée de
Jeanne-d'Arc, la noble héroïne d'Orléans, ardente per-
sonnification de la patrie opprimée et l'une des gloires les
plus pures de notre histoire, brûlée vive à Rouen, par les
Anglais, le 30 mai 1431.

En 1462, pendant le mois de septembre, de nombreux
vaisseaux de guerre anglais vinrent s'embosser en face de
l'Ile-d'Yeu, ainsi que cela résulte d'un titre original en
parchemin provenant du *chartrier de Thouars* ([2]). Les

([1]) M. Marchegay, *Bull. de la Soc. d'Émul.*, 1re série, XIV, p. 237.
— ([2]) M. Marchegay, *Ibid.*, 1re série, V, p. 175.

officiers du seigneur de Noirmoutier s'empressèrent de
réparer et de fortifier le grand château de leur île. On ne
sait si, à cette époque, les Anglais envahirent le territoire
de l'Ile-d'Yeu ; mais il est probable qu'il y eut lutte, car,
en 1466, Louis XI, comme Charles VII, accorda aussi des
privilèges à l'île, par ce motif que les habitants « avaient.
fait merveilles contre les Anglais. » On conserve, à la
mairie de l'Ile-d'Yeu, un fragment de l'ordonnance de
Louis XI, datée d'Orléans, novembre 1466.

Les navires aperçus devant l'Ile-d'Yeu, en septembre
1462, devaient probablement dépendre du commandement
de Warwick, dit le *faiseur de Rois* (¹), qui, en juin et juillet
de cette année, à la tête de la flotte anglaise avait menacé
les côtes de Normandie et avait opéré une petite descente
auprès de Brest. L'Angleterre avait profité du voyage de
Louis XI dans le midi de la France pour organiser une
expédition contre nos côtes. Mais Louis XI qui était, du
reste, en intelligences secrètes avec Warwick, n'avait
à craindre rien de sérieux d'une pareille entreprise,
car l'Angleterre était alors déchirée par les discordes
civiles.

Plus tard, à l'époque de l'alliance de Charles le Téméraire avec le roi d'Angleterre, Edouard IV, le 5 juillet 1475,
les Anglais débarquèrent à Calais. Mais l'abandon de
Charles et l'habileté du roi amenèrent entre l'Angleterre
et la France le traité de paix du 29 août suivant.

Une autre ordonnance, rendue par Henri II, datée du
12 mars 1551 et signée à Rennes, est plus explicite encore.
Elle a été copiée en entier par M. l'abbé Simonneau dans
ses notes manuscrites sur l'Ile-d'Yeu et publiée par M. de
Sainte-Hermine (p. 14) et par M. l'abbé Tressay (p. 40) (²).

(¹) Henri Martin, *Hist. de France*, VI, p. 538.
(²) Quelques mots sur l'Ile–d'Yeu.

C'est un curieux monument que je crois utile, aussi, de placer sous les yeux du lecteur :

« Henry, par la grâce de Dieu, roy de France, au premier huissier de nos cours et parlements ou autres de nos huissiers sur ce requis, salut.

« De la part de notre très cher et amé Jean de Rieux, seigneur d'Asserac, nous a été exposé qu'il est une de ses terres et seigneuries, châtellenie de l'Isle-Dieu, assise sur un rocher en la grande mer, en notre Bas-Poitou, diocèse de Luçon. La ditte isle contient une lieue de large et environ une et demie de long, en la quelle il y a un fort château assis sur un rocher ; la quelle isle est distante de la grande terre de six grandes lieues, en mauvaise et dangereuse mer, y allant grand nombre de navires tant de notre pays de Poitou, Bretagne, que d'autres pays, par contrainte, au moyen de l'impétuosité de la mer et du temps.

« Et en icelle isle, il peut y avoir cent vingt feux et deux cent cinquante marins ou environ ; en tous les endroits de la ditte isle l'on entre dessus avec des navires et bateaux.

« Et durant guerre, les Anglais, Espagnols et autres, nos ennemis, y sont descendus en guerre plusieurs fois, et, parfois, étaient au nombre de deux à trois mille personnes, plus ou moins, bien armés et garnis d'artillerie en fait de guerre : contre les quels il n'était pas possible de résister par les habitants de la ditte isle, vu leur petit nombre, et, en outre, qu'ils n'eurent aucun secours ni aide de personne. Les quels ennemis ont tué et outragé plusieurs des manants et habitants, tant hommes que femmes, brûlé plusieurs maisons et fait plusieurs oppressions et outrages ; tellement que les dits ennemis ont entré sur eux et, comme les plus puissants, ont subjuguez les dits habitants et ont été maistres de la ditte isle, hors du dit château, lequel a toujours été et est encore à présent sous notre obéissance. Comme aussi ont toujours été et sont, encore, en notre obéissance et service, les manants et habitants demeurant à présent dans la ditte isle, comme les dits manants et habitants ne furent jamais du parti des ennemis.

« Ils ont coutume de commercer et fréquenter, trafiquer et marchander en notre royaume, même en nos villes de Bordeaux, La Rochelle, Nantes et autres lieux circonvoisins des rives de la mer et du dedans de notre royaume, et ils sont soufferts et supportés à trafiquer et à marchander.

« Néanmoins, les habitants de la Rochelle, Olonne, la Chaume et autres de notre royaume, ne les veulent souffrir ni endurer trafiquer et marchander dans les dits lieux de notre royaume, comme de droit commun, en la forme qu'ils ont coutume de faire ; les dits habitants les ont molestés et opprimés tant par emprisonnement de leurs personnes, prises et déprédations de leurs biens qu'autrement. Et même ceux d'Olonne, la Chaume et autres de notre royaume, ont été en armes en la ditte isle et ont outragé, battu et opprimé les dits manants et habitants, pris et emporté leurs biens, sous prétexte de guerres ouvertes entre nous et l'empereur Charles-Quint, roi d'Espagne, et comme s'ils eussent été envoyés de notre royaume, et leur ont fait maux et outrages et oppressions; leur ont, contre toute raison et intention de leur prince, interdit et défendu de fréquenter aucun lieu de notre royaume, avec marchandises ou autrement, et de fait ne les ont point voulu ni veulent souffrir trafiquer ni marchander ; lorsque, par le suppliant, les dits biens qu'il a en la ditte isle avec ses sujets, manants et habitants, leurs femmes, familles et biens quelconques ont été mis sous notre protection et sauvegarde, afin d'empêcher les oppressions et molestations indues et conserver les habitants en ce qu'ils demeurent en la ditte isle ; qui, autrement, seraient

contraints de la laisser et abandonner ; en quoi nos ennemis se pourraient fortifier, courir sur nos sujets en notre
royaume et battre les côtes de la mer, tant du coté de
Bordeaux, la Rochelle, Nantes, qu'autres lieux, empêcher
toute navigation des manants et habitants des dits pays,
nos sujets, à leur très grande perte et diminution de nos
droits ; pourraient, en outre, faire plusieurs maux et déprédations à nos sujets et leurs biens, ce qui serait à
notre grand préjudice et dommage, et plus pourrait être,
si par nous n'était pourvu de remède convenable, humblement requis.

« Sur ce, ces choses considérées, te mandons et com-
mettons par ces présentes que tu signifies et fasses savoir
de par nous, par nos villes, bourgs et autres lieux de qui
il appartiendra ; et dont, par le suppliant, au procureur pour
lui sera requis, comme le dit le suppliant. Ses biens en la
ditte isle, ensemble ses sujets, manants et habitants de la
ditte isle; leurs femmes, familles et biens quelconques
sont en notre protection et sauvegarde. Les quels nous
avons pris et mis, prenons et mettons par ces présentes,
en faisant inhibition et défense, de par nous, à tous ceux
qu'il appartiendra, tant en général qu'en particulier ; dans
les villes et bourgs, nommés par le dit suppliant ou son
procureur, sera requis :

« Et ce, à peine de dix mille livres tournois à nous appliquer, en cas de chacune contravention, de ne leur méfaire
ni faire méfaire à leurs personnes, familles et bien quelconques, par quelque forme ou manière que ce soit ou
puisse être, tant sur mer que sur terre, à la peine que de
droit.

« En outre, qu'ils aient à endurer et souffrir et permettre
les dits manants et habitants de l'Isle Dieu, lesquels nous
voulons être soufferts et endurés à pratiquer, marchander
et fréquenter en notre royaume, par nos contrées de mer
de notre obéissance, villes et bourgs comme ils avaient

coutume avant la guerre, nonobstant les dites guerres et autres raisons quelconques ; et, en cas de contravention, molestation et oppression qui serait faite et donnée au dit suppliant, sujets, manants de la ditte isle, leurs gens, serviteurs et familles, après due notification et publication faite de ces présentes, incontinent et sans délai, information sur ce, diligemment, secrètement ; et l'information qui faite aura été rapportée par devers nos juges, sénéchaux, ou leurs lieutenants ou commissaires des villes de Bordeaux, Nantes, la Rochelle et autres, des ressorts dont seront les délinquants et contrevenants à ces dittes présentes : car ainsi nous plaît être fait nonobstant les dittes guerres pour les quelles ne voulons être permis d'user de prédominations, molestations indues et autres choses quelconques.

« Donné à Rennes, le douzième jour de mars l'an mil cinq cent cinquante-un, et de notre règne le cinquième. (Suit la signature.)

« Par vertu des quelles lettres ci-dessus transcrites, je, Joachim Guiet, sergent royal en Poitou, me suis transporté au lieu de Riez, où il y a la plus grande assemblée de marché, qui s'y tient chaque lundi de l'an et le quatrième d'avril, l'an présent mil cinq cent cinquante-un, et ai publié la sauvegarde contenue dans les dittes lettres. Pareillement, notification faite le sixième jour du dit mois et an, au lieu de Saint-Gilles-sur-Vie ; et ce, pour qu'aucun n'en prétende cause d'ignorance, ai laissé dans les dits lieux copies des dittes lettres. »

Il résulte de cet affreux verbiage que les paisibles habitants de l'Ile-d'Yeu n'avaient pas eu seulement à se plaindre des Anglais ([1]) et des Espagnols, mais encore des

---

([1]) Henri II, qui avait négocié le mariage de Marie Stuart avec le Dauphin et fait venir la jeune reine en France, avait envoyé sept ou huit mille hommes en Ecosse pour appuyer la résistance de ce pays contre l'Angleterre (1548-1550).

habitants de la Rochelle, d'Olonne et de la Chaume. Ils ont même conservé, jusqu'à aujourd'hui, une sourde antipathie contre le nom de Chaumois; et la source de ces sentiments, très atténués, du reste, aujourd'hui, doit être cherchée dans les faits qui ont motivé l'ordonnance de Henri II, mais dont les détails ne sont pas parvenus jusqu'à nous.

De l'année 1551, nous arrivons, sans transition, à l'année 1703, pendant laquelle se sont accomplis, dans l'île, des évènements probablement fort graves. Malheureusement, nous ne possédons, à leur sujet, que des indications extrêmement vagues consignées dans les registres de l'état-civil de l'Ile-d'Yeu, tenus par les curés de l'église de Saint-Sauveur du Bourg. Ainsi que nous l'avons déjà dit au chapitre VII ci-dessus (p. 150), du 3 au 30 juin 1703 six actes de naissance constatent des baptèmes faits, sur le continent, à Croix-de-Vie, « dans le temps de la déroute et qu'on fuyait les ennemis. »

On se trouvait alors au milieu de la guerre de la succession d'Espagne. Villars venait de s'emparer de Kehl et d'enlever au prince de Bade les défilés de la Forêt-Noire. Boufflers gagnait la bataille d'Eckeren sur les Hollandais. Mais Marlborough, dont le nom est resté légendaire en France, conduisait les Anglais victorieux à Bonn, Cologne, Gueldre, Limbourg et Huy.

Les flottes anglaises et hollandaises, exaltées par le désastre qu'elles venaient d'infliger aux galions de Vigo et qui avaient presque ruiné les marines de la France et de l'Espagne, pouvaient, sans doute, inquiéter impunément notre littoral. Si, à l'Ile-d'Yeu, il y avait « déroute » et si « on fuyait les ennemis, » c'est que, probablement, les flottes alliées s'étaient emparé de cette île et y avaient exercé une domination assez violente pour forcer une partie des habitants à chercher un refuge sur le continent. Le mot « déroute, » employé par le rédacteur des six actes de naissance de juin 1703, indique bien, en effet, la gravité de ces évènements et la panique qui en avait été la conséquence, puisque des enfants nouveaux-nés avaient été emmenés à Croix-de-Vie, ou que leurs mères avaient dû s'embarquer, peu de temps avant de leur donner naissance. Cependant, ce ne sont là que des conjectures ; et, pour ces faits de guerre comme pour tant d'autres, l'Ile-d'Yeu, hélas ! n'a pas eu un seul chroniqueur.

Il nous faut encore franchir un peu plus d'un demi-siècle pour arriver à une autre date mémorable. C'est le 4 décembre 1759 A cette époque, des vaisseaux anglais firent, de nouveau, leur apparition devant les côtes sans défense de l'Ile-d'Yeu.

Nous traversions encore une des plus lamentables périodes de notre histoire. Nous perdions le Canada et les Indes, et la guerre impitoyable que nous faisait William Pitt menaçait le territoire même de la France. Le 5 juin 1758, quatorze mille anglais avaient débarqué dans la baie de Cancale et s'étaient emparé de Saint-Servan où ils avaient brûlé des navires. Le 8 août suivant, ils étaient entrés à Cherbourg et avaient bouleversé les premiers travaux de ce nouveau port sur la Manche, tant souhaité par Colbert.

Malgré la perte de nos colonies et l'affaiblissement de notre marine, Choiseul avait fait faire de grands armements dans nos ports, pour préparer une descente en Angleterre et en Ecosse. Trois escadres, à Brest, Lorient et Rochefort, devaient se réunir à une flotte venant de Toulon, pendant qu'une quatrième escadre, partie de Dunkerque, inquiéterait les côtes d'Écosse et d'Irlande. Le commandement des trois escadres de l'Océan était confié au maréchal de Conflans. Mais les Anglais n'attendirent pas chez eux l'invasion qui les menaçait. Dès le mois de juillet 1759, ils bombardaient le Hâvre, et, en août, ils menaçaient la côte de Toulon. L'escadre de la Méditerranée, commandée par La Clue, fut d'abord dispersée par une tempête, puis en partie détruite par une flotte anglaise.

Les troupes et les bâtiments de transport destinés à la conquête de l'Angleterre étaient retenus dans le Morbihan par leur commandant, le duc d'Aiguillon. Celui-ci attendait que Conflans, qui commandait à Brest, vînt le chercher pour opérer ensemble leurs mouvements. Conflans aurait pu profiter de la tempête qui, au commencement de novembre, avait dispersé la flotte anglaise croisant devant Brest ; mais il ne mit à la voile que le 14. Le 20, il fut atteint par l'amiral anglais, Edward Hawke, à la hauteur de Belle-Ile. Il avait 21 vaisseaux contre 23. C'était une belle occasion de tenter la fortune et de relever notre prestige maritime. Au lieu de combattre, il chercha à attirer la flotte ennemie au milieu des écueils appelés les Cardinaux et qui rendent si dangereuse l'embouchure de la Vilaine. Mais l'avant-garde anglaise engagea le combat avec son arrière-garde. Les Français eurent six vaisseaux ou frégates pris ou brûlés. L'avant-garde française, composée de sept vaisseaux et commandée par de Beaufremont, se sauva vers l'île d'Aix et se réfugia à Rochefort. Quant aux vaisseaux du centre, les uns périrent sur les rochers, les autres se jetèrent dans la Vilaine, dont le chenal n'avait qu'une profondeur insuffisante, et il fut impossible de les en faire sortir. Conflans, lui-même, fit échouer, dans l'anse du Croisic, son vaisseau amiral, *le Soleil-Royal*, armé de 80 canons et monté par 1,200 hommes, et le brûla ainsi qu'un autre de ses navires. Deux vaisseaux anglais, *l'Essex* et *la Résolution*, qui avaient voulu l'y poursuivre, s'échouèrent sur le banc de sable appelé le Four où ils demeurèrent engagés et définitivement perdus. Les Anglais, après avoir sauvé une partie de leur cargaison, les incendièrent avec le vaisseau français *le Héros.* Le vaisseau français *le Juste* alla se perdre à l'embouchure de la Loire. Une tempête n'avait cessé de bouleverser la mer pendant toute la journée (¹).

C'est à la suite de ce lamentable désastre que, le 4 décembre, vers trois heures du soir, dit le curé Bernard Barré, les habitants de l'Ile-d'Yeu aperçurent trois frégates anglaises à une portée de boulet du Port-Breton. Elles étaient armées chacune de 34 canons. Le lendemain, 5 décembre, à neuf heures du matin, une chaloupe se présenta en parlemenntaire et pénétra dans le port. L'officier qui la commandait dit que le chef de l'escadre avait l'ordre de l'amiral Hawke de s'emparer de l'île, d'en enlever tous les bestiaux et toutes les barques.

L'île, abandonnée à ses propres forces, n'ayant que quelques soldats invalides et un très petit nombre d'hommes en état de porter les armes, ne pouvait songer à la résistance. Le gouverneur, Gillen, écrivit une lettre à l'amiral Hawke ; et le curé Bernard Barré, accompagné de deux habitants notables, se rendit à bord des vaisseaux ennemis. Ils furent reçus avec courtoisie par le commandant de l'escadre, mais on exigea la remise d'une certaine quantité de bestiaux et une contribution de guerre de mille livres sterling (vingt-cinq mille francs). Les quelques soldats qui se trouvaient dans l'île durent être renvoyés à Nantes. D'un autre côté, on permit aux habitants d'envoyer chercher, sur le continent, les vivres qui leur seraient nécessaires et de conserver six canons pour se défendre contre les corsaires de Jersey et de Guernesey. Les Anglais s'engagèrent, en outre, à ne pas exercer de pillage et à payer tout ce qu'ils prendraient. Cependant, ils volèrent le calice de la chapelle du Port, enclouèrent des canons, prirent des fusils et emmenèrent quatre bar-

______

(¹) Hume and Smolett, *Hist. of England,* p. 442.

ques et deux chasse-marée, mais ils abandonnèrent ensuite les chasse-marée et les laissèrent s'en aller à la dérive. Comme on était dans l'impossibilité de leur payer la contribution de mille livres sterling, ils s'étaient fait remettre deux otages.

L'amiral Hawke ne se trouvait pas sur les lieux au moment où ces vexations inutiles se commettaient en son nom. Lorsqu'il reçut la lettre du gouverneur Gillen et qu'il connut les conditions imposées aux inoffensifs habitants de l'Ile-d'Yeu, il se montra plus généreux que le commandant de l'escadre. L'éclatant triomphe qu'il venait de remporter sur notre malheureuse flotte l'avait, sans doute, disposé à la bienveillance et il jugea, avec raison, que la conquête et le rançonnement de l'Ile-Dieu ne pouvaient rien ajouter à sa gloire. Aussi s'empressa-t-il de faire remise de la contribution et de renvoyer les deux otages.

Cette mansuétude du commandant en chef déplut sans doute au commandant de l'escadre, car la frégate qui ramenait les otages ayant rencontré neuf barques chargées de vin, à destination de l'île, ne manqua pas de s'en emparer. Mais l'amiral Hawke les fit restituer à leurs propriétaires et fit assurer, de nouveau, les habitants de l'île de ses bonnes dispositions à leur égard. D'autres navires, en effet, s'approchèrent des côtes, mais ne firent aucun mal. L'amiral Hawke poussa même la sollicitude jusqu'à défendre aux corsaires de Jersey et de Guernesey d'inquiéter les pêcheurs de l'Ile-d'Yeu.

Cependant, le 28 juin 1761, la tranquillité des habitants fut encore troublée par l'apparition de deux bombardes anglaises, armées chacune de six canons. Elles étaient à la poursuite de deux chaloupes chargées de bestiaux pour l'île et qui gagnèrent heureusement le port. Le Port-Breton fut alors bombardé ; il reçut quatorze coups de canon, mais les dégâts furent peu importants. Les habitants envoyèrent des parlementaires; les Anglais réclamèrent les chaloupes ; mais on leur montra la lettre de l'amiral Hawke ; ils cédérent à l'autorité de ce nom et partirent dès le lendemain. Huit jours après, deux frégates anglaises se présentèrent encore devant l'Ile-d'Yeu. Elles ramenaient deux habitants qui avaient été pris dans un bateau français. On raconta l'histoire des bombardes ; les Anglais en parurent fort mécontents et promirent d'en informer l'amiral. Ils tinrent sans doute parole, car les bombardes, étant revenues de nouveau, montrèrent des dispositions fort différentes. Les troupes qui les montaient demandèrent la permission de descendre à terre et leur conduite ne donna lieu à aucune réclamation.

Malgré la continuation de la guerre, les habitants de l'Ile-d'Yeu jouirent de la tranquillité la plus complète et leurs bateaux, se livrant à la pêche comme en temps de paix, réalisèrent, paraît-il, des bénéfices considérables.

A cette époque, les Anglais venaient d'enlever d'assaut la citadelle de Belle-Isle (7 juin). Pour la première fois, dans nos guerres modernes, ils reprenaient pied sur nos côtes et ils restèrent maîtres d'un poste qui bloquait le Morbihan, la Vilaine et la Loire (¹). C'est à ce moment seulement que Pitt consentit à traiter avec Choiseul. Les préliminaires de la paix avec l'Angleterre furent signés, à Fontainebleau, le 3 novembre 1762, et le traité de paix définitif fut signé, à Paris, le 10 février 1763.

La guerre que nous avait faite le vieux Pitt (lord Chatam) était empreinte d'un caractère de violence inouïe. Jaloux de la résurrection de notre marine, de l'extension et de la prospérité de nos colonies, il poursuivit l'abaissement de la France avec une haine passionnée qui lui faisait traiter les nations modernes comme les barbares

(¹) Henri Martin, *Hist. de France*, XV, p. 574.

l'avaient été par les Romains et qui lui montrait notre pays comme une nouvelle Carthage dont la ruine importait à la grandeur de l'Angleterre (¹).

Comment se fait-il que dans cette guerre, conduite avec tant de fureur, l'Ile-d'Yeu, non seulement n'ait pas été saccagée, pillée et brûlée, mais encore ait été traitée avec tant de douceur et de magnanimité par l'amiral qui recevait directement ses ordres du ministère anglais (²)? On ne doit point voir dans la conduite de Hawke le résultat d'instructions générales pour le traitement des îles du littoral, mais bien plutôt les tendances naturelles d'un noble caractère qui, tout en étant héroïque sur le champ de bataille, redevient doux et bon en présence des vaincus et d'une population désarmée. En effet, ses subordonnés étaient plus âpres que lui. Nous avons vu les exactions qu'ils voulaient commettre et les quelques méfaits dont ils se rendirent coupables. Dans une guerre aussi grave, on n'y regarde pas de si près et tout est bon à prendre; et quand le gouvernement qui la dirige est animé d'une ardeur excessive et l'alimente de haines nationales, les chefs ont beau jeu pour agir à leur guise en pays conquis. Aussi l'Ile-d'Yeu doit-elle se féliciter d'avoir trouvé à la tête de nos ennemis le généreux amiral Hawke qui devint son protecteur constant et fit pour elle plus que n'auraient pu faire les vaisseaux du duc d'Aiguillon ou du maréchal de Conflans. Personne n'avait

______

(¹) Th. La Vallée, *Hist. des Français*, III, p. 501.

(²) But Pitt had infused into every branch of the service a spirit which had long been unknown. No British seaman was disposed to err on the same side with Byng. The pilot told Hawke that the attack could not be made without the greatest danger. « You have done your duty in remonstrating, answered Hawke, I will answer for every thing. I command you to lay me alongside the french admiral. » (Macaulay, *Essays*, I, p. 309.)

songé à défendre la malheureuse île. C'était lui assigner un rôle moins glorieux qu'à Belle-Ile ; mais son défaut d'armement contribua à son salut. Hawke ne voulut pas conquérir un pays sans soldats ; il préféra lui donner la liberté.

—————

Pendant la Révolution, l'Ile-d'Yeu ne se soumit pas sans résistance au nouveau régime. En 1791, les habitants, trouvant que les impôts prélevés sur eux dépassaient de beaucoup les dîmes qu'ils étaient habitués à payer à leurs seigneurs, se révoltèrent contre les autorités républicaines, demandèrent l'anéantissement de la Constitution et le rétablissement de l'ancien régime. Les officiers municipaux et le juge de paix furent obligés de déposer leurs pouvoirs entre les mains des rebelles. Tout capitaine de barque avait reçu l'ordre de refuser, sous peine de mort, l'embarquement des autorités. Deux officiers municipaux et le juge de paix parvinrent, cependant, à s'échapper. Ils se jetèrent dans un bateau dont ils brisèrent les chaînes, et portèrent au continent la nouvelle de l'insurrection de l'île. Le Directoire des Sables-d'Olonne fit partir aussitôt un commissaire avec des forces imposantes, et l'Ile-d'Yeu se soumit enfin au pouvoir qui dominait la nation française (1).

On voit que les habitants de l'Ile-d'Yeu n'avaient pas oublié leurs prétentions au *self-government* et qu'ils croyaient encore, au moment des dernières convulsions de la monarchie, pouvoir se constituer en pays indépendant, comme à l'époque des anciens rois. Leur révolte, du reste, n'avait point été fomentée par leur curé.

(1) Notes de l'abbé Simonneau, reproduites par M. de Sainte-Hermine, p. 22, et par l'abbé du Tressay, p. 58.

Le titulaire de la cure de l'Ile-d'Yeu était, alors, l'abbé Amable Cadou. Il était né, vers 1739, de F. Cadou et de Marianne Turbé, domiciliés dans l'île. Après avoir été curé de la Chaize-le-Giraud (canton de Saint-Gilles-sur-Vie, Vendée) il était devenu, le 30 mai 1780, le pasteur de sa paroisse natale. Les registres de l'état civil portent sa signature jusqu'en 1792. Le 17 novembre 1793, alors qu'il était âgé de 54 ans et prêtre assermenté, il épousa, devant l'officier de l'état civil de l'Ile-d'Yeu, la citoyenne Thérèse Rabaland, âgée de 28 ans, fille de Jacques Simon Rabaland et de Marie Thérèse Orsonneau. Il se repentit depuis, rétracta son serment schismatique, fut admis à la communion laïque et mourut le 10 mars 1810.

Son vicaire, Jacques Barbeau, ne suivit pas l'exemple de son curé. Il s'exila en Espagne, revint après la Terreur et fut curé de l'île jusqu'en 1818.

Nous arrivons maintenant à l'évènement le plus important dont l'Ile-d'Yeu ait été le théâtre.

Après le désastre de Quiberon et le massacre du Champ des Martyrs, le ministère anglais avait organisé, avec les émigrés et le comte d'Artois, une vaste expédition qui semblait offrir les plus grandes chances de succès. En effet, il s'agissait d'opérer un débarquement sur les côtes de la Vendée, dans la partie située entre Noirmoutier et les Sables-d'Olonne, où le général Charette opérait avec dix mille hommes, répartis en trois colonnes ([1]). Charette se tenait prêt à protéger le débarquement. La facilité avec laquelle cette opération avait été accomplie à

([1]) Hume and Smollet, *History of England,* in-2, Paris, Galignani, Continuat. I, p. 348.

Quiberon et les délais qui avaient retardé la réunion des troupes républicaines, donnaient aux royalistes l'espérance d'une réussite complète, pourvu qu'on agit avec hardiesse et le plus rapidement possible.

Pour assurer ce résultat, l'Angleterre confia à l'amiral Warren 26 vaisseaux de guerre et 40 bâtiments de transport. Le comte d'Artois, qui devait prendre, après le débarquement, le commandement de l'expédition, s'embarqua à Plymouth, le 25 août 1795, anniversaire de la Saint-Louis, sur le navire *le Jason*. Il annonça à Charette son départ. La flotte se dirigea vers Quiberon où l'attendaient les 26 vaisseaux de guerre relevant du commandement de Warren. Le comte d'Artois débarqua à l'île d'Houat, où l'évêque de Nantes, Mgr La Laurencie, qui avait témoigné le désir d'accompagner l'expédition en qualité d'aumônier, célébra le service funèbre pour les victimes de Quiberon ([1]).

Après avoir recueilli ceux qui avaient échappé à cet épouvantable massacre, la flotte se dirigea vers Noirmoutier.

Charette avait proposé l'attaque de cette île par les troupes anglaises, afin d'opérer une diversion et de favoriser la descente du prince sur la côte du Pertuis-Breton où il se proposait de le recevoir. On ne supposait point, à Noirmoutier, que les Anglais descendraient dans cette île. La garnison n'était que de 12 à 1,500 hommes qui furent réduits bientôt à 400 ou 500 ([2]).

Le 22 septembre, on aperçut une frégate et un cutter, vers quatre heures du soir, en face du Bois de la Chaise. La frégate jeta l'ancre à la hauteur du rocher de Pierre-Moine. Le 23, elle mit ses chaloupes à la mer et

---

([1]) Crétineau-Jolly, *Hist. des guerres de la Vendée*, II, p. 392.

([2]) François Piet, *Recherches sur Noirmoutier*, p. 616.

celles-ci sondèrent, tout le jour, avec le cutter. Le 24, une flotte fut signalée. Le cutter alla la rejoindre pour la guider. On compta 64 voiles. La flotte louvoya tout le jour dans les parages de l'Ile-d'Yeu. Le lendemain 25, elle entra en baie et, avant le coucher du soleil, elle était à l'ancre. Du coteau du Bois de la Chaise, on distinguait ce qui se passait sur les navires. Le même soir, deux canonnières se placèrent dans le Gois (¹) pour interrompre les communications. Il y avait une canonnière française à Fromentine. A la suite d'un combat, celle-ci s'échoua ; les Anglais s'en emparèrent et la firent sauter, mais l'équipage avait eu le temps de se réfugier à terre, et, de ce côté, l'île était assez bien défendue. Le 27, les Anglais envoyèrent des parlementaires, entre autres le colonel comte de Murray qui fut conduit, les yeux bandés, au quartier général où il remit à Cambray, commandant des forces de l'île, une lettre du commodore, comte Bucbader. Après différents pourparlers, une partie de la flotte anglaise quitta la rade de Noirmoutier, le 29 septembre, et se dirigea vers l'Ile-d'Yeu. Le 30, les autres vaisseaux allèrent l'y rejoindre (²).

Ainsi le débarquement n'avait pu s'effectuer à Noirmoutier. Il eut lieu sans difficulté, dans ces deux journées des 29 et 30 septembre, à l'Ile-d'Yeu qui était complètement dépourvue de troupes.

L'effectif comprenait :

1° Infanterie ;

Trois régiments anglais formant ensemble un corps

(¹) On a donné le nom de *Gois* ou *Goua* (qui n'est, sans doute, qu'une corruption du mot *gué*), au passage assez mauvais, du reste, et long de près de cinq kilomètres, par lequel on se rend, à marée basse, du continent à l'île de Noirmoutier.

(²) François Piet, *loct. cit.*

de . . . .   2,800 hommes.

Restes des corps envoyés à Quiberon.   397   —

Le 3ᵉ corps de Léon et de Williamson.   800   —

Canonniers de Rotalier   343   —

Canonniers anglais.   200   —

TOTAL.   4,540   —

2º Cavalerie ;

Dragons légers anglais . . .	200	
Hulans britanniques	400	
Hussards de Choiseul . . .	400	1,040
Hussards de Warren. . . .	40	
TOTAL.	1,040	

TOTAL des troupes, non compris les officiers . . . .   5,580 (¹)

Le nombre des officiers se serait élevé, paraît-il, à 500. Ils étaient destinés à former les cadres du corps d'armée que l'on espérait organiser sur le continent (²).

Le comte d'Artois ne débarqua à l'Ile-d'Yeu que le 2 octobre, entre la Pointe de l'Ecluse et celle des Corbeaux. Il s'installa au Port-Breton, dans une maison de la rue de la Borne (³); il avait autour de lui un brillant état-major où l'on remarquait : le comte de la Chapelle, de la Rozière, le comte de Vaugiraud et le baron de Roll, admis aux conseils du prince, le marquis de Verneuil, le chevalier de Sainte-Luce, de Chabœuf et de Valcourt. MM. de Saint-Blancard, de Puységur, de Sérent, Étienne de Dur-

(¹) Crétineau-Jolly, II, p. 405. — (²) La Fontenelle, p. 20.
(³) De Sainte-Hermine, p. 24.

fort, Charles de Damas et François d'Escars étaient surtout attachés à sa personne.

Le major général Doyle fit aussitôt fortifier les points faibles de l'île et fit mettre en batterie 50 pièces de canons.

Des émigrés du Poitou, de l'Anjou et de la Bretagne, des émissaires envoyés par les généraux vendéens arrivèrent bientôt auprès du frère de Louis XVI et de Louis XVIII. Le nombre de ces nouveaux venus s'éleva à quinze ou dix-huit cents personnes [1]. Parmi les plus marquants on peut citer : les comtes Charles d'Autichamp et de la Beraudière, envoyés par Stofflet ; Mercier, dit La Vendée, dépêché par les royalistes du Morbihan et le comte de Vauban, l'homme de Puisaye. D'un autre côté, le comte d'Artois envoya successivement le comte Grignon de Pouzauges et le marquis de Rivière auprès de Charette et des autres chefs royalistes, pour les prier de calmer leur impatience et d'attendre encore un peu le débarquement [2].

En effet, le 5 octobre, le comte d'Artois avait écrit à Charette pour inviter celui-ci à lui indiquer un lieu de la côte où l'on pourrait opérer un débarquement d'armes, munitions, habillements et artillerie et lui avait recommandé de lui marquer un point quelconque où il irait le rejoindre, pour se mettre à la tête de l'armée vendéenne. Le 10 octobre, Charette s'approcha de la Tranche, non loin du Pertuis-Breton. C'est alors que le comte de Grignon, aide-de-camp du comte d'Artois, annonça au général vendéen que le débarquement était ajourné [3].

Il est probable que si, à ce moment, un frère de Louis XVI était venu se mettre à la tête de l'insurrection,

---

(1) Sainte-Hermine, p. 23. — (2) La Fontenelle, p. 21. — (3) Crétineau-Jolly, *loc. cit.*

« quarante mille royalistes de la Bretagne et de la Vendée auraient pu être réunis avant que Hoche eut le temps de remuer ses régiments (¹). »

Napoléon a dit à ce sujet : « Si j'avais été à la place du prince, j'aurais traversé la mer sur une coquille de noix.» — Cette parole explique le passage de ses mémoires, où il dit : « La République était perdue si les Anglais eussent laissé descendre le comte d'Artois sur le sol de la patrie (²). »

Le comte d'Artois aurait voulu, cependant, tout risquer; mais il ne put trouver aucune barque, car l'île tout entière était sous la haute surveillance de l'Angleterre. Il comprit alors que les ministres de la Grande-Bretagne s'étaient servis de son nom pour porter le dernier coup à la Vendée (³).

Les choses en effet devaient se passer ainsi.

Les troupes anglaises, les émigrés, les vendéens arrivés du continent s'entassent sur le sol étroit de l'île. Le Port-Breton, le Bourg, la Meule et les différents villages sont encombrés par ce surcroît de population. De toute part, on voit s'élever des tentes où flottent les couleurs de l'Angleterre à côté du drapeau blanc de l'ancienne monarchie. Mais le temps s'écoule; les jours et les semaines se passent sans qu'on arrive à prendre un parti. Pendant ce temps, la saison s'avance, la rade et la mer deviennent dures et mauvaises, les communications avec le continent de plus en plus précaires et difficiles, les vivres rares et d'un prix excessif; le manque d'eau douce fait périr une quantité de chevaux. De jour en jour Hoche augmente ses moyens de défense et Charette voit dimi-

---

(¹) Thiers, *Hist. de la Révolution*, III, p. 316.— (²) Crétineau-Jolly, *loc. cit.*; Thiers, *ibid.* — (³) Crétineau-Jolly, *ibid.*

nuer ses moyens d'action, ses chances de coopération utile. Le débarquement n'est plus guère praticable.

Au milieu de tous ces délais et de cette longue inaction, le comte d'Artois avait écrit plusieurs lettres au ministère anglais pour demander son rappel. Pitt ne voulait pas y consentir. Enfin le comte d'Artois supplia le commandant de prendre la responsabilité du retour en Angleterre, et, le 18 novembre, après plus de six semaines d'un séjour inutile à l'Ile-d'Yeu, le comte d'Artois se rembarqua sur *le Jason*, au milieu des salves de l'artillerie. La flotte, emmenant toutes les troupes et les émigrés, fit voiles pour l'Angleterre (¹).

Charette était désespéré. Il aurait même écrit, paraît-il, à Louis XVIII, une lettre où il se serait plaint, en termes amers, de la décision prise par le comte d'Artois. Il ne lui restait plus qu'à mourir pour une cause désormais perdue (²).

Cependant, d'après M. Crétineau-Jolly (³), la lettre attribuée par Vauban au général de Charette n'aurait aucun caractère d'authenticité. Vauban, lui-même, se contente d'affirmer qu'il l'a eue un instant sous les yeux. Ce n'est pas assez. Mais il y a une raison plus concluante, c'est une dépêche de Charette au marquis de Rivière et qui, écrite le 23 novembre 1795, à la même époque que celle dont parle Vauban, devrait laisser percer le même sentiment d'irritation : « Je vous écris, mon cher Rivière, le « cœur navré de douleur de l'éloignement d'un prince « dont l'espoir de sa possession faisait toute notre félicité. « Il est des privations qu'on supporte avec courage et « fermeté, mais celle-là est si grande qu'elle ébranlerait

---

(¹) Hume and Smolett, *loc. cit.;* Th. La Vallée, *Hist. des Français*, IV, p. 236. — (²) Th. La Vallée, *loc. cit.* — (³) Crétineau-Jolly, *loc. cit.*, pages 405 et suiv.

« un rocher. Gardez-vous bien de croire que cet évène-
« ment malheureux refroidisse notre courage ; bien loin
« de là ! Toujours animé du désir de mériter votre estime,
« nous travaillerons jusqu'au dernier soupir à nous en
« rendre dignes. »

Il est certain que le ton de cette lettre est fort différent
de celle dont on a admis l'existence, d'après le témoignage de Vauban, et qui a inspiré de si vives critiques à
M. Théophile La Vallée. Mais quand il s'agit de juger un
fait historique aussi important et d'apprécier le caractère
d'un prince qui, après avoir été roi de France, a terminé
sa vie dans l'exil, je crois qu'il est convenable d'user des
plus grands ménagements et de ne s'appuyer que sur des
documents incontestables.

L'Ile-d'Yeu est le seul point du territoire français où ait
résidé un prince de la maison de Bourbon, depuis
Louis XVI jusqu'à la Restauration de 1814. Pendant la
suite des guerres, elle fut comme un pays neutre entre la
France et l'Angleterre jusqu'au traité d'Amiens, en 1802.
C'est alors, seulement, c'est-à-dire sous le Consulat,
qu'elle fut enfin armée de défenses et de fortifications
sérieuses et qu'elle reçut une garnison permanente de 15
à 1,800 hommes. A partir de cette époque, les Anglais ces-
sèrent d'y trouver un refuge. Cependant, avant l'établissement de ces moyens de défense, l'Ile-d'Yeu paraît avoir
été mise à même de résister à l'ennemi, car on trouve
dans le *Moniteur* du 25 messidor, an VI (13 juillet 1798),
une lettre écrite de cette île et où on lit ce qui suit :

« Nous venons d'avoir trois différents combats, les 14
et 16 prairial (2 et 4 juin), avec deux corsaires, et le 19
(7 juin), avec six corsaires anglais. Ils sont venus en parlementaires nous demander de l'eau, ce qui leur a été refusé. Ils nous ont fait des menaces dont nous nous sommes
moqués. Ils sont venus en force pour mettre pied à terre ;
mais on leur a fait rebrousser chemin plus vite qu'ils ne

voulaient. Nos concitoyens ont montré beaucoup de zèle et de courage. Les Anglais ne mettront pas le pied sur notre sol si les munitions ne nous manquent pas (¹). »

C'est ici que nous clorons ce trop long exposé de l'histoire de l'Ile-d'Yeu. Depuis la fin de la Révolution jusqu'à nos jours, aucun évènement important n'est parvenu à notre connaissance. Ce qu'elle a été pendant cette période récente, elle l'est encore aujourd'hui, et c'est cette physionomie moderne, ainsi que son aspect physique, qu'il nous reste à étudier dans la seconde partie de ce travail.

(¹) La Fontenelle, p. 22, note 1 ; de Sainte-Hermine

UNE SAISON A L'ILE-D'YEU

CHAPITRE Ier

Port-Joinville. — La plage de Ker-Châlons.

L'Ile-d'Yeu est située à environ 15 kilomètres de la côte de la Vendée, par 4° 39' de longitude ouest de Paris et 46° 46' 26" de latitude nord. Mais le trajet en ligne courbe que l'on suit, en s'embarquant à la Barre-de-Mont (1) pour aborder à Port-Joinville (2), est d'au moins 20 kilomètres, car il faut sortir du Goulet de Fromentine, longer l'extrémité sud-ouest de l'île de Noirmoutier et franchir la passe des Braillards (3), haut fond de sable indiqué par une sinistre bouée rouge à bandes blanches. Un léger bâtiment à vapeur, commandé par un excellent marin, M. Lacroix, fait, depuis quelques années, un service régulier entre le continent et l'île.

(1) La Barre-de-Mont est le chef-lieu de la commune de ce nom, dont la population est d'environ 1,600 habitants.

(2) Le nom de *Port-Joinville* a été attribué à la petite capitale de l'Ile-d'Yeu par une ordonnance royale du 4 février 1846, provoquée par une demande du conseil municipal. Le nom primitif était *Port-Breton* et provenait, d'après Joussemet (p. 16), « des pirates du nord et des Bretons » qui ont laissé des traces de leur occupation par les noms précédés du mot *Ker* qui désignent encore plusieurs villages de l'île.

(3) L'abbé Baudry (*Ann. de la Soc. d'Émul.*, 1re série, X, p. 244) a raconté, au sujet des Braillards, une légende d'après laquelle les bruits que l'on entend sur ces récifs de sable sont des cris plaintifs poussés par des âmes en peine. Les marins, qui les entendent, se jettent à l'eau pour les sauver ; mais les Braillards reculent et les entraînent au loin, en se cachant derrière les vagues.

L'entrée de Port-Joinville est indiquée par deux petits phares à feux fixes d'une portée de neuf milles, qui doivent être aperçus en ligne pour qu'on puisse suivre exactement la direction du chenal.

La petite ville apparaît coquette, avec ses maisons blanches et ses frais jardins, qui sont protégés contre les vents d'ouest par le massif entier de l'île. Pendant l'été, au moment de la pêche de la sardine, le port est encombré d'une multitude de barques bretonnes, aux voiles brunes, qui amènent, parfois, une population flottante de près de dix mille marins. Une activité extraordinaire règne de tous les côtés et, le soir, les maisons, les auberges et les cabarets regorgent de monde. Des chants étranges, en langue gaëlique, tels qu'étaient, sans doute, autrefois, ceux des Gaulois, retentissent au milieu du calme de la nuit, avec l'accompagnement toujours si saisissant des flots qui, de minute en minute, s'abattent sur les rochers du rivage.

La ville compte environ 1,400 habitants. Elle est le chef-lieu de l'unique commune qui forme le canton de l'Ile-d'Yeu. C'est là que résident le juge de paix, la brigade de gendarmerie, le commissaire de l'inscription maritime, le service des douanes, le curé-doyen, le receveur de l'enregistrement, le percepteur, le receveur des contributions indirectes, le notaire, etc.; c'est-à-dire les différents fonctionnaires ou officiers ministériels d'un chef-lieu de canton qui est, en même temps, ville maritime. Cependant, il n'y a pas d'huissier. Le service de la douane ne date que du 13 mars 1860. Avant cette époque, on faisait des demandes sur triple expédition pour les importations et les exportations, avec désignation du port d'expédition ou de réception. Lorsque ces demandes étaient épuisées, on ne pouvait plus rien envoyer ni rien recevoir.

Mais si l'Ile-d'Yeu ne forme qu'une seule commune, elle renferme deux paroisses, celle du Port et celle du Bourg ou Saint-Sauveur.

L'église de Port-Joinville a été bâtie en 1829. Elle a remplacé une ancienne chapelle qu'il ne faut pas confondre avec celle dont il a été question ci-dessus (p. 88) et qui avait été élevée en 1744 sur l'emplacement occupé, aujourd'hui, par le fort de la Chapelle.

Du reste, nous ne trouverons dans la ville rien d'architectural. Hâtons-nous donc d'en sortir, pour aller jouir du spectacle grandiose de cette architecture inimitable, qui n'est pas de la main des hommes, et que la nature offre partout à ceux qui l'aiment et la comprennent.

Laissons-nous guider un peu par la fantaisie et marchons presque au hasard, comme on le fait dans une promenade où l'on ne recherche que le repos de l'esprit et le plaisir des yeux. Aussi bien nous ne sommes plus dans le domaine sévère de l'histoire où l'on ne s'avance qu'à pas comptés, avec mille précautions, dans la crainte de tomber dans le gouffre de l'erreur, toujours ouvert devant nous. Au point où nous sommes arrivés, ce n'est point une étude que je propose au lecteur, c'est un véritable voyage de vacances, une série d'excursions faciles et peu nombreuses, pour lesquelles une semaine suffira largement. On pourra ainsi visiter l'Ile-d'Yeu en six jours. J'ai consacré un chapitre spécial à chacune de ces étapes ; les lieux décrits dans le chapitre VII pouvant être répartis dans les précédents itinéraires.

Après avoir accompli notre programme de chaque journée, nous reviendrons nous retremper dans le milieu civilisé de notre petite capitale, où nous trouverons, du reste, tout le confortable nécessaire. Ceux qui redouteront les longues courses à pied, pourront facilement se procurer, à fort bon marché, soit un break, attelé d'un cheval, soit ces petites charrettes à âne, un peu dures, il est vrai, mais qui, par leur légèreté et leur peu de volume, peuvent pénétrer presque partout. Les dames et les enfants peuvent aussi trouver, parmi les modestes ânes de l'Ile-d'Yeu, des coursiers au pied sûr et d'une frugalité à toute épreuve.

Tout près de la ville, un peu au delà du Rocher du Canon, s'étend une plage admirable. Elle est située au-dessous du village de Ker-Châlons dont elle a emprunté le nom gaélique. Composée d'un sable fin, doucement inclinée vers la mer, orientée à l'est, c'est-à-dire abritée des vents du large par l'élévation du sol de l'île, elle se développe en hémicycle entre le Rocher du Canon et la Pointe de Gilberge, sur une étendue de plus de 700 mètres. Là, ni vases ni rochers, ni galets, ni herbes marines, ni ces horribles méduses flottant entre deux eaux, comme on en voit tant sur certaines côtes de l'île d'Oleron ; pas de grandes vagues brisantes s'abattant, avec fracas, sur la grève ; pas de courants trompeurs ; pas de rayons brûlants vous frappant en face ; le soleil est derrière vous ; l'eau est calme, transparente et limpide, de ce beau vert tendre et cristallin qui est une si forte tentation pour tous les amateurs de bains de mer.

Pourquoi ne voit-on pas sur cette belle plage un vaste établissement balnéaire, de longues rangées de cabines, un opulent casino, des toilettes élégantes, des enfants jouant sur le sable, et le soir, comme contraste avec les voix avinées du port, les notes harmonieuses de l'opéra se mariant au bruit cadencé des flots ? Pourquoi ! d'abord parceque l'Ile-d'Yeu est aussi inconnue de la plupart des Français que l'île d'Amsterdam ou l'île de Pâques ; ensuite parce qu'il faut, pour y arriver, prendre le bateau à vapeur et que, pour bien des gens, une telle traversée exige autant de courage que s'il fallait s'embarquer pour l'Amérique. Mais un séjour de trois heures sur la mer, en été et par un temps ordinaire, n'est qu'une promenade délicieuse où l'on court, en réalité, moins de danger que pendant le moindre parcours en chemin de fer. Il en est de cela comme de bien d'autres choses, l'inconnu nous effraie ; mais dès qu'on l'aborde, la crainte disparaît et l'on s'abandonne, sans trop de résistance, à l'attrait si puissant des impressions nouvelles.

L'excellente population de l'Ile-d'Yeu n'est pas assez connue ; les charmes de ses rivages n'ont été proclamés par personne. Si l'on savait combien cette île est belle et curieuse à visiter, combien il est facile d'y arriver et de s'y installer commodément, il me semble qu'un grand nombre d'affreuses stations de bains de mer (que je me garderai bien de nommer !) seraient vite délaissées en faveur de notre île vendéenne.

De l'autre côté des dunes qui forment la ceinture de la plage, se trouvent la ferme des Sables avec ses vignes ensablées ; puis d'anciens marais d'eau douce (les marais de la Guerche) desséchés par les moines du monastère de Saint-Etienne (voir ci-dessus, p. 80) envahis encore après eux par les eaux, et enfin transformés une seconde fois en prairies, vers 1852, par les travaux d'un syndicat (¹). Des fossés d'écoulement amènent leurs eaux à une certaine distance en mer. Ces fossés sont couverts sur tout leur parcours à travers la plage, et leur orifice est préservé de l'ensablement par une fermeture en tôle munie de jours. Les principaux tènements de ces marais, sont la Gorelle, la Guerche, le Marais-Salé, l'Ilot, la Croix, etc. Le marais Motteux contient une certaine quantité de tourbe exploitée par une usine à engrais située près du ruisseau de Saint-Etienne. Une tourbe bien différente, car elle est

---

(¹) L'ancien cimetière du monastère de Saint-Étienne est situé entre les ruines de ce monastère et les marais

formée uniquement de débris de plantes marines, se rencontre à une faible profondeur sous le sable du rivage.

Mais laissons-là ces anciens marais et leurs tourbières et suivons, sur le sable mouillé et presque ferme, que le flot vient d'abandonner, cette grande et belle courbe de la plage de Ker-Châlons. Un peu avant d'arriver à la batterie de la Pointe-Gauthier, nous nous trouvons en présence d'un petit bois de pins, le seul qui existe maintenant dans l'île et qui rappelle, bien imparfaitement, l'ancienne forêt du Moyen Age.

C'étaient des chênes qui formaient alors cette forêt. Mais aujourd'hui les chênes ont disparu, et si leur introduction devait se réaliser de nouveau, ce ne serait qu'après l'ensemencement des dunes en pins maritimes, sous la protection desquels les chênes pourraient se propager de nouveau. La réussite de ce petit bois de pins démontre la possibilité du reboisement des dunes, cette grande œuvre de civilisation et de salubrité, déjà couronnée de succès sur tant d'autres points des côtes de France, notamment, pour ne citer que les lieux voisins, aux Sables-d'Olonne et à la Tremblade. Malheureusement, la plaie de la vaine pâture, cet usage déplorable dont nous parlerons plus loin, s'oppose à la création de ces nouvelles forêts qui deviendraient bientôt une source de produits importants et un attrait de plus pour les habitants et les visiteurs de l'île.

Quoi qu'il en soit, notre petit bois de pins ne nous offrira, pour le moment, qu'un maigre ombrage dont la solitude ne sera troublée que par le cri plaintif des tourterelles qui en ont fait le lieu de prédilection de leurs ébats.

Mais je suppose que la vue de la plage de Ker-Châlons et des navires qui rentrent dans le port, nous aura attardés assez longtemps pour que notre première journée s'y soit

passée sans songer au temps qui s'écoulait. Déjà l'ombre
des dunes s'étend sur le rivage ; les fleurs qui parsèment
les sables les plus arides nous paraissent presque fanées.
L'heure du dîner est proche. Peut-être un de ces savou-
reux gigots, provenant des minuscules moutons dont la
race s'est conservée dans l'île, se dore lentement, là-bas,
à notre intention, dans la cuisine d'une maison amie. Ne
le faisons pas attendre, ce serait manquer à toutes les lois
de l'hospitalité. Remettons à demain la suite de notre promenade et le plaisir de nouvelles découvertes.

Cependant, pour les intrépides, pour les touristes de
profession, qui n'arrivent jamais à l'heure et qui préfèrent
les courses au clocher aux douces promenades contem-
platives, il sera loisible, après avoir parcouru la plage
jusqu'au bois de pins, de revenir par les terres en visitant
les marais, les ruines du monastère de Saint-Étienne
(voir p. 23) et le calvaire bâti sur une roche où a prêché
le Père de Montfort. Ce religieux paraît avoir laissé de
pieux souvenirs de son séjour dans l'île. Dans les murs de
la terrasse qui supporte ce calvaire sont encastrées
deux énormes pierres de granite dont l'une a été fendue
en deux par un éclat de mine. La tradition raconte que
personne ne pouvant remuer une telle masse, c'était le
Père Montfort qui avait poussé cette pierre avec ses
épaules et l'avait amenée jusque-là (¹). Le retour s'effec-
tuera, ensuite, par le village de Ker-Châlons, la Croix de
Jubilé (dans la direction de Ker-Bossy), le dolmen effon-
dré de la Pierre-de-Gâtine (voir p. 26). Enfin on rentre-
rait en ville, en passant auprès de la Croix de Mission, aujourd'hui détruite, qui s'élevait à l'entrée du Port.

(¹) Notes anonymes provenant des papiers de M. B. Fillon.

CHAPITRE II

Le Bourg. — La Pointe-des-Corbeaux.

Nous aurons beaucoup de choses à voir aujourd'hui. La route est longue. Nous ferons bien de nous munir d'un véhicule quelconque et même d'emporter des vivres ; car, non seulement nous ne trouverons point d'hôtellerie dans les villages que nous aurons à traverser, mais encore nous n'aurons pas la moindre chance, en ces temps d'incrédulité, de rencontrer ces gâteaux que des plaideurs naïfs offraient, jadis, aux corbeaux légendaires chargés de juger leur procès.

Suivons donc la grande route, assez primitive qui, de Port-Joinville, conduit à la Pointe-des-Corbeaux. Après avoir dépassé le village de Ker-Châlons, situé sur une hauteur, nous arrivons au Bourg ou Saint-Sauveur, l'ancien chef-lieu du territoire civil et de la paroisse de l'Ile-d'Yeu, la résidence des représentants des seigneurs et quelquefois aussi des seigneurs eux-mêmes.

Le Bourg est bien déchu de son ancienne splendeur. Sur l'espace occupé par son vieux cimetière, s'étend, aujourd'hui, la place Beauregard qui doit son nom à une plate-forme, élevée sous le premier Empire, au nord-ouest du cimetière, pour inspecter la rade [1]. On avait là, devant ses yeux, un magnifique panorama.

Cependant, le Bourg possède aussi quelques monuments : une caserne, un hopital, une manutention mili-

[1] Notes de M. Auger.

taire, et surtout cette vieille église romane dont nous avons déjà parlé (pages 91 et suiv.) et qui est peut-être la plus ancienne construction de l'île.

Dans un rapport daté de 1856, l'architecte diocésain s'exprimait ainsi sur le compte de ce monument religieux (¹) :

« L'église du Bourg, ou du moins une partie de cette église, remonte au XII° siècle. On l'agrandit plus tard, en démolissant le coté nord du transept, pour construire une seconde nef. C'est à cette époque que l'église eut à souffrir pendant les guerres de religion. La nef principale fut brûlée et les voûtes furent renversées, car on voit encore, au mur du clocher, l'endroit où venait aboutir la charpente qui fut rétablie, ensuite, un peu plus haut qu'elle ne l'était d'abord. La seconde charpente fu- détruite par les Anglais, *pendant la Révolution*, et la nef est restée, depuis ce temps, à l'état de masure. — Cependant, le clocher, avec sa voûte en coupole, le bras droit du transept, l'abside centrale et l'abside de Saint-Nicolas, avec leurs voûtes en berceau, restent encore dans un parfai t état de solidité et de conservation, quoiqu'ils aient beaucoup à souffrir du voisinage de la seconde nef qui prend son égout sur le clocher et l'abside centrale, ce qui est une cause permanente de gouttières et de réparations onéreuses. Il en est de même de la tour de l'escalier qui a été bâtie, depuis quelques années, à l'angle sud-ouest du clocher. La couverture de cette tour et celle de la dernière volée de l'escalier, qui s'appuie sur la voûte du transept, ont été bientôt dégradées et emportées par les vents de mer, et maintenant les eaux pluviales pénètrent toutes les parties adjacentes de l'édifice. »

(¹) Documents provenant des papiers de M. Benj. Fillon, et possédés par M. Dugast-Matifeux.

L'auteur de ce rapport attribue aux Anglais, *pendant la Révolution*, la destruction du clocher de cette église. Je n'ai trouvé nulle part la confirmation de ce fait. Il est bien de tradition, à l'Ile d'Yeu, que les Anglais ont détruit l'église du Bourg ; mais ce fait ne peut pas se rapporter à une époque aussi rapprochée. Ce qui est certain, c'est qu'elle a du subir de nombreux dommages pendant nos guerres maritimes (V. p. 88) et qu'elle a été réparée, en 1774, comme nous l'apprend l'inscription placée au haut du clocher (V. p. 92).

Quoiqu'il en soit des malheurs et des aventures de la pauvre église, ses murs de granite noircis par le temps, ses formes lourdes et massives, sa tour carrée surmontée d'une flèche conique à pans coupés lui donnent un aspect sombre mais vénérable et nous rappellent, maintenant que nous connaissons l'histoire de l'île, les temps lointains où se groupaient autour d'elle, la chapelle de Notre-Dame de la Blanche et l'hospice des sœurs de charité ; où sa nef se remplissait d'un somptueux cortège pour le mariage de Balzac d'Illiers avec Anne de Rieux ; où son doyen célébrait des baptêmes dont les seigneurs de l'île étaient les parrains. Ces souvenirs éloignés vous reviennent à la mémoire en contemplant ce sanctuaire qui est demeuré, si longtemps, le témoin des bons et des mauvais jours et dont la croix, symbole de paix et d'espérance, après avoir traversé tant de périodes de trouble, brille encore sur cet antique sol, au milieu des ruines du temps passé et des innovations du XIXᵉ siècle.

L'ancienne capitale de l'île n'est plus qu'un village dont la population s'élève à environ 400 habitants. Sa position centrale en fait le point de réunion de différentes routes ou plutôt de chemins de grande communication dont l'un va nous conduire à l'extrémité sud de l'île, c'est-à-dire à la Pointe-des-Corbeaux.

A deux cents mètres environ de l'église du Bourg, se

trouvent les Pierres de Saint-Martin. La plus grande est une roche plate qui sort de terre dans une position inclinée et qui a une longueur de six à sept mètres. C'était une chaire naturelle très avantageusement disposée pour parler en plein air, car elle domine toute la vallée, à l'est de l'île. Elle est située tout près de la manutention, qui a été construite dans l'emplacement appelé le Lausiné, dont il est question dans la vente de la seigneurie de l'Ile-d'Yeu, au roi, en 1785 (V. ci-dessus, p. 123).

Le terrain s'abaisse à mesure que nous avançons. Des deux côtés de l'île s'étendent des dunes de sable et, sur notre droite, nous apercevons l'anse des Vieils ou des Vieilles, où nous reviendrons tout à l'heure, et nous traversons le village de la Croix, dont le nom semble indiquer une origine chrétienne, tandis que les noms de la plupart des villages situés dans la partie nord de l'île, et précédés du mot *Ker,* dénotent une origine bretonne ou gaëlique.

En effet, ainsi que je l'ai déjà dit dans la première partie de ce travail, les habitants du nord de l'île s'appellent encore gens de la *Fouras,* c'est-à-dire de la forêt, et ceux du sud gens du *Greuzland* ou *Kreuzland.* Le village de la Croix, se trouvant dans la région du Kreuzland, il ne semble pas impossible d'admettre, avec M. le docteur Viaud-Grand-Marais (p. 16) et M. Auger, juge de paix de l'île, que le mot *Kreutzland,* avec son origine d'apparence germanique ou plutôt frankque, a dû, primitivement, signifier terre de la Croix, c'est-à-dire terre des hommes rattachés au culte de la Croix.

Un peu plus loin, s'étendent des prairies en terrain sablonneux qui s'appellent aussi les Marais de la Croix. C'est encore dans cette partie de l'île que se trouvent la Pierre de Tonnerre et l'Enceinte de la Pierre-Levée du sud, déjà décrites dans la 1re partie (pages 27 et 28).

Mais la pointe de terre sur laquelle nous nous avançons se rétrécit de plus en plus ; de deux côtés, la mer apparaît avec ses teintes bleues qui semblent refléter le ciel. Quelques pas encore, voici les dernières habitations de cette partie de l'île, une ferme et une modeste maison de campagne appartenant à M. Auger, un petit phare à feu fixe ([1]) d'une portée de six milles et, plus loin, au-delà de la mer, la côte de Saint-Jean-de-Mont qui se distingue vaguement dans le fond de l'horizon embrumé. Autour de nous, dans tous les sens, des rochers épars et peu élevés dessinent la sombre Pointe-des-Corbeaux dont nous retrouvons la légende parmi les récits fantastiques de Strabon (V. p. 45). C'est un lieu sauvage mais sans grandeur. Le sol est peu élevé au-dessus de la mer et se termine en une masse de blocs jetés à côté les uns des autres et qui s'allongent vers la mer où ils finissent par disparaître. Ils sont noirs comme l'aile d'un corbeau, par suite des incrustations des plantes marines, et si l'on ne connaissait l'antique tradition qui s'y rattache, ils ne diraient rien à l'esprit. Ils ont un grand avantage cependant, car c'est dans leur voisinage qu'on pêche quelques-unes des plus belles langoustes de l'île.

Cependant cette côte basse, qui semblerait se prolonger en pente douce sous les flots, est baignée, en certains points, par des eaux si profondes que des navires d'un fort tonnage peuvent, pour ainsi dire, raser les rochers

([1]) Le 12 juillet 1857, les habitants de l'île avaient fait une pétition pour obtenir l'établissement d'un fanal sur la pointe sud-est des Corbeaux. La pétition faisait connaître que les bâtiments venant du sud, pour entrer dans les coureaux de l'île, ne pouvaient apercevoir le feu du grand phare par les temps brumeux. Elle rappelle aussi que ce fanal a été compris dans le tableau dressé, le 21 avril 1854, par l'ingénieur de Noirmoutier. Le fanal fut allumé le 1ᵉʳ septembre 1862. (Notes de M. Dugast-Matifeux.)

sans crainte de toucher le fond, situé encore à plusieurs brasses au-dessous de leur quille. Je me suis promené en bateau sur ces eaux limpides, par une belle journée d'été, et ce n'est pas sans un certain sentiment d'effroi que l'œil suit, au-dessous de la surface mobile et trompeuse de la mer, la muraille de rochers qui descend à pic dans le gouffre creusé au-dessous de vous.

Les sinuosités de la côte, entre la Pointe-des-Corbeaux et le bois de pins de la Pointe-Gauthier dont nous avons parlé dans le chapitre précédent, ne nous offriront rien de bien intéressant comme sites; ce sont des dunes de sable entremêlées de rochers, mais nous y rencontrerons les forts de la Grande-Conche et de la Petite-Conche et, entre les deux, la vieille batterie de la Sablière ([1]). L'aspect de ces forts, inhabités et silencieux au milieu de l'isolement des dunes, a quelque chose de saisissant; c'est la maison du désert, mais la maison solitaire et muette; tout est fermé, tout paraît avoir été laissé à l'abandon, comme si ce lieu était trop nu et trop triste pour que la vie pût s'y maintenir. En effet, le sable n'est couvert que d'un maigre tapis de végétation; aucun arbre n'y croît, aucun ruisseau n'en tempère l'aridité. Un soleil de feu y darde, tout l'été, ses rayons desséchants, auxquels ne résistent guère que les immortelles jaunes, tristes symboles de deuil, jonchent ce sol désolé. Je

---

([1]) Les huit batteries ci-après : N°s 1, des Chiens-Perrins ; 2, du Châtelet; 3, de la Meule; 4, des Vieilles ; 5, de la Chaume; 6, des Sablières; 7, des Corbeaux; 8, des Roses, ont été reconnues inutiles au service militaire et ont été remises à l'administration des Domaines, en 1857, avec leurs bâtiments et dépendances. Les ponts et chaussées ont réclamé la batterie de la Chaume, comme se trouvant comprise dans le périmètre de terrains qu'occuperait le bassin à flot dont le projet a été présenté en 1849. (Notes de M. Dugast-Matifeux.)

n'aime pas les dunes ; elles ont toujours quelque chose de lamentable qui vous serre le cœur malgré vous.

Sortons-en donc bien vite. Donnons un coup d'œil à l'Enceinte de la Pierre-Levée du sud (V. p. 28) ; traversons, sans nous y arrêter, le marais de la Croix, presque entièrement acheté par des industriels qui en extraient de la tourbe ; dirigeons-nous vers la côte opposée ; et, après avoir laissé sur notre gauche l'endroit appelé le Gros-Murier, où s'est perdu le navire espagnol *l'Elderra*, arrivons enfin à la mer sauvage, en descendant sur cette belle plage de l'Anse des Vieils, dont on ne connaît guère l'histoire ni même les traditions, mais où nous respirerons la forte brise du large, où les grandes vagues de l'Océan, libres de toute entrave depuis les rivages de l'Amérique, viendront se briser, toutes blanchissantes d'écume, sur le sable foulé par nos pieds.

L'anse des Vieils (¹) est loin de valoir, au point de vue de l'étendue et de l'harmonie des lignes, la plage de Ker-Châlons, dont nous avons parlé au précédent chapitre. De plus, il ne faudrait point songer à se baigner, sans une grave imprudence, sur cette pente fortement inclinée, dont le sable est violemment labouré par le choc des grosses lames.

La plage est bornée au nord et au sud par des masses de rochers d'une médiocre élévation. Elle formait, paraît-il, autrefois, le principal port de l'île (²). Elle est divisée

<hr>

(¹) Les mots *Vieils* ou *Vieilles*, désignant également une autre localité de l'île de Noirmoutier (V. ci-dessus, p. 49 et 50), viendraient (d'après les notes manuscrites possédées par M. Dugast-Malifeux), des mots latins *Villa grandis* et *Villa parva*.

(²) D'après l'opinion de Savary, p. 23, partagée, du reste, par M. Auger.— M. de Sainte-Hermine, p. 7, prétend même que c'était un port important. Savary, dit, à ce sujet, que le village de la Croix était,

en deux parties par un autre petit groupe de rochers surmonté de vieilles substructions en ruine. C'est le Fort-
des-Dames, dont nous n'avons pas parlé dans notre
notice historique, parce que, là encore, les documents
anciens et les légendes locales ne nous apprennent
absolument rien. Chacun pourra donc, selon son imagination, assigner au *Fort-des-Dames* un rôle plus ou
moins intéressant dans les annales de l'île. Le fait est qu'il
est fièrement campé, au milieu de ce demi-cercle de falaises rougeâtres, sur ce roc solitaire qui, lorsque la mer
est haute, devient un îlot défendu de tous côtés par des
vagues mugissantes. Si nous gravissons sur son dôme, peu
élevé du reste, nous n'apercevons que d'informes débris
presque rasés au niveau du rocher et dont les matériaux
sont unis par un ciment tellement dur que, sur bien des
points, il a résisté, mieux que la pierre, aux efforts réunis
du temps et des flots. Le rocher qui formait les assises du
Fort-des-Dames mesure environ 15 à 20 mètres de long
sur 8 ou 10 mètres de large.

Mais pourtant, qu'était-ce donc que le Fort-des-Dames ?
D'abord était-ce bien un fort ? Qu'en sait-on, et que
trouve-t-on dans ses rares vestiges qui puisse justifier une
semblable dénomination ? En effet, à quelles *Dames* cette
construction était-elle consacrée ? Quelle noble châtelaine

autrefois, très considérable et que c'était là qu'on trouvait les meilleurs
capitaines de navires.

L'auteur des notes manuscrites possédées par M. Dugast-Matifeux
dit, au sujet de l'Anse des Vieilles : « Les habitants racontent tous
que ce point est, peut-être, le plus anciennement occupé de l'île et
qu'il y avait là un port important où, au Moyen-Age, on faisait la
pêche de la morue et de la baleine..... Le Sr Tareau nous a dit avoir
vu, dans sa jeunesse, ou avoir entendu dire, qu'on avait vu des an-
neaux en fer, scellés dans la falaise de droite, pour amarrer les bateaux en dedans de la jetée. »

en avait posé la première pierre? N'était-ce point une digue, une sorte de brise-lames, destiné à fermer le port du côté de l'est, en rejoignant les dangereux récifs qu'on appelle les Ours des Vieils? Ou bien était-ce plutôt un poste de combat ou un lieu d'observation, bâti soit à la suite des invasions des Normands, aux IXe et Xe siècles, soit bien plus tard, à l'époque de la construction du châ- teau, au XIIe ou au XIVe siècle ; et qui, sans doute, plus menacé par la mer que par les ennemis, a sombré depuis longtemps dans la nuit des âges? Mais nous pourrions multiplier à l'infini nos questions, nos suppositions et nos fouilles, nous n'obtiendrions aucune réponse. Le vide s'est fait sur ce point dans la mémoire des hommes ; les ruines ont presque disparu ; et il viendra un temps, qui n'est sans doute pas très éloigné, où leurs dernières traces seront effacées par le flot incessant qui les mine ; et le nom de *Fort-des-Dames* restera seul dans quelques livres sans qu'on sache ni à quoi il s'appliquait ni à quelle époque il a disparu.

Mais ne soyons pas trop humiliés de ces aveux d'igno- rance et passons bravement devant l'Anse des Sots où, paraît-il, il ne faut point s'aventurer à la légère. Nous ne courrons non plus aucun danger en nous arrêtant un instant pour visiter la Pierre-de-Tonnerre (V. p. 27), malgré son nom un peu effrayant. Bientôt nous arriverons à la Pointe de la Tranche où se trouve le groupe de Pierres appelé la Jusette (V. p. 35) et enfin à l'Anse des Fontaines. Là nous attend un assez triste spectacle : ce sont des ruines de maisons dont, hélas ! on connaît trop bien l'histoire. Elles sont situées sur deux points ; l'un, au-dessous de l'anse elle-même, c'était le village des Fontaines ; l'autre, sur le chemin qui, de là, conduit au Bourg, c'était le village des Chauvitellières. La population de ces deux villages aurait péri, d'après ce que racontent encore les vieillards du pays (^{1}), par une terrible invasion de la peste introduite avec des épaves. Tous les habitants, sauf une vieille femme auraient péri. « Les autres parties de l'île n'auraient été préservées que par la précaution qu'auraient prise les autorités d'établir un cordon sanitaire empêchant toute communication avec les villages infectés (^{2}). »

Si nous avons employé quelques heures de notre journée à prendre un bain du côté des dunes de la Pointe-des-Corbeaux, et surtout si nous nous sommes attardés à la pêche aux langoustes, notre journée doit être maintenant bien près de sa fin. Nous ferons bien de nous diriger, encore à pied, vers la Pierre du Trenneriau-des-Landes (V. p. 36) et ensuite nous regagnerons le Bourg où notre voiture aura dû nous attendre. De là à Port-Joinville la route est bonne et nous ne tarderons pas à jouir d'un repos justement mérité.

CHAPITRE III

La Meule. — La Taillée.

Reprenons notre route à peu près où nous l'avons lais-

(^{1}) M. Viaud-Grand-Marais, p. 26, citant M. Simonneau, *Journal de Luçon* du 18 janvier 1873 ; mais sans indication de date. Cependant, il résulte de l'examen des actes de l'état civil, par M. David, que, le 2 mai 1650, a été baptisée Marguerite, fille de Jacques Pillet, *du village des Fontaines.* Ce village existait donc encore en 1650 et même en 1658, ainsi que cela est constaté par le baptême d'une autre fille de Jacques Pillet, le 21 avril.

Il y a tout lieu de croire que le village des Chauvitellières existait aussi à cette époque.

(^{2}) Viaud-Grand-Marais, *loc. cit.*

sée hier. Nous pouvons faire, aujourd'hui, toute la course à pied. En suivant le chemin vicinal de Port-Joinville à la Meule, nous traversons le joli village de Ker-Bossy, tout blanchi à la chaux, et dont plusieurs maisons sont ornées de plates-bandes de fleurs sur le bord de la route. La campagne où nous nous trouvons est peu accidentée (¹) ; c'est le plateau central de l'île, et la vue monotone des champs de blé qui se succèdent les uns aux autres, ne nous prépare, en aucune façon, aux attraits de la côte tourmentée que nous allons visiter. Bientôt, en effet, de vastes landes, couvertes çà et là d'ajoncs et de bruyères, puis le gazon ras ou, parfois même, le sol nu, avec de gros blocs de rochers, nous annoncent le voisinage de la mer. Cependant, des hauts plateaux où nous sommes parvenus, la route tourne et descend vers un village ; c'est la Meule où l'on ne rencontre guère que des maisons neuves. De là, la route, en descendant toujours, nous conduit au bas d'un large vallon évasé dont l'ouverture est tournée vers la mer, mais dont elle est séparée par une énorme muraille de rochers isolés, béante à ses deux extrémités. L'ouverture de droite, appelée Gueule-de-Chien, est fermée par une solide digue en pierres de taille cimentées ; celle de gauche, un peu sinueuse, est seule ouverte : c'est le petit port de la Meule, le plus ancien de l'île, et qui a été minutieusement décrit par Garçie Ferrande. Il semblerait que ce port, entouré d'énormes falaises et presque entièrement fermé du côté de la mer, dût offrir un sûr refuge aux embarcations de l'île. Malheureusement, il est trop rapproché de la grande mer, et, par les mauvais temps, il n'est pas tenable ; on est obligé de hâler les em-

---

(¹) Quelques Pierres dites *druidiques* se trouvent sur ce parcours, au-delà de Ker-Bossy : à droite de la route, le Tumulus de la Guet (V. p. 27) ; à gauche, la Roche-aux-Fras (V. p. 31) ; un peu plus loin, le Grand-Bec (V. p. 32).

barcations à terre. Il n'est, en effet, l'objet d'aucun commerce et n'est guère fréquenté que par les petits bateaux de pêche des habitants du village.

Mais si le port de la Meule n'a aucune importance commerciale, ce n'en est pas moins un des endroits les plus pittoresques de l'île. Le sol est si tourmenté, les rochers sont si élevés et les coteaux si abrupts que l'on se croirait dans un pays de montagnes. C'est, en effet, une sorte de petite montagne que nous avons sur notre gauche. Au sommet, on aperçoit une maisonnette blanche, seule sur cette pente aride, sans jardins, sans habitants, mais gaie et comme souriante au milieu de ce morne paysage. En regardant avec plus d'attention, on distingue une croix, et lorsqu'on a gravi le coteau, on n'a qu'à pousser la porte, qui n'est jamais fermée à clef. C'est l'asile de la prière ; c'est une pauvre chapelle dédiée à la Sainte-Vierge par la piété des marins de l'île, parmi lesquels elle est en grande vénération (¹). Ses murs sont nus, son autel est délabré ; sa toiture affaissée n'offre qu'une frêle résistance aux violents coups de vent du large. Mais elle est là depuis des siècles, car elle est mentionnée par Garcie Ferrande, en 1520 ; elle brave le temps et les orages et, d'année en année, les *ex-voto*, s'ajoutant les uns aux autres, forment les seuls ornements de son humble nef.

Le vallon, très élargi qui se termine par le port de la Meule, est embelli, du côté nord-ouest, par de fraîches prairies entourées d'ormes. C'est une verte oasis au milieu de ce pays aride, un contraste plein de charme, en face de ces immenses et sombres rochers et de ces collines décharnées. Ces lieux m'ont beaucoup plu, et si je n'avais

(¹) On a l'habitude de s'y rendre en procession, tous les ans, le lundi de Pâques.

pas eu tant à courir pour connaître le pays, j'aurais aimé m'y arrêter longtemps, pour m'absorber dans cette imposante solitude, pour oublier, au milieu du bruit des flots, les bruits énervants du monde. Ceux qui cherchent un coin bien caché, loin du mouvement et de l'agitation des affaires, un site plein de grandeur, où domine seule la voix éloquente de la nature, pourront venir s'installer dans le modeste village de la Meule. Là ils ne trouveront ni usines nauséabondes, ni cafés, ni journaux, ni rien qui rappelle la vie civilisée, avec ses entraînements et ses misères. Ils pourront même, avec un peu de bonne volonté, perdre la notion du temps et reculer de siècles en siècles jusqu'à l'époque du monastère de Saint-Étienne, à l'époque de Garcie Ferrande, puis descendre peu à peu l'échelle des âges jusqu'à la première colonisation de l'île. L'aspect des lieux n'a guère changé depuis ces temps reculés. Mais la vue de la petite chapelle de la Vierge nous ramènera à la réalité, à la vie, à la lutte de tous les jours et nous servira de point de repère, au milieu de cette région accidentée.

Reprenons donc notre route et visitons les environs. Mais, avant de quitter le port, n'oublions pas de jeter un regard sur les ruines de modestes maisons qui composaient, autrefois, une partie du village de la Meule (¹), situé au bas du coteau ; elles étaient tout près du port. Elles existaient encore en 1795, lors du séjour du comte d'Artois dans l'île, car elles servirent de logement à plu-

(¹) La Meule ou Melle, comme on dit en patois, se composait de plusieurs villages actuellement réunis. Le premier, près de la mer, s'appelait le Port ; le deuxième, sur la colline, presque en face de la fontaine, Ker-Rabaud ; le troisième, au centre, la Meule, et le quatrième, sur le chemin de Port-Joinville, Ker-Arnaud. Celui-ci, dont presque toutes les maisons sont neuves, n'est plus séparé du groupe principal que par des jardins. (Notes de M. Auger, citées par le Dr Viaud-Grand-Marais, *loc. cit.*, p. 31.)

sieurs émigrés. Mais, vers 1820, à peu près à l'époque de Noël, une horrible tempête vint s'abattre sur l'île. L'eau fut poussée avec tant de violence qu'elle s'éleva à plus de dix pieds au-dessus du maximum ordinaire des grandes marées et inonda ces maisons construites trop près du port, ce qui n'avait eu lieu qu'une autre fois de mémoire d'homme. A la suite de ces désastres, les familles qui habitaient le fond du hâvre se retirèrent dans le village situé sur la pente de la colline, en face de l'extrémité du vallon. La mer, pendant ce triste hiver, bondissait avec tant de fureur sur les rochers de la côte sauvage, que l'eau rejaillissait à une grande hauteur au-dessus des falaises et que l'écume, emportée par les vents, traversait l'île tout entière (¹).

N'oublions pas non plus, avant de remonter sur les falaises, de nous désaltérer à la fontaine couverte, située sur le chemin qui du port conduit au village. Elle possède, dit-on, des vertus merveilleuses auxquelles on attribue l'augmentation de l'heureuse population qui vit dans son voisinage. Serait-ce aussi l'influence de cette eau qui décida une brave femme de ce pays antique à demander à mon savant et spirituel ami, le docteur Viaud-Grand-Marais, pendant qu'il herborisait dans les alentours, s'il cherchait l'herbe qui fait parler les bêtes (²)?

Toutefois, avant de quitter ces lieux, entrons dans la petite chapelle qui est là tout près de nous. Élevons notre âme vers le Créateur de toutes choses, vers Celui qui soulève les flots et calme la tempête. C'est en face de ces grandes scènes de la nature que l'homme paraît si petit. Mais aussi c'est par la méditation et la prière qu'il sent grandir ses forces, car la prière est le lien magique qui

---

(¹) *Ibid.*, p. 31 et 32, d'après le récit de La Pylaie.

(²) *Excurs. à l'Ile-d'Yeu*, p. 32.

l'unit à la Divinité. Remontons ensuite sur ces belles falaises qui entourent la presqu'île formée par l'Anse du Pissot et le port de la Meule.

Le spectacle est grandiose, mais le terrain est dangereux. Prenons donc bien nos précautions, car, tout près de là, se trouve un trou perfide dont rien ne trahit la présence. On l'appelle la Grande-Charte. Il a environ dix mètres de profondeur et il communique avec la mer par un tunnel de soixante-quatre mètres de long dont les quatre derniers mètres seulement, en s'approchant du trou de la Grande-Charte, sont couverts par ce gazon ras et glissant qui constitue un danger de plus pour les pieds inexpérimentés. Lorsque la mer montante arrive bondissante et échevelée dans cet étroit canal, elle projette son écume de tous les côtés et s'engouffre avec des bruits effrayants qui se répercutent dans le long corridor ; puis des chocs plus violents encore ont lieu sous la partie couverte, jusqu'à ce que le flot qui recule soit poussé, avec une violence toujours croissante, par le flot qui s'avance et que le trou de la Grande-Charte se mette à bouillonner à son tour, avec un fracas indescriptible. Si la brise est forte, les embruns vous atteignent de tous les côtés ; l'eau pulvérisée vous frappe le visage, mais l'air que vous respirez est le plus pur qu'on puisse imaginer, puisqu'il a traversé des milliers de lieues sans rencontrer une seule terre. Cela vaut bien la poussière des grandes villes et les odieuses effluves qu'on y respire. Vivre au bord de la mer, au moins pendant quelque semaines ou quelques jours, fait maintenant partie du programme de la vie moderne. C'est, en effet, si bon de respirer cet air là ! Et puis il nous donne un tel appétit ! Mais c'est précisément un de ses inconvénients, car il nous oblige à quitter ces scènes sublimes, où nous vivons par la pensée, et nous fait souvenir que nous avons un misérable corps de chair et d'os qu'il ne faut pas laisser périr de faim.

Nous nous dirigerons d'abord vers la petite vallée de la Combe-Pissot où s'élevait, jadis, le monolithe dont j'ai parlé à la page 34 et qui fut renversé par les gens du pays, « sans doute, dit M. Viaud-Grand-Marais, dans l'espérance d'y trouver un trésor, car chaque pierre druidique passe pour en recouvrir. » Ensuite, il nous faudra remonter encore sur les hautes falaises, pour arriver à la Taillée ou Entaillée. C'est une crête vertigineuse dont les gros blocs pointus semblent, de loin, déchiquetés en dents de scie. On dirait une reproduction atténuée du Monserrat des environs de Barcelone. A nos pieds, se creuse un précipice de près de trente mètres de profondeur où la vague se roule et se tord dans un chaos de rochers entassés les uns sur les autres, énormes, noirs et luisants comme les dos de squales monstrueux. Puis, au delà, la mer immense, toujours belle dans son calme comme dans ses fureurs ; la mer qu'on ne se lasse pas d'admirer et dont la grande voix, comme un hymne divin, jette dans l'âme une émotion étrange mêlée, en même temps, de séduction et d'effroi.

Vers le sommet de la Taillée, se trouve une Pierre fameuse, quoiqu'elle n'ait rien de *druidique*. C'est la Pierre-Branlante que nous avons décrite à la page 40.

Ainsi que je l'ai déjà dit, la Pierre-Branlante ressemble grossièrement à quelque énorme poisson, la tête assez distincte du corps, la croupe arrondie se terminant par des membres informes repliés en-dessous ; une attitude de sphinx songeur au milieu d'un désert de pierres, loin de toute habitation, de toute culture, dans un lieu ravagé par le tonnerre et la tempête ; emblème de l'immobilité, aussi ancien que le sol de l'île et paraissant inébranlable.

Mais l'homme ne respecte rien. Une bande joyeuse se presse contre lui. On l'excite en riant, sans souci des siècles accumulés sur sa tête. De grave, il va devenir grotesque ; ce n'est plus qu'un poussah monstrueux qui se décide enfin à rouler lourdement sur sa base. Mais défions-nous cependant des nains bretons qui, au dire de la légende, auraient édifié de leurs propres mains cette Pierre merveilleuse, car le *branle* donné au colosse produit des oscillations qui n'ont rien de bien rassurant. En effet, quelques cris timides se font entendre et, comme si on craignait de l'avoir traité avec trop de familiarité, on se tient à distance et on n'est tout à fait rassuré que lorsqu'on l'a vu reprendre peu à peu sa dignité première.

Cependant, malgré les enchantements de la mer et les « divertissements » de la Pierre-Branlante, n'attendons pas que la nuit soit arrivée pour rejoindre le sentier de chèvres qui nous ramènera vers la base des falaises.

Au lieu de revenir par la route qui nous a conduits à la Meule, nous pourrons prendre, à gauche, par les chemins de traverse et nous diriger vers l'ancien emplacement des Pierres du Moulin-de-la-Meule (V. p. 33). Nous passerons ensuite par le village de Ker-Doucet, la partie est des terrains militaires, et nous reviendrons à Port-Joinville par le cimetière et la Croix de Mission.

CHAPITRE IV

La Pointe du Châtelet. — Le Vieux-Château.

Dirigeons-nous du côté du nord-ouest, par le chemin vicinal qui nous conduira à Ker-Poiraud. Là, nous pourrons laisser notre voiture pour la reprendre au retour. Mais, avant de nous éloigner, nous ferons bien de visiter la grande bergerie modèle, récemment construite auprès de ce village et destinée à la propagation de ces moutons dévastateurs qui sont tout à la fois l'orgueil des habitants et la principale entrave au reboisement de l'île.

Après avoir laissé, à gauche, le village de Ker-Pissot (¹), nous aurons à traverser les vastes landes qui s'étendent sur presque toute cette partie de l'île. A mesure que nous nous rapprochons de la mer, le terrain devient de plus en plus inégal. Des blocs granitiques informes, entassés les uns sur les autres ; partout, dans tous les sens, des pierres éparses entre des plaques d'herbes courtes et rares ; le sol nu, d'un gris terne apparaissant à chaque pas ; tout cela donne à ces lieux solitaires une apparence désolée qui rappelle l'aspect attristant des hauts plateaux des montagnes. En effet, le fracas des vagues qui heurtent les falaises n'arrive jusqu'à vous qu'atténué par la distance. C'est un grondement sourd qui ne fait qu'accroître l'illusion, car il ressemble ainsi au bruissement des forêts agitées par le vent. Mais, bientôt, les falaises s'entr'ouvrent. Une sorte de vallée sèche descend vers la mer. La mer bleue, majestueuse, sans bornes, se présente à vos regards étonnés ; et si l'illusion s'envole, c'est pour faire place à la réalité mille fois plus belle encore. La cîme alpestre, immobile, aride et dévastée a disparu : c'est l'Océan, c'est la vie, le mouvement sans repos ni trève, un spectacle toujours changeant, toujours nouveau qui vous saisit par sa grandeur et s'impose à votre admiration. Il n'y a qu'un instant, tout était triste autour de

---

(¹) En faisant des fouilles au village disparu de Ker-André-Poiraud, à trois ou quatre cents mètres au sud du village de Ker-Pissot, on a découvert, il y a quelques années, une portion de meule qui paraît remonter à une assez haute antiquité. Elle est formée de pierres diverses agglutinées par un ciment et percée d'un trou au milieu. (Notes de M. Auger, auquel appartient cette pierre.)

vous ; vos pensées subissaient les sombres impressions du désert ; l'air était étouffant, l'horizon borné, la terre sans verdure et sans fleurs. La vue de la mer a tout changé. Ses limites sont l'infini ; ses effluves salines viennent rafraîchir votre front brûlant ; votre regard se repose avec délices sur ces flots d'azur dont les teintes sont si douces ; et, non loin du bord, la voile brune de quelque barque bretonne vous fait souvenir que vous n'êtes point égaré, loin de votre patrie, sur un rocher inhabitable, mais que vous vous trouvez sur une terre française, presque chez vous, au milieu d'une population sympathique et hospitalière.

J'ai souvent éprouvé ces impressions différentes lorsque j'ai parcouru cette côte si accidentée et si belle qui est bordée par la mer sauvage. Je ne conseille point de la visiter en plein midi, pendant les grandes chaleurs. Malgré la proximité de la mer et les inégalités du terrain, le soleil vous atteint de tous les côtés et il semble que l'on étouffe dans ce désert de pierres.

Sur la Pointe du Châtelet qui est une presqu'île, nous aurons, non seulement la vue de la mer tout autour de nous, mais aussi la brise du large qui tempérera, de la façon la plus agréable, la fatigue de la marche. Nous rencontrerons d'abord une mare d'eau douce avec quelques joncs épars sur ses bords ; mais elle est, presque toujours à sec, pendant l'été. Un peu plus loin, se trouve une maisonnette en ruine dont l'aspect est étrange sur cette aride langue de terre. Qui donc aurait pu choisir un tel lieu pour y établir ses pénates ? Serait-ce une cabane de pâtre où moutons et bergers pouvaient se réfugier pendant la nuit ou pendant la tempête ? Mais il n'y a point là de pâturage. Les vents destructeurs ont labouré le sol et détruit tout espoir de végétation. En effet, il paraît que c'était tout simplement un corps de garde bâti vers 1802, à l'époque de l'armement de l'île. L'État, dernièrement a vendu cette masure et le nouveau propriétaire n'a **trouvé** rien de mieux à faire que d'en enlever la toiture, sans **doute** pour rendre cette ruine plus intéressante et pour intriguer les touristes qui viendront interroger l'antique presqu'île du Châtelet.

Maintenant que nous avons résolu cette énigme, tâchons d'aller plus loin. Nous traverserons facilement l'épaulement qui s'étend d'un bord à l'autre dans la partie la plus étroite de l'isthme. Autrefois, il n'en eut pas été ainsi. Un vaste fossé régnait tout le long de la levée en terre et en pierres qui forme cet épaulement. Ce fossé était situé du côté de l'île, il avait trois ou quatre mètres d'ouverture et les débris qu'on en avait extraits avaient été rejetés du côté opposé, c'est-à-dire du côté de la Pointe. Deux brèches existaient dans cet ouvrage, l'une à l'angle nord-ouest, l'autre vers le tiers de la longueur, du côté du sud. Peut-être y avait-il une porte à chacune de ces deux brèches ; mais toute trace en a disparu, car on a exploité comme carrière une partie de la levée ([1]).

Ce sont là les restes de fortifications dont nous avons déjà parlé (p. 50) et que Joussemet croyait avoir été un camp romain. Ce *camp* formait un trapèze d'une superficie d'environ sept hectares.

Au-delà de cette levée nous ne tarderons pas à être arrêtés par une crevasse béante, noire et menaçante comme un gouffre. Du côté opposé se trouve une portion de terrain qui s'appelle le Petit-Châtelet et qui forme la véritable pointe de la presqu'île. Faute de passerelle nous n'avons pu franchir cette crevasse. Je le regrette d'autant plus que, d'après les renseignements fournis à M. le doc-

([1]) Notes anonymes provenant des papiers de M. Benj. Fillon, possédés par M. Dugast-Matifeux.

teur Viaud-Grand-Marais par le garde-côte **Mercier**, il y aurait là des ruines qui, sans doute, n'ont point encore été étudiées. Cependant le sentier paraît se prolonger de l'autre côté. Peut-être peut-on l'atteindre par un saut hardi, l'écartement de la crevasse n'étant guère que de deux mètres ; mais, en cas d'insuccès, on trouverait une mort certaine au fond de cet abîme.

Il faut donc nous consoler de laisser derrière nous ce petit espace sans l'avoir exploré, car du point ou nous sommes placés notre regard embrasse un magnifique panorama : à notre droite, un peu en arrière, le grand phare et la Pointe du Château-Maugarni dont nous parlerons au chapitre VI, ci-après, et sur la gauche, presque en face de nous, une vue qui à elle seule mériterait un voyage à l'Ile-d'Yeu.

En effet, ami lecteur, si le hasard des circonstances vous amène dans ces parages et si vous ne pouvez prendre terre que pendant un petit nombre d'heures, bornez-vous à faire une seule course. Rendez-vous droit à la Pointe du Châtelet, allez jusqu'à la crevasse dont je viens de parler et regardez, du côté du sud, le Vieux-Château qui se dessine nettement au-dessus de son rocher, quoique à une certaine distance de vous, au-delà de la Combe du Jard et des énormes falaises de la côte. Du point où vous êtes placé, vous voyez le château par celle de ses faces qui est tournée vers la mer, c'est-à-dire par le côté que vous ne pourrez apercevoir lorsque, tout-à-l'heure, vous irez le contempler de plus près, à l'endroit où se trouvait le pont-levis.

Vu dans ces conditions, le château est admirable de hardiesse et de fierté. L'îlot de rochers, sur lequel il est assis, paraît très distinct des hautes falaises qui forment, autour de lui, une demi-circonférence d'une vaste amplitude et de l'aspect le plus sauvage ; immense cirque dont les gradins sont des blocs énormes étagés en marches démesurées comme un escalier de géants (¹).

Le soir, lorsque le soleil commence à descendre vers la mer, les ombres sont plus nettement accusées, les plans plus vivement éclairés ; toutes ces lignes se fondent en une courbe plus régulière et les pentes de granite qui s'abaissent vers la plage se hérissent d'une multitude de rochers secondaires dont les ombres allongées prennent les formes les plus fantastiques. Des spectateurs d'une taille gigantesque se sont-ils donc assis dans cet amphithéâtre cyclopéen ? Quelle fête va donner le château si avantageusement placé dans le milieu de l'arène ? Sera-ce un tournoi de paladins, ou bien verrons-nous sortir des flots quelque dragon qu'un nouveau Saint-Georges percera bientôt de sa lance ?

Mais ne nous laissons pas séduire par ces ombres ; hâtons le pas ; profitons des dernières lueurs du jour, afin de voir le château pendant le coucher du soleil. Le seul danger que nous ayons à craindre est de glisser le long des falaises ; tenons nous donc à distance respectueuse, car si nous tombions au milieu des fantômes dont elles paraissent peuplées nous n'en serions pas quittes pour la peur.

En approchant de la Combe-du-Jard, le paysage prend de nouveau son aspect alpestre, mais en remontant du côté opposé nous trouverons du moins une pente herbeuse qui fera un heureux contraste avec le sol rocailleux que nous venons de traverser. En outre, il y a une bonne source dans ce vallon. Profitons-en pour nous désaltérer et repre-

---

(¹) Ces falaises, situées entre la Pointe du Châtelet et le Vieux-Château, sont celles de l'Anse du Sabliau et de la Combe-du-Jard. Au-delà du château, dans la direction de la Meule, sont celles des Degrés et de la Cible, tout aussi sauvages, mais d'un effet moins saisissant.

nons notre marche sur le haut de la falaise afin de ne rien perdre du beau spectacle qui nous est offert.

Nous apercevons plus distinctement les ruines du Vieux-Château. Le récif qui lui sert de base n'est qu'une masse de rochers déchiquetés, noirs, informes, effrayants. Du côté de la mer, se dessine une ouverture basse, écrasée et carrée qui ressemble plutôt au soupirail d'un caveau qu'à une fenêtre ; puis trois lucarnes superposées. Du côté de la terre, une tour presque intacte avec ses créneaux entiers. En arrière est une autre tour en moins bon état et au sommet de laquelle on voit les ruines d'un poste de vigie. Bientôt nous voici juste en face des ruines ; voici l'emplacement du pont-levis; la mer est haute, elle entoure complètement le Vieux-Château ; sur la gauche est une sorte de trou peu profond ou de petite grotte placée dans l'épaisseur du massif qui supporte le château. La mer s'y engouffre avec bruit. Tout ce côté des ruines est dans l'ombre ; le regard plonge avec effroi dans la cour d'armes ; les derniers rayons du soleil jettent des teintes livides à travers les ouvertures de la partie opposée ; le Vieux-Château paraît sinistre, mais le regard ne peut s'en détacher. Un monde de souvenirs vous revient à l'esprit, vous voudriez interroger chaque pierre, lui demander par qui elle a été mise là, quelles choses terribles se sont passées auprès d'elle ; de quels combats, de quelles luttes, de quels actes héroïques ou criminels elle a été le témoin impassible ; pourquoi elle a survécu à tant de siècles et ce qu'elle fait là si elle n'a rien à nous dire ! (¹).

(¹) On vient de me communiquer, pendant l'impression de cette partie de mon travail, un petit manuscrit intitulé : « Chronique sur l'Ile-d'Yeu » et dû à l'imagination de M. Honoré Bonhomme, ancien employé des contributions indirectes à Port-Joinville. L'auteur y raconte une légende qui paraît inventée par lui. Vers l'an 1556, des

Mais c'est surtout par un mauvais temps qu'il faut venir contempler le Vieux-Château. Le désordre des éléments, le fracas épouvantable des vagues qui retombent comme des coups de bélier sur ces durs et sombres rochers (¹) tout cela rappelle cette époque de fer où la vie était un combat perpétuel, où la force primait presque constamment le droit et où les châteaux forts étaient les seuls lieux où l'on put trouver quelque sécurité.

La première fois que j'aperçus ces tourelles démantelées, il faisait un temps affreux. Une sorte de brouillard mêlé de pluie couvrait l'île. Le vent soufflait par rafales saccadées. De grosses vagues, en dômes déchiquetés et toutes blanchissantes d'écume, se précipitaient, les unes à la suite des autres, sur les falaises dont elles escaladaient et enlaçaient les assises avec des jets, des sifflements, des coups sourds comme un lointain tonnerre ; puis ces masses d'eau retombaient, roulaient et glissaient sur les pentes, en milliers de ruisseaux de lait, avec des bruissements étranges comme un pétillement de paillettes électriques. A peine une vague s'était-elle retirée qu'une autre recommençait la même manœuvre. C'était une précipitation, un enchevêtrement, une mêlée indescriptible. Les vagues arrivaient de tous les côtés, comme des troupes nouvelles pour monter à l'assaut. Tout cela criant, hurlant, se heurtant, se fondant l'un dans l'autre et jetant haut dans les

pillards chaumois, qui s'étaient réfugiés au Vieux-Château pour se soustraire à la vengeance des habitants de l'île, recevaient furtivement, pendant la nuit, des vivres qui leur étaient apportés dans un canot par une jeune fille fiancée à l'un d'eux. La fraude finit par être découverte ; la jeune fille demanda pardon à son père et tout se termina par un mariage.

(¹) La teinte noire, souvent très prononcée des rochers de cette côte, est due à des incrustations minuscules de végétations marines qui les tapissent comme d'un enduit vernissé.

airs des nuages de poussière d'eau, des embruns et des flocons d'écume. Au milieu de ce désordre, de cette brume pareille à de la neige, dans ce concert terrible de sifflets aigus, de glapissements et de grondements sonores, le Vieux-Château, immobile et sombre, se dressait comme un spectre. Ses assises disparaissaient dans le brouillard ; il semblait suspendu entre le ciel et la mer, comme une vision dans un songe. Le jour était à son déclin ; mais une épaisse couche de nuages, tantôt sombres, tantôt cuivrés et menaçants, voilait à nos regards les derniers rayons du soleil, et seule une bande de feu s'étendait parallèlement à la mer. Bientôt elle s'effaça. La couche de nuages sembla s'épaissir encore. L'obscurité devint intense. Les roulements du tonnerre répétés et amplifiés par les échos des falaises, annoncèrent l'approche d'un violent orage et nous avertirent qu'il était temps de nous éloigner. Déjà la pluie nous fouettait le visage, le vent semblait vouloir nous courber jusqu'à terre ; je voulais rester encore, mais mes compagnons m'entraînèrent. Après avoir fait quelques pas, je me retournai contre le vent, pour jeter un dernier regard à la vieille ruine, lorsque, tout à coup, un bruit étrange me fit arrêter tout court et je sentis un frisson parcourir tous mes membres. Un son grave retentissait du côté du Vieux-Château ; c'était un battement saccadé comme celui d'une cloche lancée à toute volée. Au premier moment, je ne vis rien, mais de larges effluves électriques qui, de minute en minute, embrasaient une moitié du ciel, éclairèrent si soudainement toute la ruine que mon regard en fut ébloui, en même temps que mon esprit était frappé de terreur. En effet, soit par suite d'une longue contemplation ou d'une surexcitation nerveuse due à l'état de l'atmosphère, soit que le brouillard, les vagues et la tempête eussent modifié toutes les formes, le château que je vis alors n'était plus une ruine, mais un monument grandiose, intact et plein de vie. Les fenêtres garnies de petites vitres enchâssées dans du plomb, laissaient voir, derrière elles, toute une mêlée de formes humaines. Dans la guérite de pierre, sur la tour de gauche, une sentinelle au cimier étincelant s'appuyait fortement sur sa hallebarde, et, plus haut, derrière lui, du côté de la mer, un beffroi gigantesque semblait osciller sous les mouvements désordonnés de sa cloche de bronze. Puis tout s'évanouit avec le large éclair qui avait animé ce vieux monde; l'obscurité redevint complète; je n'entendis plus que le bruit de la tempête et je courus pour rejoindre mes compagnons de voyage qui disparaissaient déjà dans l'ombre.

Quand, encore sous le coup de ces impressions si vives et si nettes, je leur racontai ce que j'avais vu et entendu, ils essayèrent d'abord d'en rire; mais, la pluie nous avait pénétrés jusqu'aux os, et, soit frayeur soit impatience d'un gîte, ils fuyaient avec un tel entrain que j'avais peine à les suivre.

CHAPITRE V

Le vallon de Saint-Hilaire. — Les Chiens-Poirins.

Mais assez de la mer sauvage et des falaises effrayantes de la côte ouest. Cherchons des sites moins grandioses et plus doux au regard. A une faible distance de Port-Joinville s'étend un frais vallon, véritable oasis au milieu de tant de dunes de sable, de falaises nues et de landes ingrates, où les arbres sont remplacés par de grands rochers, accroupis comme des sphinx, seuls gardiens de ces mornes thébaïdes. Ces lieux paisibles vont nous rap-

peler les riants bocages de la Bretagne et de la Vendée.
Là nous oublierons les montagnes et la mer pour ne nous
souvenir que du pays voisin qui nous a vu naître.

Quittons le port en passant, hélas, tout près de ces
usines, tristes emblèmes de la civilisation égoïste de nos
jours, qui nous rend, en échange d'un peu d'or, tous les
inconvénients des émanations malsaines et des accumula-
tions cosmopolites. Mais fuyons les odeurs des têtes de
sardines et des cuisines à l'huile ; gagnons bien vite la
plage et dirigeons-nous vers l'Anse du Moulin. C'est par là
que nous quitterons, pour ainsi dire, le sol de l'île et péné-
trerons dans ce mystérieux vallon de Saint-Hilaire peuplé
des souvenirs les plus purs et consacré par les pas de
saint Amand.

Cette fois encore nous ferons bien de nous assurer d'une
voiture qui nous suivra, quand elle le pourra, et qui,
dans le cas où nous aurions voulu économiser nos pas,
aurait pu nous conduire, par la route de Ker-Pierre-
Borny, jusqu'au point où cette route coupe l'entrée du
vallon de Saint-Hilaire. Notre véhicule ira, ensuite, nous
attendre au Sémaphore, à l'extrémité nord de l'île.

Après avoir remarqué les vestiges de la digue récemment découverte et qui fermait, à une époque reculée, la
partie du vallon la plus rapprochée de la mer, nous arrivons bientôt dans de vertes prairies entourées d'arbres
assez élevés. Ce sont principalement des saules, à l'écorce
rugueuse et crevassée, mais au feuillage touffu, plein de
fraîcheur et d'ombre. Un ruisseau paisible, quelquefois à
sec pendant l'été, anime ce riant paysage. C'est le ruisseau de Saint-Hilaire. Un petit pont rustique nous permet
de passer d'un bord à l'autre et d'errer pendant quelques
instants au milieu de cette tendre verdure et sous ces
beaux ombrages, à l'abri des brûlants rayons du soleil.

Ne craignons pas de nous y attarder ; si le reste de la
course de cette journée doit être remis au lendemain

nous n'aurons pas lieu de le regretter, car le vallon de Saint-Hilaire, si peu que nous connaissions l'histoire de l'île, nous paraîtra encore tout empreint du souvenir de saint Amand et des moines bienfaisants qui furent les premiers dépositaires de ses vœux. Là-bas, cachée sous un manteau de plantes grimpantes, s'entrouvre, au bas du coteau, la petite grotte qui porte encore son nom. Un peu au-dessus, quelques rares vestiges d'antiques murailles marquent l'emplacement où jadis s'élevait le vaste Monastère de Saint-Hilaire. C'est, aujourd'hui, le *Champ du Cloître*. Des siècles se sont écoulés entre les époques où ces deux appellations furent données à ce coin de l'île. Mais si les hommes et les choses d'alors ont disparu, l'œuvre religieuse et civilisatrice, fondée par ces premiers apôtres de l'Ile-d'Yeu, est encore vivante et solide dans cette honnête population de durs travailleurs et d'intrépides marins. La foi qu'ils avaient apportée ne s'est pas encore éteinte. Les prières et les cérémonies du culte telles qu'ils les pratiquaient en 609 se sont répétées, sans interruption, jusqu'à nos jours. Le temps, qui détruit tant de choses, n'a pas détruit ces principes et ces pieuses croyances. Le monastère a disparu ; ses ruines même ont été dispersées, l'emplacement qu'il occupait se reconnaît à peine ; le nom de ses moines est perdu dans l'oubli. Mais ce que ces moines étaient venus faire, ils l'ont fait, et ce qu'ils ont fait dure encore et durera toujours.

J'aime ce vallon solitaire éloigné du bruit de la mer et des affaires commerciales du port, j'aime son silence et le mystère de ses ombrages, car il n'éveille dans l'esprit aucune idée relative aux choses matérielles de la vie. Lorsque saint Amand venait s'y reposer des austérités du cloître, les méditations auxquelles il se livrait n'avaient pour but ni la recherche des plaisirs de ce monde, ni l'augmentation de sa propre fortune. Lorsque, le cœur rempli d'enthousiasme, il rêvait à ses futures conquêtes, il n'aspirait ni à l'asservissement des peuples, ni à l'ambition d'un courtisan obséquieux. Celui qui devait conquérir tant d'âmes à l'église, dont il était le serviteur si humble, devait aussi donner, en face d'un prince tout puissant, l'exemple de la plus courageuse indépendance et de la plus noble fierté (¹). L'exil lui paraissait préférable à une lâche complaisance ; et lui, qui courbait si volontiers son front devant Dieu, il dédaignait de s'abaisser devant un pouvoir pour lequel il ne ressentait que du mépris.

Cet homme était digne de la haute destinée à laquelle il est parvenu. Il y a dans ce caractère quelque chose de doux et de fier tout à la fois qui séduit au premier abord dès que l'on étudie son histoire. S'il ne se fut pas donné à l'église, il eut été un soldat sans peur et sans reproche, car, à cette époque barbare, il n'y avait, entre le froc et l'épée, aucune place pour l'activité d'une grande intelligence.

Mais quelque attrait que nous trouvions dans ces souvenirs de saint Amand, il faut nous arracher aux ombrages du vallon de Saint-Hilaire si nous voulons terminer dans une seule journée la course que nous avons entreprise.

Nous pouvons facilement gagner la route de Ker-Pierre-Borny ou bien celle du Bourg au Sémaphore en passant par la Cadouère où se trouvait, autrefois, dit Joussemet, le camp romain, appelé le Château-Gaillard (V. ci-dessus, p. 52); mais, aujourd'hui, il n'en reste plus la moindre trace.

Cette partie de l'ile est assez bien peuplée. Les maisons, fréquemment blanchies à la chaux, ont un air d'aisance et de propreté qui réjouit le regard. La vie et le mouvement

______

(¹) Voir ci-dessus, p. 160.

apparaissent de tout côté ; les cultures sont plus nombreuses et, dans les pâturages, on aperçoit, de temps en temps, de petites vaches bretonnes, au pelage noir et blanc, aux mamelles gonflées de lait. Puis, voici le vallon des Broches qui étend sur notre gauche ses verdoyantes prairies et dans lequel aurait vécu l'ermite problématique dont parle La Pylaie (V. ci-dessus, p. 82).

Au nord-ouest de l'Anse des Broches, et tout près du rivage, se trouve le dolmen de la Planche à Puare (V. ci-dessus, p. 22) où M. Auger, accompagné de quelques autres personnes de l'île, vient d'opérer (décembre 1883) des fouilles intéressantes. En creusant le sable amoncelé à l'intérieur, on a trouvé, à une profondeur de quatre pieds, un pavage en pierres plates informes, mais formant une surface unie. Les déblais de sable contenaient une certaine quantité d'ossements humains en parfait état de conservation. Lors d'une seconde visite, les découvertes ont été plus importantes encore, car on a trouvé un squelette complet que M. Viaud, médecin, l'un des auteurs des fouilles, espère reconstituer en entier.

Presqu'en face de nous, un peu sur notre droite, sont les Tabernaudes (V. p. 24) où nous ne pouvons nous dispenser de nous arrêter, bien qu'il n'en reste que peu de chose. La petite enceinte du milieu a disparu et l'on n'aperçoit plus que quelques pierres encore dressées dans la partie nord-est. L'auteur des notes manuscrites provenant des papiers de M. Benj. Fillon avait visité, il y a quelques années, le cercle des Tabernaudes. Au centre, se trouvait une grande pierre plate. Il fit creuser en-dessous, et, après avoir fait basculer le couvercle, il découvrit un cercueil composé de quatre pierres de 1^{m}10 sur chaque grande face, 0^{m}40 à l'ouest et 0^{m}35 à l'est. Au fond, était une énorme pierre enfouie profondément dans le sol. Il est probable que ce cercueil était vide, car l'explorateur ne parle pas de son contenu. En poursuivant ses recherches dans les environs, l'auteur anonyme de ces notes visita un autre groupe qu'il appelle le *Turmereau* ou le *Turmeria du Parc*. C'était une sorte de tumulus situé sur le bord d'un champ que le propriétaire a voulu agrandir aux dépens de ce monument préhistorique. Il en a enlevé une grande quantité de pierres rapportées et a mis à découvert une excavation qui avait déjà été explorée et qui ne contenait rien d'intéressant. Le trou avait environ 0m80 sur chaque face ; cependant il était plus étroit à la base qu'au sommet. Le propriétaire du terrain était convaincu que ces pierres devaient cacher un trésor. Le nom de Parc viendrait de ce qu'à côté il y avait un grand pré, entouré de murs et qu'on nommait le Parc.

Un peu plus loin, nous apercevons devant nous une sorte de muraille blanche comme la neige, hérissée de dents aiguës. C'est le Caillou-Blanc qui forme comme une petite chaîne de montagnes minuscules presque perpendiculaire au grand axe de l'île. Le Caillou-Blanc descend jusque dans la mer où il forme des récifs dangereux dont nous parlerons tout à l'heure. Mais, au point où nous nous trouvons, il paraît isolé au milieu des landes. La blancheur éclatante, éblouissante même de ces rocs lorsqu'ils sont vivement éclairés par le soleil, produit un contraste frappant avec le sol plus ou moins sombre qui les environne. Si nous nous en approchons plus près, nous voyons qu'ils sont formés par un vaste filon de quartz, sans le moindre mélange avec aucune autre substance, et leur dureté est telle qu'ils défient presque les outrages du temps.

Traversons donc ce pacifique rempart pour atteindre l'extrémité nord de l'île, la Pointe du But, où s'élève le monument tout moderne du Sémaphore. Nous pourrons facilement y pénétrer, grâce à l'obligeance du gardien, et même il nous sera permis d'examiner, au moyen d'une puissante lunette d'approche, l'immense horizon de mer qui se développe devant nous.

Un sémaphore, on le sait, est une sorte de télégraphe aérien qui communique, au moyen de signaux, avec les navires naviguant au large. Il est relié au bureau du télégraphe de Port-Joinville, au moyen d'un fil, et au continent par le câble sous-marin qui part de la petite capitale de l'île. Il se charge aussi des dépêches privées d'après la taxe ordinaire ; et, si de là vous désirez envoyer vos impressions de voyage, il ne vous en coûtera que quelques centimes.

Du Sémaphore à l'extrémité de la Pointe du But il n'y a qu'un pas, et vous n'avez plus en face de vous, comme faisant encore partie des lignes maritimes de l'île, que ces terribles rochers, toujours hurlant et aboyant qu'on a nommés les Chiens-Poirins ou Perrins. Ce sont les sinistres gardiens de cette côte dangereuse, cerbères jaloux et féroces qui dévorent tous ceux qui s'égarent dans leur voisinage. La liste de leurs méfaits est longue. Depuis 1827, quatorze bâtiments ou chaloupes y ont fait naufrage et cent soixante-quatre hommes y ont trouvé la mort [1]. Il y a quelques années, un grand vapeur anglais, nommé *l'Excelsior*, s'y est perdu et une partie de ses débris est restée, jusqu'à nos jours, enchâssée dans les rochers du rivage [2]. Le Conseil Général de la Vendée, à sa session d'avril 1883, a émis un vœu pour la création d'un phare sur ces écueils.

Il est probable que ces récifs ont fait jadis partie du sol de l'île, dont ils ont été séparés par l'extrême violence

[1] Extrait du rapport fait au Conseil Général de la Vendée, à la session d'avril 1883, au sujet du projet de vœu pour la création d'un phare sur les écueils des Chiens-Poirins.

[2] Dr Viaud-Grand-Marais, *loc. cit.*. p. 55.

des flots, car on pourrait donner à la Pointe du But le nom beaucoup mieux approprié de Cap des Tempêtes. Mais il est impossible de déterminer l'époque à laquelle se placerait ce fait géologique, car les annales de l'île n'en font point mention.

A cette extrémité de l'île, se trouve, en outre, une batterie qui a reçu, elle aussi, le nom de Chiens-Poirins.

Le 3 avril 1878, un trois-mâts français, *Mathilde*, chargé de suif, venant de la Plata, après avoir touché sur les Chiens-Poirins, vint faire côte dans l'Anse-Mauvaise, au pied du Sémaphore, à 25 ou 30 mètres du rivage. Sur dix-sept hommes qui composaient son équipage, un seul put être sauvé. Les rochers du rivage sont encore, çà et là, souillés par le suif qui formait la cargaison de ce navire.

En suivant les sinuosités de la côte est, pour revenir à Port-Joinville, nous retrouverons bientôt le Caillou-Blanc qui prolonge jusque dans la mer ses assises coupantes comme du verre et plus dures que l'acier. A gauche, se distinguent nettement les récifs de Basse-Flore où périt, vers 1827, la corvette *l'Active*, avec ses quatre-vingts hommes d'équipage. C'est à la suite de ce sinistre que fut construit le grand phare de l'île. A droite, sont les récifs plus étendus encore du Grand-Champ et du Petit-Champ qui faisaient autrefois partie du sol de l'île et où les Romains, au dire du curé Joussemet (V. ci-dessus, p. 51), auraient établi un camp. Aujourd'hui, le Grand-Champ se trouve à une distance de 700 mètres de la côte. Le Petit-Champ n'en est éloigné que de 400 mètres (¹). C'est sur les récifs du Caillou-Blanc que, le 27 décembre 1875, est venu s'échouer, un matin, par un temps de brume, le navire hollandais à vapeur *le Bordeaux*, chargé de fromages et de petits pois, qui faisait un service régulier

______

(¹) Dʳ Viaud-Grand-Marais, *loc. cit.*, p. 54.

entre Bordeaux et la Hollande. Après avoir été abandonné par son équipage, « il fut trouvé, avec ses feux allumés, et le café et le thé étaient encore chauds sur la table du capitaine. Des yeux flamboyants dans l'ombre remplirent d'effroi les premiers visiteurs. Un tigre faisait partie de la cargaison, mais n'avait pas, Dieu merci, rompu les barreaux de sa cage » ([1]). La cargaison put être sauvée, mais la coque du navire dut être abandonnée à la fureur des flots qui ne tardèrent pas à la mettre en pièces. Un autre navire, *l'Ernestine*, vapeur de la Compagnie Flornoy, est aussi venu s'échouer sur cette côte, le 29 octobre 1871, à l'endroit appelé l'Ecluse ou le Jousseaume. On voit encore aujourd'hui, à marée basse, son hélice et une de ses chaudières à moitié ensevelies dans le sable. C'est un triste spectacle que ces témoins presque indestructibles d'un imposant naufrage. Cet organe si puissant de la civilisation moderne, l'hélice massive et robuste qui tourne avec tant de légèreté, qui fait bouillonner les flots autour d'elle, qui, malgré le vent et l'effort des grandes lames, fait bondir le navire avec la vitesse d'un train de chemin de fer et lui fait franchir en quelques jours les espaces immenses des deux hémisphères ; cette puissance orgueilleuse, habituée à dompter les fureurs de la mer et qui était sortie victorieuse de tant de rudes assauts, la voilà brisée, inerte, sans vie et sans valeur, abandonnée sur la plage où sa masse même empêche de l'utiliser. Déjà les herbes marines qui l'ont envahie pendent de tous côtés, comme pour voiler ses ruines ; le flot montant bat les murailles de la chaudière comme les rochers du rivage ; bientôt les formes seront moins accusées ; les sables et les algues donneront à ses lignes carrées l'apparence d'un nouveau bloc au milieu des autres débris des falaises, et il n'y aura, sur cette côte fertile en naufrages,

([1]) *Ibid.*

qu'un récif de plus, mais un récif de fer où demain viendra peut-être s'ajouter le naufrage de quelque barque de pêcheur (1).

Si vous voulez emporter quelques souvenirs de ces lieux qu'on pourrait appeler la *Côte des Naufrages*, vous pourrez choisir, non loin du Caillou-Blanc, parmi l'immense quantité de débris qui en proviennent, les plus

(1) Voici, du reste, la liste des principaux naufrages qui ont eu lieu, à l'Ile-d'Yeu, depuis quelques années, d'après les notes de M. Auger :

Alexandre. — 20 février 1860. — Trois-mâts français, chargé de minerai ; échoué au nord de Port-Joinville.

Elderra. — 31 janvier 1862. — Trois-mâts espagnol ; échoué sur les rochers du Gros-Murier (côte ouest).

Amazone. — 1864. — Perdu sur le rocher de la Chancrelle (entre les Chiens-Poirins et les Turpailles, au large).

Jeune-Pauline. — 23 décembre 1867. — Perdu dans l'Anse des Corbeaux.

Grand-Vaillant. — 27 décembre 1867. — Échoué sur les rochers, en face de Port-Joinville.

L'Actif. — 11 mars 1869. — Perdu sur les rochers des Œufs-Verts, entre les forts de la Petite et de la Grande-Conche.

Camille. — 5 avril 1866. — Échoué aux Roches-Sèches, près de la Pointe des Corbeaux.

Excelsior. — 13 mars 1870. — Vapeur anglais, perdu sur les Chiens-Poirins.

Ernestine. — 19 octobre 1871. — Vapeur de la Cie Flornoy ; échoué au Jousseaume, à la Pointe même des Corbeaux.

Nada. — 8 mai 1875. — Navire anglais ; échoué dans la baie de la Grande-Conche, au nord-ouest des Œufs-Verts.

Bordeaux. — 27 décembre 1875. — Vapeur hollandais ; perdu au Caillou-Blanc.

Le Huron. — Norvégien, chargé de bois ; abandonné en mer ; échoué à la Pointe de l'Évêque.

Mathilde. — 3 avril 1878. — Trois-mâts français, chargé de suif ; échoué dans l'Anse-Mauvaise, à 50 ou 60 mètres au nord du Sémaphore.

beaux galets que l'on puisse souhaiter ; il y en a de toutes les formes et de toutes les dimensions ; mais tous sont d'un blanc mat, comme du marbre poli, ou de la neige durcie, et, parfois aussi réguliers que s'ils avaient été coulés dans un moule. Ils peuvent servir de presse-papier, infiniment préférables aux affreux bibelots que l'industrie fabrique pour cet usage. Les plus beaux ont une forme ovoïde et, lorsqu'on les regarde sous un vif rayon de soleil, ils semblent presque transparents. En effet ils sont tous formés, par ce quartz si pur que les minéralogistes appellent *saccharoïde*, à cause de sa resssemblance avec le sucre cristallisé. Mais de toutes les comparaisons celle qui me paraît la plus exacte est celle de la glace blanche. Vus de loin sur la plage ces amas de galets d'un si vif éclat produisent un singulier effet ; on dirait un amoncellement de neige sous ce soleil ardent dont les feux échauffent tellement le sable des dunes qu'il serait presque impossible d'y marcher les pieds nus. Cette couverture blanche étendue sur le rivage semble cacher, comme sous un linceul, les corps des malheureux qui ont péri là d'une mort horrible. Vous ne pouvez vous éloigner de cette côte sans un serrement de cœur. Les hurlements de la tempête et les cris des mourants vous reviennent à l'esprit en entendant le bruit sourd des vagues qui s'abattent sur les rochers.

Cette partie de la côte, si lugubre par ses naufrages, offre cependant un aspect plus gai que les effrayantes falaises de la mer sauvage situées sur le rivage opposé. Les lignes sont plus harmonieuses, moins heurtées et moins brisées. Quelques rochers émergent du sol ; ils sont, en général, assez plats et leurs surfaces semblent s'incliner vers la mer. Le flot qui vient mourir sur la plage est moins dur et moins agité et la promenade sur le sable mouillé, en suivant les sinuosités des anses, est très douce et très facile pendant d'assez longs parcours.

C'est le chemin le plus agréable pour revenir à Port-Joinville. Le soleil qui se couche à votre droite s'effacera bientôt derrière le plateau central de l'île ; les falaises et les dunes que vous suivez vous protègeront aussi de leur ombre. Si vous êtes fatigué, cette promenade, faite dans des conditions si avantageuses, vous reposera. Dans tous les cas, vous aurez toujours la ressource de rejoindre la route soit à Ker-Pierre-Borny soit au bout du vallon de Saint-Hilaire où votre voiture aura pu vous attendre.

Mais supposons que nous revenons à pied, afin de suivre le conseil que je donnais tout à l'heure. En passant auprès de la Pointe de la Gournaise, nous verrons le tumulus des Petits-Fadets (voir ci-dessus p. 23) appelé aussi la Maison de la Gournaise. Le sable a envahi la chambre où l'on pouvait autrefois se tenir debout. Jadis c'était une véritable allée préhistorique, très longue où la jeunesse du voisinage se réunissait à certains jours de l'année. On faisait la cuisine au fond de ce couloir couvert, on préparait, disent les chroniques locales, un grand repas, et sans doute, aussi, ·l'on dansait au refrain des chansons joyeuses. Que n'ai-je assisté à une de ces fêtes champêtres, à mon retour du Caillou-Blanc, alors que j'avais l'âme attristée par les récits de tant de naufrages et par la vue des épaves semées sur la côte !

Mais à la place des rondes animées de la jeunesse, l'on aperçoit de loin, dans le demi-jour du crépuscule, auprès de l'Anse de la Pulante (¹) des formes immobiles et silen-

---

(¹) L'auteur anonyme des notes manuscrites provenant des papiers de M, Benj. Fillon ayant appris qu'il y avait dans cette région un endroit désigné sous les noms de *Tènement-du-Grand-Mur*, fut intrigué par ces mots et finit par découvrir que ce tènement se confondait avec celui de la Pulante, situé sur la Pointe du Cantin. La Pulante est le nom de la baie située entre la Pointe du Cantin et celle des Roses. Le cadastre indique deux tènements du Grand-Mur.

cieuses qui semblent se pencher tristement vers la terre ; on dirait des femmes en deuil récitant la prière des morts. En effet, c'est un cimetière isolé et, lorsqu'on arrive auprès, on n'y trouve, pour tout monument funéraire, que quelques pierres dressées et mal équilibrées, fournies par les rochers du rivage, pour marquer le lieu où reposent, loin de leur patrie, quelques malheureux naufragés inconnus et à jamais oubliés.

En vain, pour éloigner ces sombres souvenirs, vous quittez la plage et remontez sur les dunes. Le soleil vient de disparaître de l'autre côté de l'île et, dans la faible lumière qui lutte encore contre les ténèbres, vous apercevez du côté du nord, des flammes étranges éparses çà et là, une sorte de fumée rougeâtre dont la brise vous apporte les âcres et pénétrantes odeurs. Comme pour attiser ces foyers mystérieux, des ombres indécises vont en courant de l'une à l'autre. Est-ce une vision des anciens rites des Druides, ou bien sont-ce les Farfadets de la Gournaise qui ont allumé leurs feux follets pour effrayer les promeneurs retardataires ? Heureusement ce n'est pas plus effrayant que le *Songe d'une nuit d'été* de Shakespeare. Si nous n'y retrouvons ni Obéron, ni Titania, le roi et la reine des fées, du moins les spectres, qui là-bas paraissent se jouer au milieu des flammes, sont-ils d'assez bons diables, car ils appartiennent à l'honnête population de l'île et ne sont autres que d'inoffensifs *brûleurs de soude*.

L'un, le plus petit, formait le revêtement de la dune parallèlement à la mer ; l'autre se trouvait au sud-est du premier, dans la vallée de la Pulante. L'auteur de ces notes serait porté à admettre que ce pouvait bien être une fortification romaine, comme l'indiquerait presque le mot *Cantin*, dérivé, sans doute, du mot *camp*, et que ce serait là qu'il faudrait placer le Camp, désigné par Joussemet (V. ci-dessus, p. 51), plutôt que dans les îlots qui portent, aujourd'hui, les noms de Grand-Champ et de Petit-Champ.

Ce sont des chimistes fort primitifs. Leur laboratoire est en plein vent. Leur cornue est un four très simple composé d'un trou dans le sable et de quelques pierres de recouvrement. C'est là qu'ils font brûler des herbes marines à moitié desséchées, pour en retirer la soude et les différents produits qui s'y trouvent contenus. Cette opération, en effet, est facile. On allume le four le matin ; à midi, on brasse la cendre qui se liquéfie, puis devient solide en se refroidissant. En 1870-75, la pierre ou charbon de soude valait 100 fr. le tonneau. Aujourd'hui elle ne vaut guère plus de 50 fr., et, quand on ne trouve pas à la vendre, on fait de la cendre qu'on vend à la fabrique d'engrais, au prix de 65 à 70ᶜ l'hectolitre. Il y a quelques années, l'Ile-d'Yeu produisait de 4 à 500 tonneaux de soude par an.

L'industrie des brûleurs de soude à l'Ile-d'Yeu est déjà ancienne. La fumée âcre et épaisse qui s'élève des fourneaux à ciel ouvert, se répand souvent dans la campagne à de grandes distances, et peut gravement incommoder les habitants ; d'un autre côté, le creusement des dunes trop près du rivage pouvait amener la destruction de ces dunes, par les vents et les vagues, et exposer les propriétés voisines à l'envahissement des sables. C'est pour obvier à ces différents inconvénients, qu'un arrêté préfectoral du 17 octobre 1859, a réglementé l'industrie de la soude à l'Ile-d'Yeu. Deux autres arrêtés des 7 juin et 20 septembre 1860, désignèrent les personnes qui seraient autorisées à *brûler*. Les fours devaient être établis à une distance de 1500 à 2000 mètres de Port-Joinville, et à 500 mètres des autres habitations. Les arrêtés des 19 août 1870 et 17 février 1871, édictèrent encore les mêmes mesures. Ces différents arrêtés prescrivaient aussi d'éteindre les fours, lorsque le vent pousserait la fumée vers les habitations. Mais les brûleurs de soude ne paraissent pas s'être beaucoup préoccupés des sages prescriptions qui leur étaient imposées. Ils ont rapproché leurs fours des lieux habités, quelquefois à une distance de 50 mètres, et n'ont point éteint leurs feux, même quand la fumée envahissait une partie de l'île.

Un autre arrêté préfectoral du 30 mars 1872, a autorisé la création d'une usine auprès de Port-Joinville, pour le traitement chimique des soúdes brutes ou charbons de varech. En lessivant ces produits primitifs, on obtient des eaux de lavage qui renferment du chlorure de potassium, de sulfate de potasse, de l'iode et du brôme. A la suite de diverses manipulations, on dégage ces différents corps pour les livrer au commerce. L'arrêté précité interdisait formellement à l'usine la production de la soude brute par l'incinération des herbes marines.

Depuis quelques années, cette usine a cessé sa fabrication et maintenant elle produit des conserves de thon et de sardine.

Mais hâtons-nous de regagner notre gîte. La course d'aujourd'hui a été longue et mêlée d'émotions pénibles. Laissons-là les brûleurs de soude et la dangereuse Pointe de Cantin. Voici devant nous le fort des Roses, qui, pendant les guerres du premier Empire, eut l'honneur de mettre en fuite une frégate anglaise ([1]). Son nom est dû, paraît-il, à la couleur d'un bloc de granite rose qui, jadis se trouvait dans cet endroit. Après les Roses nous passons sans transition à travers les effluves des usines. Le Port est là tout proche et, après la constatation de tant de naufrages, nous devons nous estimer encore heureux d'y aborder sans encombre.

([1]) Notes de M. Auger.

CHAPITRE VI

Le Fort de Pierre-Levée. — La Pointe du Château-Maugarni.

Le Fort de Pierre-Levée, ainsi nommé parce qu'il a été bâti sur l'ancien emplacement d'une Pierre-Levée (voir 1re partie, p. 25), est la plus importante construction militaire de l'île. Il est situé sur un point assez élevé, au nord-ouest du Port. Lorsqu'on s'en trouve encore à une certaine distance, rien ne me paraît plus gai que ce gracieux monticule, dont les pentes sont plantées d'arbres et d'arbustes de différentes sortes, qui paraissent assez bien y prospérer. A mesure que l'on s'en approche, ces pentes verdoyantes semblent un peu se dépeupler, les arbres sont plus rares, le sol aride apparaît çà et là, à moins qu'il ne soit couvert par des ajoncs hérissés d'épines. Cependant c'est une heureuse innovation que cette plantation des glacis de la Citadelle. Là les Acacias, les Vernis du Japon, les Chênes-Verts, les Pins, et d'autres espèces encore, paraissent vivre en assez bon voisinage. Cette vue d'un bois aux essences variées, contraste heureusement avec la monotonie du sol de l'île. En effet, sauf dans quelques vallons où l'on voit des Saules et des Tamarins, les terrains consacrés à la culture, aussi bien que les landes les plus stériles, ne contiennent aucune végétation arborescente. La vue des arbres à l'Ile-d'Yeu est toujours un spectacle plein de charmes. La réussite des plantations de la citadelle devrait encourager les habitants à continuer ces essais, à créer dans l'intérieur et à l'abri des vents d'ouest, des bois ou des taillis plus ou moins étendus. Dans les lieux trop exposés, au contraire, un épais rideau de Pins maritimes constituerait, comme je l'ai dit plus haut, p. 220, une protection suffisante, derrière laquelle s'installeraient peu à peu les espèces redoutant davantage les grands souffles du large. Mais pour cela, on ne saurait trop le répéter, il faut le bon exemple des tentatives sans cesse renouvelées. Seule l'Administration des Forêts, qui, sur tant d'autres points, a créé de véritables merveilles, pourrait donner l'élan nécessaire à de pareilles entreprises. La salubrité du pays ne pourrait qu'y gagner. Avec l'abondance des bois on verrait se produire l'abondance des sources qui ne fonctionnent pas toujours assez bien pendant la saison des grandes chaleurs. Et puis, le plaisir des yeux est bien quelque chose. La variété des aspects rompt la monotonie de l'isolement ; plus le pays qu'on habite est séduisant, plus il semble que l'on doive l'aimer. Que les habitants de l'île embellissent donc leur sol, qu'ils le parent de ces ombrages pleins de fraîcheur que l'on ne rencontre que dans les grands bois ! Qu'ils fassent de cette petite parcelle du territoire français un séjour coquet, élégant, confortable ; qu'ils atténuent autant que possible les détestables émanations du port et des usines ; et, tous les ans, pendant la belle saison, les promeneurs, les touristes, les baigneurs, les curieux, les savants et les ignorants, tous ceux qui ont besoin de se mouvoir et de changer de milieu, sachant qu'il y a, à quelques kilomètres en mer, au-delà des côtes de la Vendée, une île inconnue, mais bien salubre, d'une honnêteté traditionnelle, où l'on trouve, tout à la fois, des sites sauvages, imposants, grandioses et de vertes campagnes ombragées par des forêts et des bois ; tout ce monde là se précipitera à l'assaut du petit vapeur chargé de faire la traversée ; et si l'excellent capitaine Lacroix est encore de ce monde, ce que nous souhaitons de tout notre cœur, on lui donnera un bon gros navire qui transportera journellement à Port-Joinville, les baigneurs désabusés des côtes voisines.

Depuis quelques années, la citadelle n'a plus de garnison ; mais elle mérite cependant d'être visitée à cause de ses vastes proportions et de ses solides moyens de défense.

En quittant la citadelle pour nous diriger vers le nord-ouest de l'île, nous passons auprès d'un puits autour duquel sont rangés de nombreux baquets et des petites tables sur lesquelles les femmes de l'île ont l'habitude de laver le linge. Ce lavoir communal ou *banal*, comme on aurait dit au temps de la féodalité, n'a aucune ressemblance avec les autres installations du même genre qu'on rencontre sur le continent auprès des rivières ou des sources. A l'Ile-d'Yeu, il faut tirer l'eau d'un puits, et, après avoir savonné le linge sur une table, on le rince dans un baquet. Chaque pays a ses usages appropriés aux circonstances locales, mais celui-ci, malgré son incommodité, n'en présente pas moins un spectacle assez pittoresque lorsque, au milieu des rires et des lazzis, les coups de battoir des jeunes lavandières retentissent avec fracas sur les tables.

De ce point, nous pourrons nous faire conduire en voiture, pendant une partie de notre course, afin de gagner plus vite les hautes falaises de la côte ouest et la mer sauvage qui, à toute heure et en tout temps, nous offrira le plus sublime spectacle. Non loin de la citadelle, nous passons auprès d'une butte que l'on appelle la Vigne de la Croix, sans doute parce qu'il s'y trouvait jadis des vignes. Mais, aujourd'hui, la butte a été ouverte et on en a extrait un beau granite bleu qui a servi à la construction des nouveaux quais de Port-Joinville. Bientôt nous traversons le village de Ker-Chauvineau, puis les Eraud-Moines (V. p. 69).

Mais nous voici de nouveau dans cette large bande de terrains incultes ou landes desséchées, dont nous avons déjà plusieurs fois parlé, et qui longe toute la côte ouest, entre les falaises et les champs. De distance en distance, de gros blocs de granite paraissent superposés les uns au-dessus des autres d'une manière artificielle. Quelquefois la pierre supérieure est usée en-dessous, plus épaisse au milieu et comme amincie sur les bords ; la pierre infé-rieure peut offrir également une disposition semblable, de façon à simuler deux énormes lentilles se touchant seulement par leurs centres. Ce sont là de simples jeux de la nature, des pierres taillées par le vent et par l'eau.

Cependant, à mesure que nous approchons de la mer, le sol semble plutôt s'élever que s'abaisser. En effet, nous nous retrouvons dans la région des hautes falaises ; sur notre gauche, sont creusées de magnifiques grottes dont nous parlerons dans le chapitre suivant ; en face de nous, est la Pointe du Château-Maugarni où nous chercherons inutilement les causes d'une semblable dénomination. En vain nous avancerons-nous jusqu'au bord du précipice où la mer ne cesse de moudre d'énormes débris de rochers, nous ne verrons rien, absolument rien, pas la moindre trace de substructions comme à la Pointe du Châtelet ou au Fort-des-Dames. Rien non plus aux archives de la mairie, rien dans les livres publiés sur l'Ile-d'Yeu, rien dans la tradition ni dans la mémoire des habitants de l'île. D'où vient ce nom ? quelle est sa signification ? Y avait-il là, comme à la Pointe du Châtelet, un petit château-fort, ou simplement des travaux de fortifications quelconques ? Il est impossible d'avoir le moindre éclaircissement à ce sujet ; c'est le vide absolu autour de ce nom de Château-Maugarni que, cependant, M. Viaud-Grand-Marais trouve sinistre (p. 73). Le même auteur (p. 78) parle de la tradition d'après laquelle il y aurait eu des substructions dans cet endroit. Mais je n'ai pu retrouver cette tradition, et

M. Auger, le juge de paix de l'île, si compétent dans ces matières, ne paraît pas, non plus, en avoir eu connaissance.

Du reste, dans le pays, le nom de Château-Maugarni est spécialement réservé à un petit îlot séparé de la falaise d'environ 15 ou 20 mètres, offrant une superficie de 22 mètres de long sur 18 de large et qui n'est recouvert par la mer que dans les plus mauvais temps. Du point où nous nous trouvons, au sommet de la falaise, on aperçoit au large, au-delà de l'îlot, une haute pierre conique qu'on a nommée la Pointe de l'Évêque, à cause, sans doute, de sa forme qui, de loin, ressemble à une mître (¹).

A notre gauche, s'étendent les récifs des Turpailles ou Trupailles. C'est un groupe de rochers situé à environ 400 mètres de la côte et à 600 mètres à peu près du Château-Maugarni. A notre droite, se trouvent les débris de la Pierre à Messire ou Monseigneur (V. ci-dessus, p. 37).

Plus loin, sur notre droite, à l'extrémité nord de l'île, nous voyons s'agiter les grands bras du sémaphore, dans leur conversation mystérieuse avec quelque navire qui disparaît au large dans la buée étendue sur l'horizon. Nous n'avons rien à faire de ce côté. Les falaises, d'ailleurs, s'abaissent peu à peu, à mesure qu'on s'avance vers la Pointe du But. Elles ne nous présenteraient rien de bien remarquable. Revenons donc par l'intérieur de l'île en passant auprès de la Pierre-Vire-Trois-Tours et de celle du Grand-Fougeroux (V. ci-dessus, pages 29 et 37).

Le Grand-Phare est un beau monument de 45 mètres d'élévation, bâti en 1829. Il est de première classe et à feu fixe. Du balcon situé au-dessous de sa magnifique lanterne de cristal, vous voyez l'île tout entière étendue à

(¹) Notes de M. Auger; *id.*, Dʳ Viaud-Grand-Marais, p. 78.

vos pieds, avec ses hautes falaises de la côte ouest, ses plages de sable de la côte est et la longue Pointe des Corbeaux qui s'avance, comme un coin, dans le bleu étincelant de la mer du côté du sud. Cette vue est très belle et, si le temps est favorable, on peut même apercevoir les lignes vaporeuses du continent, du côté de Saint-Jean-de-Mont.

Le retour à Port-Joinville pourra s'effectuer utilement, en visitant encore quelques autres lieux plus ou moins célèbres dans les annales de l'île et que nous avons décrits dans la première partie de ce travail. C'est ainsi que nous rencontrerons sur notre passage le Trenneriau de la Grande-Marie, puis le village de la Cadouère, où se trouvait, autrefois, paraît-il, le camp romain appelé le Château-Gaillard (V. p. 52). Enfin, avant d'arriver au Port, nous passerons auprès de l'Aiguille du Chiron Ragon, citée par le curé Joussemet comme un monument druidique et qui, pourtant, n'a l'air que d'une pauvre pierre naturelle, sans prétentions et sans caractère, absolument étrangère à la question si ardue des monuments préhistoriques.

CHAPITRE VII

La journée des Grottes.

Les grottes de l'Ile-d'Yeu sont toutes situées sur la côte occidentale. Elles méritent d'être visitées à titre de phénomènes naturels, car elles ont été creusées par les vagues dont elles démontrent la puissante énergie. Les

flots agités de la grande mer, poussés par les vents violents du large, ont attaqué, depuis des siècles, les épaisses
assises de granite qui forment les falaises de cette côte.
Tantôt ils ont produit des éboulements énormes ; tantôt ils ont fait une trouée longitudinale, comme dans le
tunnel de la Meule, qui n'est qu'une longue grotte dont le
faîte se serait en partie écroulé ; tantôt, enfin, ils ont
pénétré dans la masse même de la roche, agissant comme
une tarière gigantesque, creusant devant eux lentement,
mais sûrement, car le temps ne manque pas aux œuvres
de la nature.

Des effets prodigieux, résultat d'une immense série
d'efforts accumulés pendant plusieurs siècles, se produisent journellement sous nos yeux. Chaque jour la
mer vient heurter, à deux reprises différentes, les durs
rochers qui se dressent devant elle. L'eau, poussée violemment, arrache quelques atòmes imperceptibles. Sous
cette action indéfiniment répétée, la pierre finit par se
laisser entamer dans ses parties les moins solides ; peu à
peu les fentes s'élargissent, les angles s'émoussent et se
polissent ; puis l'eau, agissant comme un coin, disjoint
dans un effort suprême les blocs primitivement réunis,
les écarte de son passage et poursuit, sans cesse et toujours, son œuvre de guerre et de destruction. Le roc immobile et colossal, dont les assises descendent profondément sous la terre, apparait tel qu'une citadelle inexpu-
gnable. L'ennemi qui lui livre assaut n'offre aucune
consistance, il bondit échevelé dans l'air et retombe en
mourant aux pieds des remparts ; mais ses forces se
renouvellent sans fin ; et, toujours vaincu, il revient toujours au combat. Pendant ce temps, les forces de l'assiégé
s'épuisent ; les grains de la pierre s'en vont un à un ; la
falaise s'émiette en débris informes, en galets, en sable
impalpable ; l'étendue de l'île diminue et il n'est pas difficile
de prévoir un temps où ce coin de terre, après avoir si

longtemps servi d'asile à la vie humaine, disparaîtra pour toujours sous les flots bleus de l'Océan. De même que le temps efface, parfois, jusqu'aux moindres vestiges de nos constructions éphémères, de même l'aspect de la terre se modifie incessamment, soit par suite des soulèvements de la croûte solide de notre globe, soit par l'effet destructeur de la mer sur les côtes des continents et des îles. Et s'il est vrai qu'il existait, dans les premiers âges de l'humanité, entre l'Amérique et l'Europe, un vaste continent nommé l'Atlantide, il n'y aurait rien d'extraordinaire à ce que d'une petite île, si bien exposée à la fureur des flots, il ne restât plus, dans les siècles futurs, qu'une vague légende dont on discutera la réalité comme nous le faisons aujourd'hui pour le récit de Platon.

Rien de bien menaçant, du reste, dans cette situation. L'Ile-d'Yeu est assez solide, et s'il lui reste encore quelques milliers d'années à vivre, il n'y a vraiment pas trop lieu de s'apitoyer sur son sort. La contemplation de la mer est une source féconde d'observations, de réflexions et de sentiments de toutes sortes. Ces grands spectacles élèvent l'âme et vous reportent, malgré vous, vers l'Auteur de toutes choses qui seul est éternel et qui est le but unique de nos espérances, après notre misérable passage sur cette minuscule planète, si fragile et si changeante, qui, elle aussi, disparaîtra à son tour, comme disparaissent à sa surface les falaises de ses côtes et les arbres de ses forêts.

Commençons notre visite aux grottes par celle de l'Anse des Sots et, pour cela, prenons la route du Port à la Pointe des Corbeaux ; nous la quitterons auprès du village de la Martinière, et de là nous nous dirigerons, à pied, vers la côte. Non loin de l'Anse des Vieils, et dans la partie de la falaise qui regarde l'est, se trouve une grotte d'un difficile accès, car on ne peut y arriver qu'aux époques des grandes marées et quand la mer est tout à fait basse. M. le docteur

Viaud-Grand-Marais, citant l'opinion d'une autre personne, dit (p. 61) que cette grotte ressemble à celle de l'Anse de Ker-Daniau.

Je ne puis rien en dire par moi-même, car je ne l'ai point visitée, et je me borne à la signaler à la curiosité des touristes. On pourra, du reste, placer la visite de cette grotte dans l'excursion du chapitre II. Si, au contraire, les heures de marée le permettent, nous pourrons continuer notre promenade, en nous dirigeant vers la grotte de la *Liance*, située à la Pointe de la Liance, entre la Cible et les Degrés. Pour y arriver plus rapidement nous prendrons le chemin qni conduit à la Meule. Après avoir passé auprès de la Pierre de Tonnerre, nous laisserons à gauche la Pointe de la Tranche, le village et l'Anse des Fontaines, la Pierre des Fontaines (la Jusette), la Taillée et la Pierre-Branlante, l'Anse du Pissot, la Meule. Là nous suivrons les falaises de la Cible et nous ne tarderons pas à trouver la grotte de la Liance, où l'on peut pénétrer presque à toute heure de la marée. C'est un couloir creusé dans le roc, large d'un mètre, haut de 60 à 80 centimètres et d'une profondeur d'environ 8 mètres.

Si la température est douce et si la marche sur les hauts plateaux des falaises ne nous effraie pas, nous pourrons jouir encore une fois du magnifique spectacle de cette côte accidentée, et la suivre à peu près à vol d'oiseau jusqu'à ce que nous apercevions devant nous les tourelles démantelées du Vieux-Château.

Il sera inutile de nous occuper de la petite grotte peu profonde qui s'ouvre sous les rochers servant d'assises à l'antique forteresse. On l'aperçoit, du reste, très bien du haut de la falaise ; elle n'offre rien d'intéressant. Tout autre est la grotte mystérieuse qui s'ouvre en face dans la falaise, et qu'on ne peut visiter, comme presque toutes les autres, que lorsque la mer est tout à fait basse. L'entrée étroite est obstruée par de gros blocs de granite encore tout humides des rudes caresses des vagues et rendus glissants par les algues qui s'y sont attachées. Après avoir escaladé ces entassements informes, on se trouve dans un couloir obscur et tortueux, où nous devrons employer le secours d'une lanterne si nous voulons nous y diriger avec quelque sécurité. Il s'avance à une certaine profondeur sous la falaise, au-dessous des dépendances du château avec lesquelles il était peut-être, autrefois, en communication. Cette hypothèse serait d'autant plus vraisemblable qu'on rencontre dans cette grotte, sur la droite, une source d'eau douce. Savary connaissait cette grotte et le docteur Viaud-Grand-Marais (p. 71), la désigne sous le nom de Trou-à-Lazare, du nom d'un fou qui s'y serait caché pendant quelques instants. Autrefois l'entrée était large ; M. Auger y avait pénétré en bateau ; mais, il y a quinze ou vingt ans, elle a été obstruée par des éboulements.

En suivant toujours les falaises, mais en laissant sur notre gauche l'Anse du Sabliau et la presqu'île du Châtelet, nous arriverons bientôt, et sans grande fatigue, à l'Anse de Ker-Daniau où se trouve la plus belle grotte de l'île, appelée, dans le langage pittoresque du pays, la Belle-Maison. Les falaises que nous traversons sont à peu près aussi élevées que celles de la Taillée, du côté du port de la Meule. Les flots bouillonnent à 25 ou 30 mètres au-dessous de nous. Mais de distance en distance, de légères dépressions de terrain nous permettront d'atteindre, par une pente, le rivage de la mer. Voici la petite Anse des Sables-Rouille, ainsi nommée à cause de la couleur rougeâtre de son sable à gros grains. Comme dans la plupart des anses de la côte ouest, la plage paraît fortement inclinée ver la mer. Elle est semée de gros blocs de granite contre lesquels la vague rebondit avec violence et qu'elle entoure parfois de bourrelets de sable où le pied enfonce d'une façon inquiétante.

Bientôt nous apercevons l'entrée de la **grotte de la Belle-Maison**. Il faut contourner quelques-uns de ces gros rochers entourés d'un sable perfide dont nous venons de parler, et profiter, surtout, du moment où la mer commence à baisser, mais ne pas trop nous y attarder car, lorsque la mer monte, de fortes lames s'élancent en avant de l'entrée de la grotte ; quand elles se retirent, de gros ruisseaux formés par l'éparpillement de leurs ondes, descendent entre les rochers, en creusant le sable sur leur passage ; de nouvelles lames se succèdent avec rapidité et, entre leur apparition successive, il n'est pas toujours facile de saisir l'instant précis où l'on peut sortir de la grotte. Mais en connaissant les heures des marées, qu'on trouve du reste indiqués dans tous les almanachs, il n'y a pas le moindre danger à visiter la Belle-Maison.

Lorsqu'on y pénètre, elle est toute humide encore des flots qui viennent de la remplir. Une couche épaisse de sable s'étend depuis l'entrée jusqu'au fond ; l'orifice n'a qu'une largeur d'un mètre environ ; mais bientôt l'espace augmente ; la largeur est de 4ᵐ60 ; la longeur 12ᵐ40, la hauteur environ 3 mètres ou plus, selon l'accumulation des sables amenés et remportés par la mer (¹). Dans les demi-teintes de la lumière, on aperçoit, sur les parois noircies de la grotte, des taches rougeâtres produites par de petites algues courtes qui leur font un revêtement semblable à du velours cramoisi. Si peu que l'on reste dans cette grotte sombre, un froid intense vous pénètre jusqu'aux os, et, si la chaleur de la marche a produit chez vous une transpiration abondante, vous ferez bien de sortir au plus vite de ce bain d'air glacial.

Tout près de la Belle-Maison, s'ouvre une autre grotte, le Trou-au-Curé, qui n'est, elle aussi, accessible qu'à

(¹) Dʳ Viaud-Grand-Marais, *loc. cit.*, p. 77.

marée basse. M. le Dr Viaud-Grand-Marais suppose que
ce nom lui a été donné parce que, pendant la Révolution, quelque prêtre aurait pu y trouver un refuge. Mais
comme cette grotte, ainsi du reste que presque toutes
celles qui sont situées sur la côte, s'emplit d'eau à chaque
marée et que la mer s'y engouffre souvent avec une extrême
violence, je crois qu'il faut préférer l'explication de
M. Auger, qui donne pour origine à ce nom les visites
fréquentes du curé assermenté Cadou, vers la fin du
siècle dernier. L'entrée du Trou-au-Curé, comme celle
de la Belle-Maison, est orientée au sud-ouest. Ses dimensions, d'après M. David, sont 3 mètres de large sur
6 de long. La hauteur est à peu près la même qu'à Ker-
Daniau. On ne peut y pénétrer que lorsque la mer est
très basse, en descendant par des rochers très difficiles.

Un peu plus loin, se trouve une grotte peu connue
dans la petite Anse de la Goule et enfin la grotte appelée
le Trou-aux-Pigeons, qui sera la dernière étape de cette
journée.

La grotte de l'Anse de la Goule est située à environ
300 mètres avant d'arriver au Trou-aux-Pigeons. Elle
offre deux ouvertures larges chacune de près de 4 mètres,
hautes de 2 mètres. Le couloir le plus long a, environ,
18 mètres de parcours et donne accès, à son extrémité,
dans le second couloir, dont l'étendue n'est que de 4 mètres et par lequel on revient auprès de la première entrée. Le fond de ces deux couloirs est garni de gros blocs
de granite (¹). Il est très difficile d'arriver à cette double
grotte et peu de personnes l'ont visitée. J'en ignorais
même l'existence lors de mon séjour à l'Ile-d'Yeu.

La grotte désignée sous le nom de Trou-aux-Pigeons
est située au-dessous de la Pointe du Château-Maugarni.

____

(¹) Notes de M. Auger.

Elle s'ouvre au niveau de la mer, au milieu d'une masse de rochers écroulés ; on peut la visiter presque à mer haute. Elle est, à mon avis, la plus belle de l'île. M. Fourage, sous-patron de Douanes à l'Ile-d'Yeu, qui a mesuré les dimensions de cette grotte, a communiqué à M. le Dr Viaud-Grand-Marais (p. 78) les chiffres suivants : largeur, à l'entrée, 7^{m}20 ; au fond, 0^{m}50 ; profondeur, 23^{m}40 ; hauteur, environ 5 mètres. Son sol, au lieu d'être recouvert de sable, comme celui de la Belle-Maison, est obstrué d'une quantité de galets monstrueux, formés des débris de la roche granitique qui constitue la charpente de l'île entière. Lorsque j'ai pénétré dans cette grotte, j'ai été frappé des dimensions de ces blocs, dont quelques-uns ont plus de cinquante centimètres de diamètre. Quand on songe que les galets arrondis et polis sur toutes leurs faces ne peuvent offrir de pareilles formes que lorsqu'ils ont été roulés, entraînés et brassés dans tous les sens par la violence des vagues, on est confondu en songeant à la puissance de ces eaux qui font ainsi tourbillonner sous leur étreinte des masses d'un pareil poids et d'un pareil volume. D'un autre côté, comme ces gros galets se rencontrent plutôt dans l'intérieur de la grotte qu'au dehors, il faut supposer que leurs formes si nettes et si régulières ne sont pas dues seulement à leurs frottements les uns contre les autres, mais aussi à leur entassement dans un espace déterminé où ils bondissent contre les parois et contre le faîte, lorsque la vague échevelée et furieuse les soulève et les disperse en les projetant de tous les côtés. Je ne conçois rien de plus effrayant que la danse horrible de ces grosses boules de granite dans cette caverne profonde au milieu du fracas de ce flot si puissant qui les saisit et les agite comme des flocons de neige entraînés par le vent.

Aussi je ne comprends pas bien pourquoi cette grotte terrible a pu être appelée le *Trou-aux-Pigeons* ; à moins cependant que ce ne soit par antiphrase. Qu'est-ce que de paisibles pigeons pourraient devenir dans un pareil enfer. S'ils s'y réfugiaient un instant entre deux marées, ils s'empresseraient d'en sortir dès l'arrivée de la première lame, et les terreurs d'un tel séjour les empêcheraient sans doute d'y revenir jamais. Non, si quelqu'être vivant pouvait se rencontrer dans les profondeurs de ce trou sinistre, ce ne seraient point de gracieux et inoffensifs oiseaux, mais de hideuses pieuvres, à l'œil vitreux, au bec corné altéré de sang, aux longs bras visqueux, couverts de ventouses, prêts à enlacer, comme des serpents, l'imprudent voyageur qui viendrait troubler leur solitude.

Heureusement, les pieuvres ne sont guère à craindre sur les côtes de l'Ile-d'Yeu, et, si nous avons bien choisi l'heure de la marée, nous n'aurons autre chose à craindre, dans notre visite au Trou-aux-Pigeons, que de glisser entre les gros galets qui pavent si malencontreusement le sol de cette grotte. Avant de nous éloigner, nous ferons bien de jeter un coup d'œil sur les filons de fer arsénical qui se trouvent auprès de l'entrée. Ils ne sont pas assez importants pour être exploités, mais ils constituent une des rares curiosités minéralogiques de l'île.

J'ajouterai, avant de clore ce chapitre, que la visite des grottes maritimes dépendant absolument des heures de marée, on pourra, soit les visiter séparément à des époques différentes, soit les placer dans les six itinéraires qui forment l'objet des six premiers chapitres de cette seconde partie. J'ai déjà dit que la grotte de l'Anse des *Sots* pouvait rentrer dans la course décrite au chapitre II. De même, le Trou-à-Lazare pourra être visité pendant la promenade au Vieux-Château (chap. IV); la Belle-Maison, le Trou-au-Curé et le Trou-aux-Pigeons pourraient aussi s'ajouter à l'itinéraire de la Pointe du

Château-Maugarni (chap. VI). Selon les circonstances, la Belle-Maison pourrait encore être visitée au commencement de l'itinéraire du Vieux-Château (chap. IV), c'est-à-dire en se dirigeant d'abord vers l'Anse de Ker-Daniau, avant de se rendre à la Pointe du Châtelet.

Mais si l'on suit l'itinéraire indiqué pour la visite des grottes en une seule journée, voici quelle devra être notre ligne de retour pour regagner Port-Joinville : le Grand-Fougeroux, le phare, la Petite-Foule, le Grand-Rochefort, la Grande-Marie, la Cadouère, puis la route de Ker-Pierre-Borny ; ou bien encore, à partir de la Cadouère, se diriger vers l'Aiguille du Chiron-Ragon, Saint-Hilaire et rentrer au Port par le Ker-Blanchard.

CHAPITRE VIII

Le Bateau de Sauvetage.

Secourir les malheureux et donner sa vie pour sauver ses semblables, est un des plus nobles préceptes de la morale chrétienne. Aussi les nations civilisées ont-elles rivalisé d'efforts pour assurer ce qu'on pourrait appeler le service des naufrages. Mais nulle part les sociétés de sauvetage n'ont pris plus d'extension qu'en France, grâce au généreux dévouement de nos populations maritimes, grâce aussi à l'impulsion et à l'infatigable persévérance d'un éminent magistrat, M. Nadaud de Buffon, l'organisateur et le propagateur de cette œuvre toute de sacrifice et d'abnégation. Les points les plus dangereux de nos côtes sont presque tous pourvus maintenant d'un poste de sauvetage avec bateau insubmersible et tout l'outillage que comporte une installation de cette nature.

Sur les quais du port de l'Ile-d'Yeu s'élève un vaste hangar rectangulaire, fermé, à chaque extrémité, par de grandes portes. Là, sur un robuste chariot, aux roues larges et basses, une étrange embarcation, avec ses caisses à air et son bordage percé de larges trous, attend, pour se lancer sur la mer, non les vents propices et le calme des flots, mais le sinistre cri de la tempête et le désordre effrayant des vagues en courroux. Si quelque navire en détresse est signalé par les postes de vigie, plus la mer sera dangereuse, plus il y aura nécessité de partir. A toute heure, en toute saison, par la nuit noire, par une température glaciale, sous les coups de la foudre, à la lueur des éclairs, l'équipage est prêt ; il se jette dans la tourmente, comme le soldat dans la mêlée. Le chariot est traîné dans la mer jusqu'à ce que le bateau soit enlevé par une lame et emporté au large. La frêle embarcation disparaît dans le creux des vagues, elle bondit et saute par-dessus les récifs. Malgré les efforts des marins qui cherchent à la maintenir debout à la mer, elle est, parfois, saisie en côté et roulée comme une épave ; mais si sa coque n'est pas endommagée, elle se redresse aussitôt et les hommes qui la montent, solidement attachés à leurs bancs par la ceinture, reparaissent de nouveau dans leur position normale et reprennent leur course vers leur but. Heureux, si dans cette effroyable culbute, l'équipage se retrouve au complet ! N'importe ; si le bataillon est décimé ce n'est pas une raison pour fuir le champ de bataille. Le devoir et l'honneur sont supérieurs à la mort ; et puis, il y a là-bas d'autres vies à sauver. Encore quelques efforts et la lutte n'aura pas été vaine.

Hélas ! il n'en est pas toujours ainsi, et c'est souvent par un nouveau naufrage que se terminent ces héroïques campagnes. Quelquefois aussi les secours arrivent trop tard et c'est sans rapporter son précieux butin que le bateau retourne au port, à travers mille dangers et d'inénarrables fatigues. Les hommes, en débarquant à terre, se soutiennent à peine sur leurs jambes engourdies, souvent ils ont rapporté de la lutte de cruelles infirmités pour le reste de leurs jours. Mais sur leurs mâles visages, dans leurs allures simples et rudes, se voit le sentiment calme du devoir accompli ; on sent qu'un vaillant cœur bat dans leur poitrine ; on les admire et on les aime comme tout ce qui est bon et courageux.

La *Semaine catholique* du diocèse de Luçon, dans ses numéros des 26 novembre et 3 décembre 1876, a fait connaître les résultats d'une de ces périlleuses sorties du bateau de sauvetage de l'Ile-d'Yeu. Je tiens, en outre, d'un témoin oculaire, les principaux détails du récit qui va suivre.

Pendant toute la journée du dimanche 15 novembre 1876, la tempête avait fait rage. Vers trois ou quatre heures, à la sortie des vêpres, un canot de l'île, en perdition, monté par deux hommes, est signalé au large. Aussitôt le bateau de sauvetage est mis à la mer. Les hommes qui vont être chargés de le manœuvrer sont presque tous des jeunes gens. Ils n'ont pas eu le temps de changer leurs habits de fête ; quelques-uns remettent leur paletot à des amis, et partent en manches de chemise, comme pour une partie de plaisir. La précipitation est telle que, bien qu'il fût facile de prévoir les difficultés du retour, car le vent soufflait de la côte, on n'emporta ni vivres ni aucun cordial. Le bateau, filant vent arrière, ne tarde pas à accoster le canot au moment où celui-ci vient de chavirer et de sombrer. Mais les deux hommes qui s'y trouvaient sont saisis, hissés à bord et solidement maintenus par leurs camarades, malgré la fureur des flots qui veulent ressaisir leur proie.

La victoire est gagnée, mais la retraite paraît impossible. La violence de la tempête semble augmenter encore. Des vagues courtes, brisées, se dressent comme des remparts croulant de tout côté. Le vent fait rage et repousse la malheureuse embarcation dans une direction opposée au rivage. Il fait nuit ; l'obscurité est intense, impénétrable. L'air, rempli de poussière d'eau, permet à peine de distinguer les feux de la côte. Il faut ramer pourtant au milieu de cette mer bouleversée. A quatre reprises différentes, la barque est tellement battue et roulée qu'elle semble vouloir se retourner la quille en l'air. Elle se redresse péniblement ; mais hélas ! deux hommes de son équipage ont disparu ! Comment les rechercher, les apercevoir et les entendre dans ce chaos de ténèbres, au milieu du fracas des vagues démontées et des rugissements de la tempête !

Cependant le bateau ne revenait pas. La population était anxieuse. A onze heures, au milieu de la nuit noire, les quais étaient envahis par une foule morne et silencieuse attendant le dénouement de ce drame, espérant à chaque instant saisir, au milieu des bruits de la mer, quelque cri de ralliement parti du bateau. Auprès du hangar qui sert de remise à celui-ci, un groupe sombre et immobile se tenait à l'écart : c'étaient des femmes, des mères et des sœurs qui, brisées par les angoisses de cette longue attente, s'étaient affaissées là pour pleurer en silence. Et le temps s'écoulait lentement ; les minutes semblaient des heures ; et la grande voix de la tempête ne cessait de chanter son rhythme effrayant dans l'obscurité profonde. Enfin, vers minuit, un mouvement se produit dans la foule : on vient de signaler le retour du bateau. Un cri parti du môle demande des nouvelles des deux hommes en détresse. Il y eut un moment d'attente et d'effroi ; puis un oui ! un seul oui lugubre se fit entendre et le silence s'établit de nouveau. Lorsque le bateau accosta le môle, on connut la triste vérité et on s'empressa d'emmener les parents des victimes, au milieu de la consternation générale.

Les survivants de cette rude campagne arrivaient au Port brisés, à bout de forces, après un travail effroyable de huit heures et couverts de blessures comme des soldats qui ont soutenu le feu de l'ennemi. Quant aux deux infortunés qui avaient été arrachés à leurs bancs par la violence des vagues, ils étaient tombés au champ d'honneur, ils étaient morts de la mort des braves ! Leurs cadavres furent retrouvés quelque temps après, sur la côte de Noirmoutier, encore revêtus de leur ceinture de sauvetage. C'étaient Palvadeau, maître au cabotage, et Marchandeau, marin. Puissent-ils avoir trouvé dans cette mort sublime la récompense de leur généreux dévouement, cette récompense divine et éternelle que Dieu réserve à ceux qui ont obéi à ses commandements en donnant leur vie pour sauver leurs frères.

Voici les noms des treize marins qui montaient le bateau de sauvetage dans cette nuit mémorable du 15 novembre 1876 :

1° Naud (François), patron ; 2° Guérin, sous-patron ; 3° Dupont, pilote-lamaneur ; 4° Chaillou ; 5° Nolleau ; 6° Turbé ; 7° Fradet ; 8° Simonneau ; 9° Papin ; 10° Bellégo ; 11° Orsonneau ; 12° *Palvadeau;* 13° *Marchandeau.*

Le lendemain, le malheureux équipage décimé assistait à une messe dite à son intention dans l'église de Port-Joinville. Le mercredi suivant, il se rendirent en pélerinage à la chapelle de la Meule pour assister de nouveau à l'office divin. Ils étaient revêtus de leur costume de service, la tête nue, la ceinture de liège autour des reins, les bras en chemise et portaient chacun un cierge. Leurs prières étaient ardentes et ils écoutaient, avec recueillement, le sermon qui leur était prêché sur ce texte de l'Évangile : « *Domine salva nos, perimus !* »

Les dangers de la mer rapprochent de Dieu, et rien ne me paraît plus touchant que le pélerinage de ces hommes si intrépides en face de la mort, si audacieux pour sauver leurs semblables, et puis si humbles, si remplis de reconnaissance envers le Divin Maître qui les soutient et les bénit aux heures terribles du péril.

Ces actes sublimes de dévouement que le monde entier admire et qui naguère, à la suite de la catastrophe du Havre, faisaient sortir un cri de douleur de toutes les poitrines, cet élan généreux pour des intérêts si nobles et si élevés, cette simplicité si modeste dans l'accomplissement du plus pénible et du plus hazardeux de tout les devoirs : ce sont là de grandes qualités qu'on ne doit pas être étonné de rencontrer dans cette honnête et vaillante population de l'Ile-d'Yeu, car il y a bien longtemps déjà qu'elle a commencé à se signaler ; et lorsque nos anciens rois lui avaient accordé de nombreux privilèges « pour avoir fait merveilles contre les Anglais » c'est qu'elle avait, comme aujourd'hui, bien mérité de la patrie !

Avec de pareils éléments l'on peut tout espérer et de nombreuses stations de bateaux de sauvetage peuvent être installées sur les parties les plus dangereuses de l'Ile-d'Yeu ; les équipages pour les monter ne leur feront pas défaut. Nous avons vu, en effet, que la côte est était plus féconde en naufrages que la côte de la mer sauvage située à l'ouest. C'est là qu'il faut veiller au salut des navires en détresse et organiser les différents modes de sauvetage et d'avertissements enseignés par l'expérience. Mais c'est surtout à l'extrémité nord de l'île, sur le récif même des Chiens-Poirins, qu'il faudrait construire un phare, comme l'a déjà demandé le Conseil Général de la Vendée (¹).

CHAPITRE IX

L'Avenir de l'Ile-d'Yeu.

L'Ile-d'Yeu, nous l'avons dit dans le premier chapitre de cette seconde partie, réunit toutes les conditions les plus avantageuses pour devenir, un jour, une importante station de bains de mer. Non seulement elle possède une des plus belles plages que l'on puisse désirer, mais encore, aux portes même de Port-Joinville, elle peut offrir aux baigneurs quelques anses moins étendues, couvertes d'un sable fin et dont les eaux paisibles et peu profondes conviendraient particulièrement aux enfants et aux valétudinaires.

Sur les plages dont la pente est très inclinée, les vagues sont toujours fortes et les eaux trop profondes. Sur celles dont la pente est insensible la mer se retire à des distances considérables où il serait difficile d'aller la chercher, en traversant les vases ou les bancs de rochers que le flot laisse à découvert. Là, au contraire, l'inclinaison n'est pas suffisante pour exposer les baigneurs, qui ne savent pas nager, à tomber dès les premiers pas dans des eaux trop profondes ; et, d'un autre côté, elle est assez

(¹) Voir ci-dessus, 2ᵉ partie, chap. V, p. 253.

accentuée pour permettre au flot de ne s'éloigner qu'à une faible distance du rivage. On peut donc s'y baigner à toutes les heures du jour, sans s'occuper des variations de la marée. Il y a encore un autre avantage que j'ai déjà signalé, mais sur lequel on ne saurait trop insister, car il est rare sur les côtes du continent ; c'est que cette partie du rivage de l'île est orientée à l'est. Il résulte de cette situation qu'au lieu de recevoir de grandes lames brisantes souvent chargées de sable et d'herbes marines, on n'a, par les temps ordinaires, qu'un flot paisible et aplani qui vient doucement étaler devant vous ses eaux limpides comme celles d'un lac. L'exposition à l'est procure encore cet avantage de n'avoir point le soleil en face lorsqu'on se baigne dans l'après-midi, c'est-à-dire à l'heure qui réunit le plus de monde sur la plage.

Toutes ces circonstances réunies m'ont fait apprécier hautement les bains de mer de l'Ile-d'Yeu, et je voudrais, dans la faible mesure de mes forces, contribuer à les faire sortir de l'oubli trop immérité dans lequel ils sont restés jusqu'à présent.

D'un autre côté, l'île possède des sites d'une beauté saisissante qui seraient dignes d'attirer de nombreux touristes. Les touristes viendraient s'ils connaissaient seulement l'existence de l'Ile-d'Yeu. Ajoutons aussi que la chasse y est permise en tout temps. Mais la pauvre île, modestement cachée dans les brumes de l'Océan, semble ignorer ses propres charmes. Sans prétention et sans coquetterie, elle ne s'est pas encore entendu dire : tu es belle, tu es faite pour être aimée, tu as des rivales qui ne te valent pas, et que tu détrônerais si tu le voulais ; réveille-toi, sors de ta torpeur et de ton indifférence et bientôt tu ne pourras plus compter le nombre de tes adorateurs !

Mais pour atteindre à ces hautes destinées, un peu de toilette est nécessaire. Il y a dans le port des choses qui doivent disparaître. Pour contenir l'envahissement des pêcheurs de sardines, il faudrait une règlementation sévère et l'organisation d'une police locale pour laquelle l'unique brigade de gendarmerie de l'ile, toute dévouée qu'elle soit, est numériquement insuffisante. Les routes et les moyens de locomotion laissent aussi quelque peu à désirer. En un mot on n'a encore rien fait pour attirer les visiteurs, surtout ceux qui ont beaucoup d'argent à laisser derrière eux et dont le passage enrichit les localités qu'ils traversent.

Ah ! si l'Ile-d'Yeu était située sur les côtes de l'Angleterre ; si seulement elle était transportée entre Jersey et Guernesey, que d'affiches seraient envoyées de tous les côtés, que d'industriels s'empresseraient d'y établir des hôtels, des casinos et des *excursion-cars !* et des curieux venus de tous les coins de l'Europe s'entasseraient dans les bâteaux à vapeur pour visiter l'antique *Oya* qui ferait encore « merveille » non « *contre* les Anglais » mais *comme* les Anglais, quand il s'agit pour ceux-ci de faire valoir leur propre territoire. J'ai visité, sur les côtes d'Angleterre et d'Écosse, des iles qui sont loin d'égaler l'Ile-d'Yeu soit comme sites, soit comme histoire locale, mais qui, pour une vague légende ou quelque ruine insignifiante, font partie de l'itinéraire obligé, préconisé par tous les guides. Les voyages et le mouvement seront certainement un des caractères distinctifs de notre époque. La facilité et le bon marché des transports à grande distance éparpillent, dans tous les sens, un nombre véritablement prodigieux de voyageurs. Certains peuples ont eu l'habileté de détourner ces grands courants vers leurs rivages. Les Anglais sont passés maîtres dans ce genre d'industrie, profitable, du reste, à tout le monde. Pourquoi ne ferions-nous pas comme eux ? Rien n'est plus simple cependant. Il ne s'agit que de vouloir.

Mais la saison des baigneurs et des touristes ne dure

pas toute l'année et d'autres sources de richesse sont heureusement à la portée des habitants de l'Ile-d'Yeu. Le climat est relativement doux, par suite de la situation insulaire. Pendant l'hiver de 1879-80 qui a sévi si cruellement dans les régions avoisinantes, le thermomètre n'est descendu que deux fois à six degrés centigrades au-dessous de zéro, et cela pendant les matinées seulement (¹). A cette époque on a fait des pêches extraordinaires, notamment à l'Anse des Broches. Une fois le filet s'est trouvé tellement rempli qu'il a fallu employer dix hommes pour le retirer à terre ; il contenait 3,500 kilogrammes de poissons et on supposa qu'un poids presque égal avait dû s'en échapper. Il est probable que cette masse considérable de poissons avait été chassée par le froid des anses voisines situées sur la côte du continent et s'était accumulée dans les eaux moins froides de l'ile (²). Certes, ces pêches miraculeuses ne se renouvellent pas tous les ans ; mais, en temps ordinaire, elles donnent encore un produit suffisamment rémunérateur (³). Le port a été beaucoup amélioré par suite des travaux récents qu'on y continue encore aujourd'hui. M. de Sainte-Hermine prétendait (p. 7) que les navires pouvaient y entrer à toutes les heures de la marée. La vérité est que l'eau monte dans la passe et en dedans du quai circulaire, dans le bas port, à une hauteur de 5ᵐ50 à l'époque des hautes marées moyennes, et de 3ᵐ70 en moyenne pendant la période des mortes eaux (⁴). Il faudrait creuser le port, enlever les rochers qui s'y trouvent et surtout le protéger mieux encore, car la tempête du 2 septembre dernier (1883) a enlevé deux traverses en fer de la passerelle, pesant chacune 11,000 kilogrammes.

(¹) Notes de M. Auger. — (²) *Ibid*. — (³) Dʳ Viaud-Grand-Marais) *loc. cit.*, p. 85 : 2, 3, 8, et 12,000 fr. par bateau. — (⁴) Notes de M. Auger.

Mais c'est surtout un bassin à flot qui serait nécessaire à l'Ile-d'Yeu pour relever son commerce maritime. Un projet avait déjà été présenté dans ce sens en 1849. Plusieurs années après, en 1857, les Ponts et Chaussées avaient réclamé la remise de la batterie de la Chaume (alors déclassée par le Ministère de la guerre), attendu qu'elle se trouvait dans le périmètre des terrains nécessaires à l'établissement du bassin à flot (¹). Pourquoi ces projets ont-ils été abandonnés, je ne saurais le dire. Mais s'ils ont paru sérieux en 1849 et en 1857, il y a tout lieu de croire qu'ils auraient plus d'utilité encore aujourd'hui. Les débouchés commerciaux, augmentés par la création des voies rapides, assureraient aux industries de l'île un écoulement facile de leurs produits. En outre des usines qui fabriquent des conserves de poissons, d'autres usines pourraient s'établir, notamment pour de nouveaux essais d'exploitation de la soude qui, paraît-il, serait une véritable source de richesse, à cause de l'abondance des herbes marines apportées par le grand flot de la mer sauvage.

Les jeunes gens de l'île devraient avoir aussi l'ambition de s'élever un peu au-dessus de la sphère du cabotage et d'aspirer comme autrefois au rôle plus difficile de capitaine au long cours. Jadis il y en avait d'excellents, dit-on, et le vieux village de La Croix en fournissait périodiquement un certain nombre. Si tous ne rapportaient pas la fortune après leurs lointaines excursions, beaucoup, du moins, ramenaient l'aisance dans leur famille et revenaient plus instruits, avec des idées plus larges et des habitudes de rectitude et de discipline, qu'on n'acquiert guère dans la pêche sur les côtes. Autrefois, en effet, il y avait beaucoup de mauvaises choses qui ont disparu ; mais à l'Ile-d'Yeu aussi il y en avait de bonnes qui ont eu le

(¹) Notes manuscrites de M. Dugast-Matifeux. — (²) *Ibid.*

même sort. Ainsi, par exemple, il y avait, en 1736, un professeur d'hydrographie qui devait y résider six mois et passer les six autres mois à Noirmoutier. Sans doute, ce professeur avait des élèves. Il était destiné à former des marins expérimentés. Pourquoi n'en serait-il pas encore de même aujourd'hui ? A cette époque l'Ile-d'Yeu jouissait, sans doute, d'une certaine prospérité car, d'après Savary, sa population en 1770, était de 2581 habitants, tandis qu'en 1803 elle était tombée à 1900.

Le sol de l'Ile-d'Yeu (¹) a été calomnié par Cavoleau. « Il suffit à peine à nourrir ses habitants, dit-il ; pas d'eau dans les grandes sécheresses ; ni bois, ni lin, ni chanvre. » Il aurait pu ajouter aussi bien : ni blé, ni vin, ni pâturages. Mais ce n'est point la faute du sol ; c'est la faute de l'homme. La science, qui est destinée à transformer la face de la terre, a démontré, depuis longtemps, qu'il n'y a pas de sol improductif. Et même, sans recourir à la science, rien qu'en consultant les annales de l'île, ne savons-nous pas qu'en plein Moyen-Age, au commencement du treizième siècle, il y avait, sur ce sol granitique, assez de vignes pour que Pierre IV, seigneur de la Garnache, concédât aux moines du Pilier, un certain nombre de muyds de vin à prendre dans son domaine d'Oia (V. p. 86), et ce vin était *délicieux* s'il faut en croire l'auteur des notes sur le monastère de Saint-Hilaire. Depuis, la vigne avait disparu. On en a replanté dans ces dernières années, et les produits sont satisfaisants. Pourquoi n'étendrait-t-on pas cette culture ? Si l'on ne pouvait y retrouver le vin *délicieux* d'autrefois, au moins en retirerait-on des coupages, des boissons sur râpe ou des alcools. Dans ces terres dures et compactes le phylloxera ne serait guère à craindre et

(¹) Le sol de l'Ile-d'Yeu est granitique, tantôt terreux, sablonneux ou tourbeux. Sa superficie totale est d'environ 2,800 hectares.

dans les sables des dunes, on pourrait semer et planter des vignes américaines. M. le docteur Viaud-Grand-Marais et M. Ménier (¹) ont analysé des vins de l'Ile-d'Yeu, et ont constaté une force alcoolique de 5 % pour les plants de l'Ile-de-Ré, 8,75 % pour ceux de Thouaré (muscadet) et 9,5 % pour ceux de Bordeaux.

Le sol de l'Ile-d'Yeu, complètement privé de chaux, ne paraît pas favorable à la production des céréales. Pourquoi s'obstiner à en faire ? Il est certain que ce sol conviendrait mieux à produire de la viande que du blé. La culture des plantes fourragères y réussit en effet très bien, dans les endroits abrités des grands vents du large. Le trèfle incarnat, les pommes de terres, les choux-raves et les bettteraves y prospèrent parfaitement et pourraient servir à l'engraissement des bestiaux dont le fumier viendrait régénerer la terre. Enfin, dans les vallons arrosés par de nombreux ruisseaux, une culture bien entendue augmenterait considérablement le nombre des prairies.

Il faudrait une ferme-modèle à l'Ile-d'Yeu, mais surtout une station forestière et un reboisement complet des dunes et terrains incultes appartenant à l'État ou à la commune. Puisqu'une forêt couvrait jadis une partie du nord de l'île, il n'y aurait rien d'impossible à rétablir un état de choses qui a déjà existé. Ainsi que je l'ai déjà dit aux chap. I et VI, il faudrait commencer par reboiser les dunes de la côte est avec des pins maritimes, et même en placer des massifs sur tous les points de la côte ouest qui ne seraient pas trop ba-

---

(¹) *L'Excursion à l'Ile-d'Yeu,* que j'ai souvent citée dans le cours de ce travail, a pour auteurs MM. Viaud-Grand-Marais et Ménier, professeurs à l'École de Médecine de Nantes. Les citations précédentes devront donc être complétées, par l'adjonction du nom de M. Ménier.

layés par les grands vents. Une ceinture verdoyante et protectrice entourerait ainsi l'île et le reboisement de l'intérieur avec des espèces d'un plus grand produit s'accomplirait ensuite lentement, mais sans difficulté sérieuse. Quand on songe que l'Ile-d'Yeu est obligée de s'approvisionner même de bois de chauffage sur le continent, on comprend quel immense avantage il y aurait à créer de vastes taillis de chênes, de frênes et autres essences rustiques dont les produits se consommeraient immédiatement sur place au grand avantage de tout le monde ([1]).

Malheureusement, les dunes appartiennent à la commune, qui n'est pas assez riche pour entreprendre de les ensemencer. Mais comme elle n'en retire aucun produit ni même aucun avantage appréciable, elle aurait tout intérêt à les abandonner à l'État si celui-ci voulait s'engager à en opérer le reboisement.

Mais pour arriver à ce résultat, la première chose à faire est d'abolir radicalement et impitoyablement le déplorable droit de vaine pâture. On pourrait dire, sans exagération, que les moutons, et les chèvres surtout, sont les plus détestables ennemis de la civilisation. Ce sont eux qui ont dépeuplé l'Espagne ([2]), en empêchant le reboisement des collines arides et brûlantes de ce pays.

([1]) On emploie comme chauffage, à l'Ile-d'Yeu, le *bousa* ou bouses séchées au soleil, le goëmon de rocher, également séché, le charbon de terre et le bois en rondins, appelé *billettes*, qu'on tire des côtes de la Bretagne. Les tamarins et quelques saules produisent aussi, mais en quantité bien minime, un chauffage indigène.

([2]) « Toute l'Espagne centrale est la proie des moutons ; elle ne présente que de tristes plaines jaunes, nues, crevassées çà et là de ravins sans eau, rongées par d'immenses troupeaux qui, régulièrement, deux fois par ans, extirpent l'herbe et tondent les jeunes bois qui voudraient repousser. Ce morne paysage a, tout autour, pour cadre, des sierras pelées. » (Les bazeilles, les Forêts, p. 31.)

C'est aussi à eux qu'on doit la dévastation des forêts des Pyrénées et des Alpes d'où les torrents se précipitent impétueux pour grossir les rivières et produire des inondations terribles. Pour un misérable produit, que de maux causés, que d'immenses richesses détruites. Le mouton est l'ennemi de l'homme. Il crée l'aridité et le désert autour de lui et, par conséquent, la dépopulation.

Le droit de vaine pâture s'exerce à l'Ile-d'Yeu depuis un temps immémorial sur toutes les terres qui ne portent pas de récoltes. Voilà le principe. Mais, dans la pratique, que d'abus causés par le manque de surveillance ou la surveillance insuffisante ! Primitivement, il n'y avait aucune règlementation. La loi du 28 septembre et 6 octobre 1791 est devenue la règle.

L'origine de cette coutume venait de la difficulté de se procurer des vivres, lorsque les communications étaient moins fréquentes et moins rapides qu'aujourd'hui. On évitait ainsi la mendicité. Tous les pauvres, tous les orphelins gagnaient péniblement leur vie en gardant des troupeaux. Le paupérisme ne s'est véritablement montré que lorsque des étrangers ont été attirés dans l'île par la création de nouvelles industries, notamment celle de la soude. La viande était alors d'un bon marché extraordinaire. Il y a trente ans, le mouton ne valait que 50 centimes le kilogramme. Depuis, les prix ont augmenté et, maintenant, la viande de mouton vaut 1 fr. 50 le kilogramme.

Le 5 mai 1862, le Conseil municipal de l'île règlementa et affecta à certains points l'usage de la vaine pâture. Sa délibération fut approuvée par la préfecture le 10 novembre suivant. C'était toujours la loi de 1791 qui servait de base à ce nouveau règlement. En outre des dispositions locales, on maintint au propriétaire qui voulait se clore l'obligation de se conformer à la loi précitée en élevant

des clôtures efficaces ou en creusant des fossés. On ajouta
aussi, dans un article portant le n° 3, cette disposition
nouvelle que le propriétaire pourrait, sur les terrains incultes, marquer seulement sa clôture par un sillon tracé à
la pelle « ce qui indiquera que ce terrain porte une plantation ou un semis. »

Toutefois, je le répète, ces précautions sont illusoires ;
Si donc on se décidait à entreprendre le reboisement de
l'île, il faudrait abolir le droit de vaine pâture. Là est le
salut, là est l'avenir.

Mais on n'a rien sans peine ; rien ne se fait, et le ciel
ne nous aide que si nous nous aidons nous-mêmes. Les
désirs et les théories sont choses vaines si on ne se
décide pas à les mettre en pratique par une volonté énergique et une action continue. Je fais donc des vœux ar-
dents pour que cette vaillante population sorte de la torpeur où elle s'est trop longtemps endormie. Il faut que
ses jeunes générations prennent souci de l'avenir de ce
pays et que quelqu'un se lève pour donner le bon exemple. Le progrès marche partout à pas de géant. Il n'exclut
ni les nobles traditions, ni la foi religieuse, qui a, depuis
des siècles, protégé l'Ile-d'Yeu et à laquelle ses habitants
sont demeurés fidèlement attachés. Mais il ne consiste
pas dans l'extension immodérée des cabarets, dans les
beaux habits, la bonne chère, les dépenses hors de pro-
portion avec les ressources dont on dispose. Le progrès,
c'est le résultat de l'ordre, de l'économie, de la culture
intellectuelle, du travail probe et calme, qui a conscience
de sa propre dignité et qui s'ennoblit par le sentiment du
devoir. Les habitants de l'Ile-d'Yeu ont tout ce qu'il faut
pour suivre cette voie. Tout pour Dieu et la patrie doit
être, comme autrefois, leur devise. Ils ont combattu,
jadis, contre les ennemis de la France ; ils ont contribué,
par leur énergie, à nous conserver, comme je le disais en
commençant, cette parcelle du sol français. Leur tâche

est d'autant plus facile, aujourd'hui, que l'île est définitivement fortifiée, surtout depuis la construction du grand fort de Pierre-Levée, en 1858-60. Ce vœu émis autrefois par La Fontenelle se trouve désormais accompli. La Fontenelle, en effet, croyait que si cette île avait été, à l'époque où il écrivait, occupée par les Anglais, elle aurait été perdue, sans retour, pour nous, comme l'ont été les îles normandes. « Ce serait, dit-il, un autre Gibraltar, un autre Héligoland » et on pourrait ajouter maintenant, une autre Chypre.

Mais non ! jamais l'Ile-d'Yeu ne sera aux Anglais. Elle ne se laissera conquérir ni par les étrangers ni par les mauvais entraînements qui abaissent les peuples et désagrègent les nations. Si elle suit ses traditions, si elle profite des enseignements de sa propre histoire, elle restera une des meilleures parties de cette terre glorieuse de la Vendée, dont elle est issue et dont elle partage l'inébranlable foi.

FIN

LISTE

DES

OUVRAGES RELATIFS A L'ILE-D'YEU

Aillery (L'abbé). — *Pouillé du diocèse de Luçon.* Fontenay-le-Comte, Robuchon, 1860, in-4º.

Anselme (Le Père). — *Histoire génér. et chronol.* Paris, 1728, in-fol. (vol. III et VI).

Arcère (Le Père). — *Histoire de la Rochelle.* La Rochelle, Desbordes, 1756, in-4º (vol. I)

Baudry (L'abbé). — *Antiquités celtiques de la Véndée. Ann. de la Soc. d'Émul.*, 1ʳᵉ série, X.

Bouquet (Dom Martin). — *Recueil des historiens des Gaules et de la France.* Paris, 1741 et 1749, in-fol., III et VI.

Cavoleau. — *Statistique ou description générale du département de la Vendée annotée par de la Fontenelle de Vaudoré.* Fontenay-le-Comte, Robuchon, 1844, in-8º.

Crétineau-Joly. — *Histoire de la Vendée militaire.* Paris, Charles Gosselin, 1843, in-18 (vol. II).

Fontenelle (De la Fontenelle de Vaudoré). — *Notice sur l'Ile-Dieu.* Poitiers, Saurin, 1837, in-8º.

Gallet (Edouard). — *La Ville et la commune de Beauvoir-sur-Mer.* Nantes, Vincent Forest et Émile Grimaud, 1868, in-12.

— *Etudes phys. administr. et histor. sur le pays*

de Monts. *Ann. de la Soc. d'Emul. de la
Vendée,* 1re série, XIV b.

Garcie (Pierre) ou Garcie-Ferrande. — *Le grand routtier, pillotage et ancrage de la mer.* Poitiers,
Anguilbert de Marnef, 1520.

Hume and **Smollet**. — *History of England, continuat.* I. Paris, Galignani, 1837, in-fol.

Joussemet (L'abbé), curé de l'Ile-d'Yeu. — *Mémoire
sur l'ancienne configuration du littoral
bas-poitevin et sur ses habitants, adressé, en
1755, au Père Arcère, annoté par Benj. Fillon.*
Niort, Clouzot, 1876, in-8°.

Lavallée (Théophile). — *Histoire des Français.* Paris,
Charpentier, 1868, 6 vol. in-18 (vol. IV).

Luneau et **Gallet.** — *Documents sur l'île de Bouin.*
Nantes, Vincent Forest et Émile Grimaud,
1874, in-8°.

Marchegay (Paul). — *Flotte anglaise à l'Ile-Dieu, en
1462. Ann. de la Soc. d'Émul. de la Vendée,*
1re série, V.

— *Recherches historiques sur le département de la
Vendée. Ibid.,* 1re série, X, XIV ; 2e série, VIII.

— *Cartulaires du Bas-Poitou.* Les Roches-Baritaud,
1877, in-8°.

Montbail (de). — *Notes et croquis sur la Vendée.* Niort,
Robin, 1843, gr. in-8°.

Petiteau (Marcel). — *Une expédition à Terre-Neuve
en 1623. Ann. de la Soc. d'Émul. de la Vendée,* 3e série, II, C 1882).

Piet (François). — *Recherches topographiques sur l'île
de Noirmoutier.* Nantes, veuve Mellinet, 1843,
in-8°.

Piet (Jules). — *Fouilles archéologiques à Noirmoutier.* *Ann. de la Soc. d'Émul. de la Vendée,* 1re série, XII.

— *Nomenclature des privilèges des îles de Noirmoutier, de Bouin et d'Yeu. Ibid.,* 1860.

Pylaie (de la). — *Précis sur l'Isle-Dieu.* Compte-rendu du congrès scientifique tenu à Poitiers, en 1834.

— *Recherches, en France, sur les poissons de l'Océan. Ibid.*

Sainte-Hermine (de). — *L'Ile-Dieu.* Nantes, Mellinet, 1847, in-8°.

Savary. — *Histoire sur l'Ile-Dieu. Revue littéraire de l'Ouest.* Niort, 1837-1838, in-8°.

Simonneau. — Articles divers sur l'Ile-d'Yeu, publiés dans le *Journal de Luçon*, 1872-76.

— *Le Bourg de l'Ile-d'Yeu. Ann. de la Soc. d'Émul. de la Vendée,* 3e série, II (1882).

Simonneau (L'abbé). — *Notes sur l'Ile-d'Yeu.* Manuscrit en trois cahiers possédé par M. l'abbé Simonneau.

Sourdeval (Mourain de). — *Documents sur l'Ile-d'Yeu. Bull. de la Soc. d'Émul. de la Vendée,* 1re série, XVI; 2e série, II.

— *La Garnache, Beauvoir-sur-Mer et le Perrier.* Nantes, Guérand, 1854, in-8°.

Strabon. — *Géographie.* Traduction par La Porte du Theil. Paris, imprim. impér., 1809, in-4° (livre IV, chap. IV, légende des Deux-Corbeaux).

Thiers. — *Histoire de la Révol. française.* Paris, 1839, 4 vol. gr. in-8° (vol. III).

Tressay (L'abbé du). — *Quelques mots sur l'Ile-d'Yeu.* Luçon, Cochard-Tremblay, 1869, in-32.

Viaud-Grand-Marais et **Ménier**. — *Herborisations à l'Ile - d'Yeu. Bull. de la Soc. botan. de France*, 1877, in-8º.

— *Excursions botan. à l'Ile-d'Yeu.* Nantes, Mellinet, 1878, in-8º.

Weddell. — *Excurs. lichénol. à l'Ile-d'Yeu.* Cherbourg, Bedel-Fontaine et Syffert, 1877, in-8º.

ERRATA

—

Page 57, ligne 20; *supprimez les mots* plus tard.

— 142, ligne 17; *après les mots* quelques tours, *fermez les guillemets.*

— 163, 9e avant dernière ligne; *au lieu de* Gillon, *lisez :* Gillen.

— 172, ligne 7 ; *au lieu de* occupé, *lisez :* occupés.

— 202 et suivantes; *au lieu de* Crétineau-Jolly, Hist. des guerres de la Vendée, *lisez :* Crétineau-Joly, Hist. de la Vendée militaire.

— 247, ligne 4; *au lieu de* une sentinelle, *lisez :* un soldat.

— 290, ligne 12; *au lieu de* la surveillance insuffisante, *lisez :* une surveillance insuffisante.

— 294, 4e avant dernière ligne, *au lieu de* C 1882) *lisez :* (1882).

TABLE DES MATIÈRES

TABLE ANALYTIQUE

A

B

F

Falaises de la Cible, 243.
— des Degrés,24 3.
Ferré, imprimeur, 125.
Fief (définition), 157.
Flandres (de), greffier, 187.
Flotte anglaise à l'Ile-d'Yeu, 190.
Foi et hommage, 157.
Foix (Catherine de), 102.
Fontaines (Anse des), 230, 270.
— (la Pierre des), 270.
— (village des), 230.
Forêt de l'Ile-d'Yeu, 86.
Fort de Pierre-Levée, 262, 292.
— -des-Dames, 229.
— des Roses, 261.
Fossés aux Moines, 69.
Fougeroux (la Pierre du Grand-), 29, 266, 276.
Foule (la Petite-), 25, 276.
Fouras (gens de la), 87, 225.
Fours banaux, 173.
Fradet, 280.
Fras (la Roche aux), 31.
Fromentine (goulet de), 215.
Fruits (droits sur les), 176.

G.

Gaillard (le Château-), 52, 250.
Galets du Caillou-Blanc, 256.
— du Trou-aux-Pigeons, 274.
Garnache(maison de la),95.
— (Agnès de la), 96, 97.
— (Marguerite de la), 97.
— (Pierre Ier de la), 96.
— (Pierre II de la), 96.
— (Pierre III de la), 96.
— (Pierre IV de la), 97.
Gâtine (la Pierre de), 26, 221.
Gaudin (surnom d'Aldebert), 81.
Gauthier et Gosselin, 95.
Gauthier (la Pointe-), 220.
Gélose (femme de Pierre II), 96.
Gillen, gouverneur, 163, 185, 186, 199.
Gondy (Catherine de), 107.
— (Henri de), 107.
— (Paule de), 107.
— (Pierre), 106.
Gorelle (Marais de la) 229.
Goulaines (Gabriel de), 106.
— (Yolande de), 106.
Goule (Anse de la), 273.
— (grotte de la), 273.
Gournaise (maison de la), 258.

V

EXPLICATION DES PLANCHES

Planche I.   Carte de l'Ile-d'Yeu.

1. Le Caillou-Blanc.

2. Les Petits-Fadets.

3. La Pierre du Moulin du Grand-Chemin

4. La Planche à Puare.

5. La Pierre de Tonnerre.

6. La Pierre de Tonnerre (*vue de face*).

7. La Pierre Pain-de-Beurre.

Planche II.   8. Le Grand-Bec.
Monuments
préhistoriques   9. La Roche-aux-Fras.
et pierres
naturelles.   10. La Pierre - Branlante (*d'après une photographie de M. Ambroise Viaud-Grand-Marais*).

11. Enceinte de la Pierre-Levée du Sud.

12. Pierre sans nom, située entre le Grand-Phare et le Vieux-Château (V. p. 138).

13. L'Aiguille du Chiron-Ragon.

14. Le Grand-Fougeroux.

Planche III.   1. Le Vieux-Château (*d'après une photographie de M. Ambroise Viaud-Grand-Marais.*)

2. Id. (*d'après un croquis de M. J. Richard fils*).

3. Id., vu de la Pointe du Châtelet (*d'après un croquis de M. J. Richard fils*).

Planche IV.

1. L'église du Bourg.

2. Le port de la Meule.

3. Port-Joinville (*d'après une photographie de M. Ambroise Viaud-Grand-Marais*).

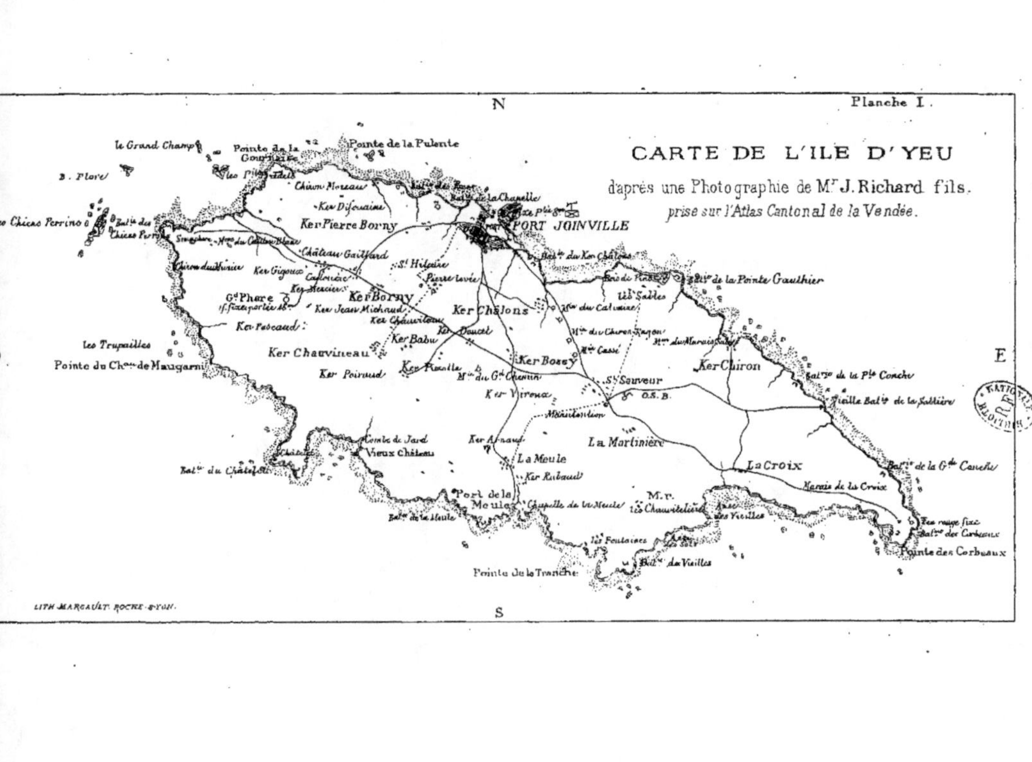

Planche I.
N
CARTE DE L'ILE D'YEU
d'après une Photographie de Mr J. Richard fils.
prise sur l'Atlas Cantonal de la Vendée.
le Grand Champ
Pointe de la Gournaie
Pointe de la Pulente
B. Flore
les Piss Noir
Cham Moreau
Ker Difouaine
Salle du Rout
Bais de la Chapelle
PORT JOINVILLE
les Chicas Perrino
Batt des Chicas Perrino
Nen du Chalm Blanc
Château Gaillard
St Hilaire
Pierre levée
Belle du Ker Châlons
Bois de Rabot
Batt de la Pointe Gaulthier
Chiros du Pturie
Ker Gigoux
Castelière
Ker Mercier
Gd Phare
Ker Borny
Ker Jean Michaud
Ker Châlons
Mn du Calvaire
les Sables
Ker Chauvileau
Ker Pascaud
Ker Babu
Kar Doucet
Mn du Churon Nagou
Mn du Marais
les Trupailles
Ker Chauvineau
Ker Flouille
Ker Bossy
Mn Cassé
Ker Chiron
Salle de la Pte Conche
Pointe du Chen de Maugarni
Ker Poiraud
Mn du Gd Chemin
Ker Vireau
St Sauveur
O.S.B.
Vieille Batt de la Salière
Montoulion
Combe de Jard
Vieux Château
Ker Arnaud
La Martinière
La Croix
Batt de la Gde Conche
Batt du Châtelot
La Meule
Ker Rabaud
Marais de la Croix
Port de la Meule
Chapelle de la Meule
M.r Chauvrelière
les Vieilles
Feu rouge fixe
Batt des Corbeaux
Batt de la Meule
les Fontaines
Pointe des Corbeaux
Pointe de la Tranche
Batt des Vieilles
O
E
S
LITH MARCAULT ROCHE-S-YON.

Monuments préhistoriques et Pierres naturelles,
d'après une réduction photographique de M.ʳ J. Richard Fils.

Planche III.
1
2
3

Planche IV.
1
2
3

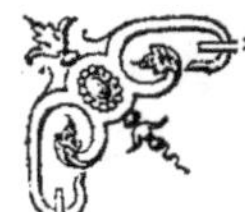

OUVRAGES DU MÊME AUTEUR

Miscellanées, *Poésies.* Rochefort, Thèze, 1867, in-8º.

Catalogue *des Lichens des Deux-Sèvres.* Niort, Clouzot, 1877, in-8º.

De la culture, au point de vue ornemental des plantes indigènes *de la Vendée et des départements voisins.* La Roche-sur-Yon, Gasté, 1881, in-8º.

Poésies. La Roche-sur-Yon, Gasté, 1882, in-8º.

Œdipe, *Drame en trois actes et en vers.* La Roche-sur-Yon, Gasté, 1883, in-8º.

Etude sur les Substratums des Lichens *(Extrait des actes de la Société Linnéenne de Bordeaux).* Niort, Clouzot, 1883, in-8º.

Le Roman de l'Islande, *Poème en six chants.* Niort, Clouzot, 1883, in-8º.

La Vierge en Islande, *Sonnets.* La Roche-sur-Yon, Vᵉ Ivonnet, 1883, in-8º.

Poésies. La Roche-sur-Yon, Gasté, 1883, in-8º.

La synthèse Bryo-lichénique *(Extrait du Journal le Naturaliste).* Paris, 1883, in-18.

www.ingramcontent.com/pod-product-compliance
Lightning Source LLC
Chambersburg PA
CBHW061434060726
47597CB00002B/333